MEMÓRIAS DE UM OPERADOR DA BOLSA

Título original: *Reminiscences of a Stock Operator*. Publicado originalmente nos Estados Unidos em 1923. Traduzido com base na 1ª edição.

Grafia conforme o novo Acordo Ortográfico da Língua Portuguesa.

1ª edição, 2022.

Editores: Jair Lot Vieira e Maíra Lot Vieira Micales
Consultor para obras de Finanças e Economia: Luigi Micales
Coordenação editorial: Fernanda Godoy Tarcinalli
Produção editorial: Carla Bettelli
Edição de textos e revisão: Marta Almeida de Sá
Assistente editorial: Thiago Santos
Preparação de texto: Thiago de Christo
Diagramação: Estúdio Design do Livro
Capa: Studio Del Rey

Dados Internacionais de Catalogação na Publicação (CIP)
(Câmara Brasileira do Livro, SP, Brasil)

Lefèvre, Edwin, 1871-1943.

Memórias de um operador da bolsa : A incrível história de Jesse Livermore / Edwin Lefèvre ; tradução e notas de Lourdes Sette ; prefácio de Thiago Salomão. – São Paulo : Edipro, 2022.

Título original: Reminiscences of a Stock Operator

ISBN 978-65-5660-060-4 (impresso)
ISBN 978-65-5660-061-1 (e-pub)

1. Bolsa de valores 2. Bolsa de valores de Nova York 3. Economia 4. Finanças 5. Investimentos 6. Livermore, Jesse, 1877-1940 7. Memórias I. Salomão, Thiago. II. Título.

21-85831 CDD-332.64

Índice para catálogo sistemático:
1. Bolsa de valores : Memórias de um operador : Economia 332.64

Maria Alice Ferreira - Bibliotecária - CRB-8/7964

EDITORA AFILIADA

edipro

São Paulo: (11) 3107-7050 • Bauru: (14) 3234-4121
www.edipro.com.br • edipro@edipro.com.br
@editoraedipro @editoraedipro

O livro é a porta que se abre para a realização do homem.
Jair Lot Vieira

EDWIN LEFÈVRE

MEMÓRIAS DE UM OPERADOR DA BOLSA

A INCRÍVEL HISTÓRIA DE JESSE LIVERMORE

PREFÁCIO

Thiago Salomão

Fundador e apresentador do canal Stock Pickers, analista de investimentos credenciado pela Apimec, coordenador acadêmico do MBA Ações & Stock Picking e sócio da XP Inc. Graduado em Administração de Empresas pela Mackenzie, com MBAs de Mercado de Capitais pela Fipecafi e pela UBS/B3.

TRADUÇÃO

Lourdes Sette

Doutora e mestra em Letras na área de Estudos da Linguagem pela PUC-Rio, instituição onde tem também formação e especialização em Tradução (inglês-português) e leciona Tradução de Não Ficção, Tradução Técnico-Científica e Teorias de Tradução para a graduação e para a pós-graduação *lato sensu* em Tradução. É tradutora desde 1987, com mais de cinquenta livros traduzidos.

edipro

SUMÁRIO

SOBRE O AUTOR

Edwin Lefèvre (1871-1943), filho de um corretor de navios, estudou engenharia de minas antes de mudar de ideia, aos 19 anos, e seguir a carreira de jornalista. Tornou-se corretor da bolsa e investidor independente, além de romancista e escritor de contos. Nasceu no Panamá enquanto o pai — que imigrou para os Estados Unidos partindo das Ilhas do Canal — trabalhava no país para a Pacific Steamship Company. Lefèvre tornou-se embaixador do Panamá na Espanha e na Itália em 1909.

Ele escreveu oito livros ao longo de sua carreira, incluindo uma coleção de contos sobre o mercado financeiro — *Wall Street Stories* (1901) —, *Sampson Rock of Wall Street* (1907) e um livro de não ficção, *Making of a Stockbroker* (1925). Seu livro mais famoso é o clássico *Reminiscences of a Stock Operator* [Memórias de um operador da bolsa] (1923). Este relato da carreira do especulador financeiro Jesse Livermore, com alguns elementos fictícios, começou como uma série de artigos no *The Saturday Evening Post* e foi publicado pela primeira vez entre 1922 e 1923.

Edwin Lefèvre passou grande parte de sua vida no estado de Vermont, nos Estados Unidos, onde faleceu em 1943. Ele deixou a esposa, Martha, e dois filhos.

SOBRE O LIVRO

Memórias de um operador da bolsa foi publicado pela primeira vez como uma série de artigos no *The Saturday Evening Post* entre 1922 e 1923 e lançado em forma de livro pela George H. Doran Company em 1923. Esta obra é baseada no texto publicado pela Doran em 1923, com pequenas alterações.

PREFÁCIO

"Eu só queria ter lido este livro logo que entrei no mercado financeiro." Tenho certeza de que muitos leitores do *Memórias de um operador da bolsa* farão essa mesma reflexão que fiz na primeira vez em que tive contato com este livro.

Alguns anos atrás, por indicação de um gestor muito amigo, do Stock Pickers, conheci a obra. Pelo fato de boa parte da minha trajetória no mercado ter sido como jornalista econômico (mesma profissão do autor do livro, Edwin Lefèvre), ter acesso a este livro antes certamente me deixaria muito mais astuto em relação aos movimentos que aconteciam no mercado e aos relatos que eu fazia sobre esse tema aos leitores do InfoMoney.

Mas como uma história que se passou há mais de cem anos pode trazer ensinamentos tão atuais? Pois é, esta é a beleza do livro e do mercado em si. De lá pra cá, muita coisa mudou; as tais "*bucket shops*" relatadas na história, a figura do operador que intermedeia as operações de todos os investidores... tudo isso deu espaço a um mundo, hoje, muito mais rápido e digital, com uma infinidade de informações e acessibilidade a diversos produtos financeiros. Mesmo assim, há uma coisa que é muita viva nesta história e que ainda presenciamos atualmente: o comportamento emocional do investidor.

Seja no início do século XX, seja em 2021, o investidor estará sempre suscetível a agir de forma emocional no mercado. Quem aprende a treinar e dominar as habilidades emocionais tende a ter uma vida muito mais longa e saudável no mercado financeiro do que aqueles que só dominam as habilidades técnicas de mercado. Esta obra é uma aula prática que mostra várias dessas "ciladas mentais" nas quais o cérebro coloca o investidor.

Não se culpe se você já foi vítima de algum comportamento "humano, demasiadamente humano" que lhe causou prejuízo nos mercados. Afinal, muitos desses comportamentos fizeram a espécie humana chegar aonde chegou. Pense no homem das cavernas: se ele partisse para o ataque sempre que visse um predador diante de si, será que estaríamos aqui conversando sobre esta obra? Acredito que, se não houvesse um indivíduo que se escondesse do perigo, jamais teríamos saído das cavernas.

Por que digo isso? Ora, não há nada mais natural do que fugir quando avistamos o perigo. Contudo, no mercado financeiro, muitas vezes, esse "perigo" pode significar "oportunidade". Ou seja, se você for contraintuitivo e atacar o perigo em vez de fugir, pode gerar excelentes resultados (*disclaimer*: isso não é uma regra, muito menos uma recomendação, mas acredito que, depois de ler este livro, este aviso não será mais necessário).

Ah, o que há de tão bom nesta história? Bem, existe uma infinidade de "ciladas mentais" em que o cérebro do investidor cairá durante sua "curva de aprendizado" no mercado. Ler este livro não o impedirá de cometer tais erros (a experiência empírica costuma ser um professor muito mais eficiente do que belas palavras escritas), mas ver tais ciladas sendo efetuadas na vida real ajuda a absorver melhor essas lições e o deixa mais preparado para as armadilhas mentais que o mercado traz.

Prometo não trazer nenhum *spoiler* sobre esses aprendizados neste prefácio. Apenas direi que o maior aprendizado com a leitura deste livro certamente foi ver como nosso cérebro sempre costuma nos levar a "soluções mais fáceis", e uma dessas soluções pode ser acreditar na "dica" de um terceiro ou confiar mais na palavra de terceiros do que em sua própria análise (comentário pertinente: a palavra "dica" aparece umas quarenta vezes durante a história). O fato é que nosso cérebro não está preparado para que sejamos um investidor; é preciso adaptá-lo e treiná-lo o tempo todo.

Esta obra vai lhe ensinar na prática como aspectos emocionais podem pesar muito mais no sucesso de um investimento do que o próprio conhecimento técnico, ou, então, do que ter os melhores informantes do mercado. Estas lições parecem simples e de fácil compreensão (assim como vários outros ensinamentos do livro), mas talvez, por conta de sua simplicidade, as pessoas custem a acreditar. Algumas pessoas preferem acreditar que um estudo mais aprofundado sobre finanças corporativas é muito mais importante — afinal, é bem mais complexo e demanda muito mais horas de vida. É claro que o conhecimento técnico é importante, mas, se isso não vier acompanhado de uma boa base de psicologia de investidor, você será apenas uma pessoa superinteligente que não consegue vencer no mercado. E a beleza do livro é que essa lição é dada na prática, fato esse que derruba qualquer objeção ou contra-argumento. *In "skin in the game" we trust.*[1]

---

1. *Skin in the game* é um livro (publicado em 2018) de Nassim Nicholas Taleb, um analista de investimentos de risco com formação em Matemática. A tese de Taleb é que "*skin in the game*" (algo como "arriscar a própria pele"), que implica avaliar o risco ao tomar uma decisão importante, é

Outro fator fascinante nesta obra é que ela foi escrita muito antes de todas as principais referências que tenho sobre o mercado financeiro. Lefèvre publicou o livro quando tinha 52 anos, em 1923, ou seja, seis anos antes da crise de 1929, "A Maior Crise de Todas as Crises". Warren Buffett, nosso guru máximo dos investimentos no *Stock Pickers*, nem havia nascido. E o que dizer sobre psicologia do investidor? Um tema tão abordado neste livro, mas que só teve seu reconhecimento de fato no mundo das finanças em 2002, quando Daniel Kahneman venceu o Prêmio Nobel de Economia por um trabalho que envolvia *economia comportamental*. Imagine como seria uma resenha entre Lefèvre e todos os grandes nomes do *Behavior Finance* — Kahneman, Dan Ariely, Richard Thaler...

Finalizarei este prefácio do jeito que mais gosto de usar minha base de *networking* do Stock Pickers: ouvindo aqueles que conhecem muito mais do que eu determinado assunto. Para isso, convidei um gestor brasileiro em que identifiquei a maior semelhança com Jesse Livermore[2] (a "pessoa real" em que o autor se baseou para criar o personagem apresentado no livro). O nome dele é Claudio Copolla, ele é gestor do fundo R&C, talvez um dos fundos multimercados mais "nervosos" do Brasil, por conta de sua alta volatilidade, mas que ao longo da própria história conseguiu entregar uma rentabilidade impressionante. Copolla narrou sua trajetória no Stock Pickers no início de 2021 e, por coincidência do destino, recomendou este livro do Lefèvre aos nossos ouvintes.

Copolla me revelou que tem em sua mesa um caderno com anotações das principais lições que tirou deste livro. Ele as relê toda semana "para não se esquecer desses mandamentos, que nunca saem de moda" (veja todos eles no final do prefácio).

Quase cem anos depois da publicação original do livro, posso garantir que realmente estes ensinamentos não saem de moda:

1. Dificilmente existe algo pior do que fazer preço médio.
2. Sempre saia de uma posição perdedora, e mantenha-se o máximo possível em uma posição vencedora.

---

necessário para a eficiência nos negócios e o gerenciamento de risco, além de ser essencial para compreender o mundo. (N.E.)

2. Jesse Lauriston Livermore (1877-1940) é possivelmente o maior ícone da história de Wall Street de todos os tempos. Ele saiu de casa aos 14 anos, com 5 dólares no bolso, e foi trabalhar numa corretora de valores em Boston, Massachusetts. Graças a seu notável talento natural, sua enorme capacidade de suportar pressão emocional quando submetido a posições extremamente elevadas, sua imensa dedicação ao estudo dos mercados e sua boa disciplina, em pouco tempo, se tornou um dos *traders* mais bem-sucedidos da história. Em 1907, reuniu uma fortuna de 3 milhões de dólares, algo equivalente a mais de 30 milhões nos dias de hoje. Antes da quebra da Bolsa de Nova York (algumas fontes afirmam que, após a quebra da Bolsa é que alcançou esta fortuna), em 1929, Livermore tinha mais de 100 milhões de dólares, o que o situava entre os homens mais ricos do mundo na época. (N.E.)

3. O mercado oferece apenas aquilo que tem.
4. A coragem de um *trader* é meramente a confiança que ele tem em suas convicções.
5. Ao assumir uma perda, eu nunca fico chateado. Esqueço isso em uma noite. Mas estar errado e não assumir essa perda, isso é o que me chateia, faz mal para o meu bolso e para minha alma.
6. Um homem que está sempre certo tem duas forças a seu favor: condições básicas favoráveis e os homens que estão contra.
7. Uma tendência é sempre evidente para um homem que tem sua mente aberta e uma visão razoavelmente limpa. Nunca é sábio para um *trader* forçar os fatos em suas teorias.
8. Em um mercado de lado e estreito, a coisa certa a fazer é observar, determinar os limites de preços e, depois disso, forçar a si mesmo a agir somente na violação desses limites.
9. O único objetivo de olhar o gráfico é identificar a direção da tendência. Tudo na vida tende a seguir o caminho da menor resistência.
10. No longo prazo, as únicas leis que regem o movimento das *commodities* são a oferta e a demanda.
11. Custou-me alguns milhões de dólares para aprender que um inimigo perigoso para um *trader* é a facilidade de ser induzido pela sua subjetividade, que o fará ver aquilo que é favorável à sua posição e negligenciar o que é desfavorável.
12. Se tiver um lucro, esqueça-o. Se tiver um prejuízo, esqueça mais rápido ainda.
13. Meus grandes lucros nunca foram feitos por pensamentos complexos. O que me deu os maiores lucros foi a arte de se sentar e esperar, comprando durante todo um grande movimento.
14. Só existe um lado para operar no mercado. Não é o comprado e nem o vendido. É o lado certo.

Thiago Salomão

CAPÍTULO 1

Comecei a trabalhar logo após terminar o ensino fundamental. Consegui emprego em uma corretora de valores como o garoto que escrevia cotações no quadro de cotações. Eu era rápido com cálculos numéricos, e muito bom em aritmética mental. Na escola, fiz três anos de aritmética em um. Já como responsável pelas cotações, escrevia os números em um grande quadro na sala dos clientes. Em geral, um dos clientes sentava-se ao lado da máquina *ticker*[3] e anunciava os preços. Eu dava conta do recado, qualquer que fosse a velocidade com que os dados chegassem. Sempre tive boa memória para números, eles não representavam problema algum para mim.

Havia muitos outros funcionários naquele escritório. Claro que fiz amizade com outros colegas, mas o trabalho que eu fazia, se o mercado estivesse ativo, me mantinha muito ocupado, das dez da manhã às três da tarde, e não me permitia conversar muito. De qualquer forma, não sou muito de ficar tagarelando durante o expediente.

Um mercado movimentado, no entanto, não me impedia de pensar no trabalho. Aquelas cotações não representavam os preços das ações para mim — eu nem imaginava por quantos dólares se negociava uma ação. Elas eram números. Claro, significavam algo. Estavam sempre mudando. E isso era tudo pelo que eu precisava me interessar — nas mudanças. Por que os números mudavam? Eu não sabia e não me importava com isso. Não pensava a respeito. Apenas via que mudavam. Durante cinco horas por dia e duas horas aos sábados, eu só pensava nisto: as cotações estavam sempre mudando.

Foi assim que comecei a me interessar pelo comportamento dos preços. Tinha uma memória muito boa para números. Conseguia me lembrar

---

3. Instrumento de impressão do telégrafo que permitia que dados sobre ações, títulos e mercadorias fossem enviados diretamente das bolsas para as corretoras em todo o país. A máquina imprimia os dados em uma fita de papel enrolada em bobinas grandes. O som de tique-taque que emitia ao imprimir rendeu-lhe o nome de *stock ticker.* (N.T.)

detalhadamente de como os preços haviam agido no dia anterior, pouco antes de subirem ou descerem. Minha predileção por aritmética mental foi muito útil.

Percebi que, tanto nas subidas quanto nas descidas, os preços das ações tendem a mostrar certos hábitos, por assim dizer. Havia um número infindável de casos paralelos, os quais abriram precedentes para me guiar. Eu tinha apenas 14 anos, mas, depois de pensar muito a respeito, comecei a testar a precisão de minhas reflexões, comparando o comportamento das ações em um dia com o comportamento delas em outros. Não demorou muito para que eu conseguisse antecipar os movimentos dos preços. Meu único guia, como disse, era o comportamento passado. Eu carregava as "listas de cotações" na minha cabeça. Procurava padrões no comportamento dos preços das ações. Eu os tinha "intuído", se é que você me entende. É possível perceber, por exemplo, quando as compras são levemente mais fortes que as vendas. Uma batalha é travada no mercado acionário, e seu telescópio é a fita *ticker*. Pode-se confiar nela em 70% dos casos.

Outra lição que aprendi desde cedo é que não existe nada de novo em Wall Street. Nem pode existir, uma vez que a especulação existe desde a Idade da Pedra. Seja lá o que venha a acontecer no mercado acionário hoje, já ocorreu antes e acontecerá novamente. Nunca me esqueci disso. E realmente posso me recordar de quando e como a aprendi. O fato de ter uma boa memória me ajuda a capitalizar a experiência.

Fiquei tão entusiasmado com esse meu jogo, e tão ansioso para antecipar as subidas e descidas de todas as ações ativas, que comprei um caderninho. Ali anotava minhas observações. Não era um registro de transações imaginárias, como tantas pessoas mantêm apenas para ganhar ou perder milhões de dólares sem ficar com a consciência pesada ou morrer à míngua. Era mais uma espécie de apontamento de meus acertos e erros. Depois de determinar os movimentos prováveis, me concentrava cada vez mais em verificar se havia observado com precisão; se eu estava certo.

Se, após estudar cada oscilação de uma ação ativamente negociada, concluísse que esta apresentava comportamento semelhante ao de antes de cair oito ou dez pontos, eu anotava a ação e seu preço na segunda-feira. Então, lembrando-me de desempenhos anteriores, anotava o que esperava que acontecesse na terça e na quarta-feira. Mais tarde eu comparava essas anotações com as transcrições reais da fita.

Foi assim que comecei a me interessar pelas mensagens da fita. As oscilações estavam, desde o início, associadas, no meu entendimento, a movimentos ascendentes ou descendentes. Claro que sempre há uma razão para as oscilações, mas a fita não se preocupa com o "por quê" e o "para quê". Ela não está interessada em explicações. Não perguntei à fita sobre o porquê quando tinha 14 anos; e não pergunto hoje, aos 40. A razão para o comportamento de uma determinada ação hoje pode não ser conhecida por dois ou três dias, por semanas ou até meses. Mas o que isso importa? Seu interesse na fita é agora — não amanhã. As razões podem esperar. Mas você precisa agir imediatamente, ou ficará para trás. Vejo isso acontecer repetidas vezes. Basta lembrar que a Hollow Tube caiu 3 pontos em período recente, enquanto o restante do mercado subiu fortemente: esse foi o fato. Na segunda-feira seguinte, viu-se que os diretores deixaram de pagar os dividendos: esse foi o motivo. Eles sabiam o que fariam e, mesmo que não tenham vendido as ações eles mesmos, ao menos não as compraram. Não houve compras por parte dos *insiders*;[4] nenhuma razão para os preços deixarem de cair.

Mantive meu caderninho de anotações por, talvez, seis meses. Em vez de ir para casa assim que terminava o trabalho, anotava os números que queria e estudava as mudanças, sempre procurando as repetições e os paralelismos de comportamento enquanto aprendia a ler a fita, embora não tivesse consciência disso na época.

Um dia, um dos contínuos — mais velho do que eu — se aproximou enquanto eu almoçava e perguntou-me sorrateiramente se eu tinha algum dinheiro.

— Por que você quer saber? — indaguei.

— Bem, tenho uma dica excelente sobre a Burlington.[5] Vou tentar me aproveitar dela se conseguir que alguém entre na jogada comigo — ele respondeu.

— O que você quer dizer com entrar na jogada? — perguntei.

Para mim, as únicas pessoas que jogavam ou podiam se aproveitar de dicas eram os clientes — velhos apostadores cheios da grana. Ora, era necessário possuir centenas, ou milhares de dólares, para "entrar na jogada". Era o equivalente a ter uma carruagem particular com um cocheiro usando cartola.

— É o que eu quero dizer. Jogar! — ele disse. — Quanto você tem?

— De quanto precisa?

— Bem, posso negociar cinco ações se tiver 5 dólares.

— Como você vai jogar?

— Vou comprar tantas ações da Burlington quanto a *bucket shop*[6] me permitir carregar com o dinheiro que eu der a ela como margem — disse ele.

---

4. Um *insider* é uma pessoa que usa o acesso a informações privilegiadas para obter lucros e vantagens no mercado financeiro. (N.T.)

5. Ferrovia que existiu sob vários nomes ao longo do tempo desde 1848, mais precisamente como Chicago, Burlington and Quincy Railroad. Atualmente, é conhecida como BNSF Railway, cuja proprietária é a Berkshire Hathaway. (N.T.)

6. As *bucket shops* eram lojas especializadas em transações fictícias com ativos financeiros, que floresceram nos Estados Unidos no final do século XIX e início do século XX. Eram pseudocorretoras

— Vão subir, com certeza. É como achar dinheiro na calçada. Vamos dobrar o nosso dinheiro em um piscar de olhos.

— Espere aí! — eu disse, e saquei meu caderninho de anotações.

Não pensei em dobrar meu dinheiro, mas prestei atenção no que ele dizia sobre a subida da Burlington. Se fosse verdade, meu caderninho deveria mostrar. Eu o abri e verifiquei que, de acordo com meus cálculos, a Burlington estava certamente agindo como de costume antes de subir. Eu nunca tinha comprado ou vendido nada na vida e nunca tinha feito apostas com outras pessoas, mas vi na ocasião uma grande chance de testar a precisão do meu trabalho, do meu passatempo. Imediatamente me ocorreu que, se minhas informações não funcionassem na prática, não haveria nada na teoria que pudesse interessar a alguém. Então entreguei a ele tudo o que tinha e, com nossos recursos combinados, ele foi a uma das *bucket shops* nas redondezas e comprou algumas ações da Burlington. Dois dias depois, realizamos nosso lucro. Ganhei 3 dólares e 12 centavos.

Após essa primeira operação, comecei a especular, por conta própria, nas *bucket shops*. Eu ia lá na hora do almoço e comprava ou vendia — nunca fez diferença alguma para mim. Eu estava jogando de acordo com um sistema e não numa ação favorita ou apostando na opinião de alguém. Tudo que eu sabia era a aritmética da operação. Na verdade, minha estratégia era a forma ideal de operar em uma *bucket shop*, onde tudo o que um operador faz é apostar nas oscilações, conforme impressas na fita *ticker*.

Não demorou muito para eu ganhar muito mais dinheiro nas *bucket shops* do que com o meu emprego na corretora. Então, pedi demissão. Meus pais se opuseram, mas não puderam reclamar muito quando viram o quanto eu vinha ganhando. Era ainda garoto, e o salário de um contínuo não valia grande coisa. Eu me sentia muito bem por conta própria.

Eu tinha 15 anos quando ganhei meus primeiros mil dólares e coloquei o dinheiro diante da minha mãe — todo ele conseguido nas *bucket shops* em poucos meses, além do que eu havia ganhado antes e levado para casa. Minha mãe ficou muito agitada, queria que eu colocasse tudo na poupança, fora do alcance das tentações. Ela disse que era mais dinheiro do que ela já ouvira falar que algum garoto de 15 anos tivesse ganhado começando do nada. Ela mal conseguia acreditar que fosse dinheiro de verdade; preocupava-se e afligia-se. Mas eu não pensei em outra coisa a não ser continuar provando que meus cálculos estavam certos. Esta é toda a diversão que existe — acertar usando

nas quais as transações não eram efetivamente registradas na bolsa de valores. Tornaram-se ilegais na década de 1920. (N.T.)

apenas o raciocínio. Se eu estivesse certo ao testar minhas convicções com dez ações, estaria dez vezes mais certo quando negociasse com cem. Isso era o que ter mais margem significava para mim — eu acertaria de forma mais enfática. Mais coragem? Não! Não fazia diferença! Se tudo que tenho são dez dólares e arrisco, sou muito mais corajoso do que quando arrisco 1 milhão quando tenho outro milhão na poupança.

De qualquer forma, aos 15 anos eu estava me saindo bem no mercado acionário. Comecei nas *bucket shops* menores, onde suspeitava-se que quem negociava vinte ações de uma vez fosse John W. Gates[7] disfarçado ou J. P. Morgan[8] viajando incógnito. Naquela época, as *bucket shops* raramente trapaceavam seus clientes; não precisavam. Havia outras maneiras de arrancar dinheiro dos apostadores, mesmo quando estes acertavam. O negócio era extremamente lucrativo. Quando conduzido de forma legítima — quero dizer, tão legitimamente quanto as *bucket shops* costumavam trabalhar —, as oscilações geravam um lucro básico. Não é preciso uma grande alta para eliminar uma margem de apenas três quartos de um ponto. Além disso, nenhum trapaceiro jamais poderia voltar ao jogo, faltariam-lhe clientes.

Eu não tinha sócios; o trabalho era solitário de qualquer maneira, então, mantive meus negócios apenas para mim. Afinal, não era eu que pensava? Ou os preços se comportariam do jeito que eu previra, sem nenhuma ajuda de amigos ou sócios, ou tomariam outra direção, e ninguém poderia impedi-los, mesmo que eu fosse ajudado por sócios ou amigos. Não havia razão alguma para contar sobre meu negócio para mais ninguém. Tinha amigos, é claro, mas meu negócio sempre foi o mesmo — uma jogada solitária. É por isso que sempre joguei sozinho.

Da maneira como tudo foi se desenvolvendo, não demorou muito para que as *bucket shops* ficassem aborrecidas comigo por tê-las vencido. Eu entrava e apresentava minha margem, mas eles olhavam para ela sem fazer nenhum movimento para pegar o dinheiro. Me diziam que não havia nada a fazer, e nessa época começaram a me chamar de "O Garoto Especulador". Eu mudava de corretora o tempo todo, indo de uma *bucket shop* para outra, e cheguei a ponto de usar um nome falso: começava aos poucos, com apenas quinze ou vinte ações. Às vezes, quando suspeitavam, eu perdia de propósito no começo e depois lhes dava um belo prejuízo. É claro que, depois de um tempo, passavam

7. John Warne Gates (1855-1911) foi industrial e especulador no mercado acionário; também, presidente da Republic Steel e da Texas Company (predecessora da Texaco). (N.T.)

8. John Pierpoint Morgan (1837-1913) foi financista e banqueiro; figura dominante no mercado financeiro norte-americano e força motriz na consolidação da indústria do país, por meio de empresas como a U.S. Steel, a International Harvester e a General Electric. (N.T.)

a me considerar caro demais e me diziam para levar meu negócio para outro lugar e não interferir nos dividendos dos proprietários.

Certa vez, quando uma loja grande, na qual eu vinha negociando por meses, me expulsou, decidi tirar um pouco mais de dinheiro deles. Essa *bucket shop* tinha filiais em toda a cidade, em saguões de hotéis e em cidades vizinhas. Fui a uma das filiais em um hotel, fiz algumas perguntas ao gerente e, por fim, comecei a operar. Mas assim que fiz uma transação com uma ação ativa do meu jeito especial, ele começou a receber mensagens da matriz perguntando quem estava operando. O gerente me contou o que lhe perguntaram e eu respondi que meu nome era Edward Robinson, de Cambridge. Ele ligou para o grande chefe com a boa notícia. Mas o outro lado queria saber como eu era. Quando o gerente me disse isso, retruquei:

— Diga a ele que sou um homem baixo e gordo, de cabelo escuro e barba espessa!

Mas, em vez disso, ele me descreveu corretamente e depois ficou ouvindo; seu rosto enrubesceu, ele desligou o telefone e me mandou dar o fora.

— O que eles disseram a você? — perguntei a ele educadamente.

Eles haviam dito: "Seu idiota desgraçado, não dissemos para você não aceitar negócios de Larry Livingston? E você, sabendo disso, deixou que ele ganhasse setecentos dólares da gente!". Ele não disse o que mais eles haviam falado.

Tentei operar em outras filiais, uma após a outra, mas todas me conheciam, e meu dinheiro era recusado em todas as lojas da empresa. Não conseguia nem entrar para ver as cotações sem que alguns dos funcionários começassem a rir de mim. Tentei fazer com que me deixassem negociar de vez em quando, dividindo minhas visitas entre todas as *bucket shops*. Mas isso não funcionou.

Finalmente, só restava uma loja para mim, e essa era a maior e a mais rica de todas — a Cosmopolitan Brokerage Company.

A Cosmopolitan era classificada como A-1, tinha um movimento enorme e filiais em todas as cidades industriais da Nova Inglaterra. Aceitaram minhas transações, comprei e vendi ações, ganhei e perdi dinheiro por meses; no final, a mesma coisa aconteceu com elas, como de costume. Não se recusaram terminantemente a fazer negócios comigo, como as *bucket shops* menores. Ah, não foi por falta de espírito esportivo, mas porque sabiam que, se fosse divulgada a recusa em aceitar transações de um sujeito apenas porque ele estava ganhando um dinheirinho, não seria bem-vista. Mas fizeram uma coisa quase tão ruim quanto — isto é, me fizeram colocar uma margem de 3 pontos e me obrigaram a pagar um prêmio inicial de metade de um ponto, depois um ponto e, finalmente, um ponto e meio. Que desvantagem! Como?

Fácil! Suponha que a Steel[9] estivesse sendo negociada a 90 dólares e você a comprasse. Seu comprovante normalmente diria: "Comprou Steel a cerca de 90,15 dólares". Se você tivesse colocado uma margem de um ponto, isso o faria perder todo o seu dinheiro automaticamente se a ação caísse para 89,25 dólares. Em uma *bucket shop*, não se incomoda o cliente para que ele coloque mais margem nem se deve submetê-lo à dolorosa necessidade de mandar seu corretor vender a qualquer preço.

Mas quando a Cosmopolitan acrescentou esse ágio, desferiu um golpe abaixo da cintura. Isso significava que, se o preço fosse 90 dólares no momento da minha compra, em vez de meu comprovante mostrar "Comprou Steel a 90,125 dólares", ele mostraria "Comprou Steel a 91,125 dólares". Ora, aquela ação podia subir um ponto e um quarto depois que eu a comprei, e eu ainda estaria perdendo dinheiro se encerrasse a transação. E, ao também exigir que eu depositasse uma margem inicial de 3 pontos, eles reduziram minha capacidade de negociação em dois terços. Ainda assim, essa era a única *bucket shop* que me aceitava como cliente, e fui forçado a aceitar seus termos ou parar de negociar.

Claro que tive meus altos e baixos, mas saí vencedor no final das contas. No entanto, o pessoal da Cosmopolitan não ficou satisfeito com a terrível desvantagem em que me deixaram, a qual deveria ser suficiente para derrotar qualquer um. Tentaram, então, me trapacear, mas não conseguiram. Escapei por causa de um dos meus palpites.

A Cosmopolitan, como eu disse, foi meu último recurso. Era a *bucket shop* mais rica da Nova Inglaterra e, via de regra, não impunha limites às transações. Acho que fui o operador individual mais pesado que eles tiveram — isto é, entre os clientes regulares. Eles tinham um escritório vistoso e o maior e mais completo quadro de cotações que eu jamais tinha visto na vida. Ocupava toda a extensão de uma grande sala; ali, qualquer coisa inimaginável era cotada — ações negociadas nas bolsas de valores de Nova York e de Boston, algodão, trigo, provisões, metais... tudo que era comprado e vendido em Nova York, Chicago, Boston e Liverpool.

E assim se negociava nas *bucket shops*: você entregava seu dinheiro e dizia o que queria comprar e vender a um balconista. Ele olhava a fita ou o quadro de cotações e informava o preço que constava ali — o último, é claro —; também anotava a hora no comprovante, no que quase parecia o relatório de uma corretora regular — isto é, ele demonstrava que havia uma relação de compra

9. A U.S. Steel (formalmente, United States Steel Corporation) é uma das maiores siderúrgicas dos Estados Unidos. (N.T.)

ou venda de tantas ações de tal empresa a um determinado preço, em uma determinada hora e em um determinado dia, e também quanto dinheiro eles haviam recebido de você. Para encerrar a transação, procurava-se o funcionário — o mesmo ou outro qualquer, isso dependia da loja — e comunicava-se a ele o encerramento. Ele pegava o último preço ou, se a ação não estivesse sendo ativamente negociada, esperava a próxima cotação que aparecesse na fita; escrevia o preço e a hora em seu comprovante, dava um visto e o devolvia. Então se ia até o caixa e pegava-se o dinheiro correspondente. É claro que, quando o mercado estava contra você e o preço ultrapassava o limite estabelecido por sua margem, sua transação era automaticamente encerrada e seu comprovante se transformava em mais um pedaço de papel.

Nas *bucket shops* mais humildes, onde as pessoas podiam negociar apenas cinco ações, os comprovantes eram pequenos recibos — cores diferentes para compra e venda — e, às vezes, como, por exemplo, nos mercados em alta, as lojas eram duramente atingidas porque todos os clientes estavam comprados e, portanto, certos. Então, a *bucket shop* deduzia as comissões de compra e venda e, se você comprasse uma ação a 20 dólares, o comprovante diria 20,25 dólares. Assim, se tinha apenas três quartos de um ponto para movimentar.

No entanto, a Cosmopolitan era a melhor da Nova Inglaterra. Tinha milhares de clientes e, sinceramente, acho que eu era o único homem de quem eles tinham medo. Nem o ágio assassino nem a margem de 3 pontos que eles me fizeram pagar reduziram muito minhas transações. Continuei comprando e vendendo tanto quanto eles permitiam. Às vezes, eu tinha 5 mil ações em aberto.

No dia em que aconteceu o que vou relatar, eu tinha vendido a descoberto 3.500 ações da Sugar[10] e segurava sete grandes comprovantes cor-de-rosa de quinhentas ações cada. A Cosmopolitan usava grandes tiras de papel com um espaço em branco onde era possível escrever uma margem adicional. Claro, as *bucket shops* nunca pedem uma margem adicional. Quanto mais apertada for a margem, melhor para eles, pois o lucro deles reside em encerrar sua posição compulsoriamente. Nas lojas menores, se você quisesse aumentar ainda mais a margem da sua transação, eles criavam um novo comprovante, para poderem cobrar a comissão de compra e lhe dar apenas três quartos de um ponto em cada queda de um ponto, pois calculavam a comissão de venda exatamente como se fosse uma nova negociação.

Nesse dia, lembro que tinha acumulado mais de 10 mil dólares em margens.

10. A American Sugar Refining Company foi a maior empresa do setor açucareiro no começo do século XX nos Estados Unidos. (N.T.)

Eu tinha apenas 20 anos quando juntei, pela primeira vez, 10 mil dólares em dinheiro. E você deveria ter ouvido minha mãe: se convenceria de que 10 mil dólares em dinheiro eram mais do que qualquer pessoa poderia ter, exceto o velho John D. Rockefeller;[11] ela costumava dizer que eu devia ficar satisfeito e entrar em algum negócio convencional. Tive dificuldade para fazê-la entender que eu não estava correndo riscos, mas ganhando dinheiro calculando. Entretanto tudo o que ela conseguia ver era que 10 mil dólares era muito dinheiro, e tudo o que eu conseguia ver era mais margem.

Eu havia vendido minhas 3.500 ações da Sugar a 105,25 dólares. Havia outro sujeito na sala, Henry Williams, que tinha vendido 2.500 ações a descoberto. Eu costumava me sentar ao lado do *ticker* e gritar as cotações para o garoto que as escrevia no quadro. O preço se comportou como eu esperava. Ele logo desceu alguns pontos e tirou uma pequena pausa para recuperar o fôlego antes de mergulhar mais uma vez. O mercado como um todo estava bastante fraco e tudo parecia promissor. Então, de repente, eu não gostei da maneira como a Sugar estava hesitando. Comecei a me sentir desconfortável. Achei que deveria sair do mercado. Resolvi vender a 103 dólares — o valor mínimo do dia —, mas, em vez de me sentir mais confiante, fiquei mais inseguro. Eu sabia que havia algo errado, mas não conseguia identificar exatamente o quê. Contudo, se algo estava por acontecer e eu não sabia o que era, não poderia me preparar para isso. Assim, era melhor sair do mercado.

Você sabe, não faço nada às cegas. Não gosto. Nunca fiz. Mesmo quando eu era criança, precisava saber por que tinha de fazer certas coisas. Mas, dessa vez, mesmo não tendo nenhuma razão aparente, ainda assim, me senti tão desconfortável que não aguentei mais. Chamei um sujeito que eu conhecia, Dave Wyman, e lhe disse: "Dave, fique aqui no meu lugar. Quero que você faça algo para mim. Espere um pouco antes de anunciar o próximo preço da Sugar, está bem?".

Ele disse que o faria, e eu me levantei e cedi a ele meu lugar ao lado do *ticker*, para que ele pudesse anunciar os preços para o garoto do quadro de cotações. Tirei meus sete comprovantes da Sugar do bolso e me dirigi ao balcão, onde estava o balconista que marcava os comprovantes quando encerrávamos as transações. Mas eu realmente não entendia por que precisava sair do mercado, então fiquei ali parado, encostado no balcão, com meus comprovantes na mão para que o balconista não pudesse vê-los. Logo a seguir, ouvi o clique de um telégrafo e vi Tom Burnham, o funcionário, virar a cabeça rapidamente. Aí senti que algo estranho estava acontecendo e decidi não esperar mais. Foi então

11. John Davison Rockefeller (1839-1937) foi um dos maiores financistas e filantropos estadunidenses de sua época. (N.T.)

que Dave Wyman, próximo ao *ticker*, começou a dizer: "Su...". Como um raio, coloquei meus comprovantes no balcão, na frente do balconista, e gritei "Fecha a Sugar!" antes que Dave terminasse de dizer o preço. Então, é claro, a casa teve de fechar minha posição na Sugar pela última cotação. O que Dave gritou acabou sendo 103 dólares novamente.

De acordo com minhas informações, a Sugar deveria ter caído abaixo de 103 dólares a essa altura. A máquina não estava funcionando direito. Tive a sensação de que havia uma armadilha naquilo. Em todo caso, o telégrafo começou a enlouquecer e percebi que Tom Burnham, o funcionário, havia deixado meus comprovantes desmarcados onde eu os colocara e passado a escutar os cliques como se esperasse por algo. Então, gritei para ele: "Ei, Tom, que diabos você está esperando? Marque o preço desses comprovantes — 103! Anda logo!".

Todos na sala me ouviram e começaram a olhar para nossa direção e a perguntar qual era o problema, pois, veja, embora a Cosmopolitan nunca tivesse trapaceado, tudo podia acontecer, e uma corrida a uma *bucket shop* pode começar como uma corrida aos bancos. Se um cliente fica desconfiado, os outros saem correndo atrás. Então, Tom fez uma cara mal-humorada, mas se aproximou e marcou meus comprovantes como "Fechado a 103" e empurrou os sete na minha direção. Com certeza, ele tinha uma expressão azeda.

Digamos que a distância do balcão em que Tom estava até o caixa não ultrapassasse dois metros e meio. Mas eu ainda não tinha chegado ao caixa para pegar meu dinheiro quando Dave Wyman, que estava perto do *ticker*, gritou animadamente: "Poxa! Sugar, 108!". Mas era tarde demais; então eu apenas ri e gritei para o Tom: "Não funcionou desta vez, não é, meu chapa?".

Claro, foi tudo armado. Henry Williams e eu estávamos vendidos a descoberto em 6 mil ações da Sugar. Aquela *bucket shop* tinha a minha margem e a de Henry, e talvez houvesse muitas outras vendas a descoberto da Sugar naquela loja; possivelmente 8 mil ou 10 mil ações ao todo. Suponhamos que eles tivessem 20 mil dólares em margens da Sugar. Isso era suficiente para compensar que a loja manipulasse o mercado na Bolsa de Valores de Nova York e nos forçasse a fechar a posição e perder todo o nosso dinheiro. Nos velhos tempos, sempre que uma *bucket shop* estava lotada de pessoas apostando na alta de uma determinada ação, era uma prática comum fazer com que algum corretor baixasse o preço daquela ação específica o bastante para forçar o fechamento das posições de todos os clientes que ainda estavam negociando. Isso raramente custava à *bucket shop* mais do que alguns pontos em algumas centenas de ações, e ela ganhava milhares de dólares.

Isso foi o que a Cosmopolitan fez para fisgar a mim, ao Henry Williams e aos outros que haviam vendido a Sugar a descoberto. Seus corretores em Nova

York fizeram o preço subir para 108 dólares. Claro que ele caiu novamente, mas Henry e muitos outros foram forçados a fechar suas posições. Sempre que havia uma queda acentuada inexplicável, seguida de uma recuperação instantânea, os jornais da época costumavam chamá-la de uma jogada de *bucket shop*.

E o mais engraçado é que, quase dez dias após o pessoal da Cosmopolitan tentar me lograr, um operador de Nova York arrancou mais de 70 mil dólares deles. Esse homem, que foi um grande jogador no mercado em sua época e membro da Bolsa de Valores de Nova York, ficou muito conhecido como baixista durante a crise de Bryan, em 1896.[12] Ele estava restrito pelas regras da bolsa de valores que o impediam de realizar alguns de seus planos à custa de seus companheiros. Um dia, percebeu que não haveria queixas, nem da Bolsa nem das autoridades policiais, se ele arrancasse das *bucket shops* do país alguns de seus ganhos ilícitos. Então, enviou 35 homens para que agissem como clientes. Eles foram para a loja principal e para as filiais maiores. Em um determinado dia, a uma hora combinada, os agentes compraram todas as ações de uma determinada empresa que os gerentes permitiram; tinham instruções para encerrar suas posições em um determinado nível de lucro. Claro, o que ele fez foi espalhar a notícia, entre seus camaradas, de que o preço dessa ação subiria e depois entrou no pregão da Bolsa e a comprou para empurrar os preços para cima, ajudado pelos corretores no pregão, que achavam que ele era um sujeito legal. Tendo o cuidado de escolher a ação certa para aquele trabalho, não houve problemas em fazer o preço subir 3 ou 4 pontos. Seus agentes nas *bucket shops* lucraram, conforme previsto.

Um colega me contou que a pessoa que começou tudo isso teve um lucro líquido de 70 mil dólares, e seus agentes recuperaram os gastos com as despesas que tiveram e ainda receberam uma remuneração. Ele repetiu essa jogada várias vezes em todo o país, lesando as maiores *bucket shops* de Nova York, Boston, Filadélfia, Chicago, Cincinnati e St. Louis. Uma de suas ações favoritas era a Western Union, uma vez que era muito fácil fazer com que essa ação pouco negociada subisse ou descesse alguns pontos. Seus agentes compravam por um determinado valor, encerravam a posição com 2 pontos de lucro, vendiam a descoberto e ganhavam mais 3 pontos. Aliás, li outro dia que aquele homem morreu pobre e esquecido por todos. Se tivesse morrido em 1896, apareceria pelo menos em uma coluna na primeira página de todos os jornais de Nova York. Na verdade, ele recebeu apenas duas linhas na quinta página.

---

12. A crise de 1896 manifestou-se em uma forte queda no mercado acionário e foi associada à candidatura do democrata William Jennings Bryan à presidência. A tendência de queda foi revertida somente após a derrota de Bryan para o republicano William McKinley. (N.T.)

CAPÍTULO 2

Entre a descoberta de que a Cosmopolitan Stock Brokerage Company estava disposta a me derrotar por meios sujos — como se a desvantagem mortal de uma margem de 3 pontos e um ágio de um ponto e meio não fossem suficientes para atingir esse objetivo — e os indícios de que não queriam meus negócios de jeito nenhum, decidi ir para Nova York, onde poderia negociar no escritório de algum membro da Bolsa de Valores de Nova York. Eu não queria negociar de uma filial de Boston, em que as cotações precisariam ser telegrafadas; precisava estar perto da fonte original. Fui para Nova York com 21 anos, levando comigo tudo o que tinha: 2.500 dólares.

Já disse que tinha 10 mil dólares aos 20 anos, e minha margem naquela transação da Sugar era superior a 10 mil dólares. Mas nem sempre saí ganhando. Minha estratégia de negociação era sólida e eu ganhava mais do que perdia. Se tivesse insistido nela, talvez tivesse acertado até sete em cada dez vezes. Na verdade, sempre ganhei dinheiro quando tinha certeza de que estava certo, mesmo antes de começar. O que me derrotou foi não ter sido suficientemente inteligente para persistir na minha estratégia, isto é, entrar no mercado apenas quando estivesse convencido de que fatos passados favoreceriam meu jogo. Mas eu não sabia que existia uma hora certa para tudo, e é exatamente isso que derruba tantas pessoas na Wall Street que estão muito longe de pertencer à classe dos grandes otários. Existe o tolo simples, que sempre erra em todos os lugares, mas existe o tolo da Wall Street, que acha que deve operar o tempo inteiro. Nenhum homem pode ter sempre razões adequadas para comprar ou vender ações todos os dias — ou conhecimento suficiente para fazer uma jogada inteligente.

Eu provei isso. Sempre que lia as cotações da fita à luz da experiência, ganhava dinheiro, mas quando fazia uma jogada tola, perdia. Não fui exceção, fui? Lá estavam o enorme quadro de cotações me encarando, o *ticker* funcionando e as pessoas negociando e vendo seus comprovantes se transformarem em dinheiro ou em lixo. Claro que deixei o entusiasmo prevalecer sobre meu julgamento. Em uma *bucket shop*, onde sua margem é pequena, não se fazem jogadas de longo prazo. É possível perder tudo com muita facilidade e rapidez. O desejo de movimentação constante, independentemente das condições subjacentes, é responsável por muitas perdas em Wall Street, até mesmo entre os profissionais, que sentem que precisam levar algum dinheiro para casa todos os dias, como se estivessem trabalhando por um salário fixo. Eu era apenas um garoto, você se lembra? Não sabia, naquela ocasião, o que soube mais tarde, aquilo que me levou, quinze anos depois, a esperar duas longas semanas para ver uma ação — com a qual me relacionava de forma muito otimista — subir 30 pontos antes de sentir que era seguro comprá-la. Eu estava sem dinheiro algum e tentando voltar ao mercado, e não podia me dar ao luxo de apostar de forma imprudente. Eu tinha que estar certo, então esperei. Isso foi em 1915. É uma longa história. Contarei tudo mais tarde, no devido momento. Agora vamos continuar do ponto em que, após anos de prática em vencê-las, deixei que as *bucket shops* levassem a maior parte dos meus ganhos.

E com os olhos bem abertos, a bem da verdade! E também não foi o único período da minha vida em que isso aconteceu. Um operador de bolsa precisa lutar contra muitos inimigos caros dentro de si mesmo. De qualquer forma, cheguei a Nova York com 2.500 dólares. Não havia nenhuma *bucket shop* em que um sujeito pudesse confiar. Juntas, a bolsa de valores e a polícia haviam conseguido dar um bom aperto nelas. Além disso, eu desejava encontrar um lugar no qual o único limite para minhas transações fosse o tamanho da minha bolada de dinheiro. Não tinha muito, mas não esperava que continuasse pouco para sempre. No início, o principal objetivo era conhecer um lugar em que eu não tivesse preocupações com ser ludibriado. Então fui a uma corretora da Bolsa de Valores de Nova York que tinha uma filial em Boston, onde eu conhecia alguns dos funcionários. Há muito que eles haviam falido. Não fiquei muito tempo lá, não gostei de um dos sócios, e então fui para a A.R. Fullerton & Co. Alguém deve ter contado a eles sobre minhas primeiras experiências, porque não demorou muito para que todos começassem a me chamar de Garoto Especulador. Sempre pareci ser mais jovem do que realmente era. De certa forma, era uma desvantagem, mas isso me obrigou a lutar por mim mesmo; muitos tentaram tirar proveito da minha juventude. Os caras das *bucket shops*, vendo como eu era jovem, sempre pensaram em mim como um idiota sortudo; para eles, essa era a única razão pela qual eram vencidos com tanta frequência.

Não demorou seis meses para que eu quebrasse. Operava ativamente e tinha uma espécie de reputação de vencedor. Acho que acabei pagando comissões muito altas. O saldo em minha conta aumentou bastante, mas, é claro, no final, acabei perdendo. Joguei com cautela; mas eu tinha de perder. Vou contar o motivo: meu notável sucesso nas *bucket shops*!

Eu conseguia ter sucesso do meu jeito apenas em uma *bucket shop*; onde apostava nas oscilações do mercado. Minha leitura da fita era responsável por isso. No ato da compra, o preço estava bem à minha frente, no quadro de cotações. Mesmo antes de comprar, eu sabia exatamente o preço que teria de pagar por minhas ações. E sempre poderia vendê-las rapidamente. Poderia obter um lucro rápido, porque eu desenvolvi muita agilidade nas negociações; poderia aumentar minha posição, se o preço estivesse subindo, ou cortar meu prejuízo em um segundo. Às vezes, por exemplo, eu tinha certeza de que uma ação se moveria pelo menos um ponto. Bem, eu não precisava ser ganancioso, poderia colocar uma margem de um ponto e dobrar meu dinheiro em um instante; ou pegar meio ponto. Com cem ou duzentas ações por dia, o resultado não seria ruim no final do mês, não é verdade?

O problema prático com esse arranjo, é claro, era que mesmo se a *bucket shop* tivesse os recursos para suportar grandes perdas constantemente, isso não ocorreria, ela não iria querer um cliente que tivesse o mau gosto de ganhar o tempo todo.

De qualquer maneira, o que era um sistema perfeito para negociar em uma *bucket shop* não funcionava no escritório da Fullerton. Lá eu estava realmente comprando e vendendo ações. O preço da Sugar na fita podia ser 105 dólares, e eu conseguia prever uma queda de 3 pontos. Na verdade, no exato momento em que o *ticker* estava imprimindo 105 dólares na fita, o preço real no pregão da Bolsa talvez fosse 104 ou 103 dólares. Quando minha ordem de vender mil ações chegava ao funcionário de pregão da Fullerton para ser executada, o preço poderia ser ainda mais baixo. Eu não sabia a que preço havia vendido mil ações até receber um relatório do funcionário. Enquanto, numa *bucket shop*, eu certamente teria feito 3 mil dólares na mesma transação, talvez não ganhasse um centavo em uma corretora de bolsa. Claro, estou relatando um caso extremo, mas o fato é que, no escritório da A.R. Fullerton, a fita sempre me contava uma história ultrapassada no que dizia respeito ao meu sistema de negociação, e eu não me dava conta disso.

E, também, se minha transação fosse bastante grande, minha própria venda tenderia a diminuir ainda mais o preço. Na *bucket shop*, eu não precisava levar em consideração o impacto de minhas próprias transações. Perdi em Nova York porque o jogo era totalmente diferente. O que me fez perder não foi o fato de agora estar jogando de forma legal, mas a minha ignorância. Consideravam-me um especialista na leitura de fita, mas ler a fita como um especialista não me salvou. Talvez tivesse me saído muito melhor se eu mesmo acompanhasse o pregão de perto, como um corretor de pregão. No meio de uma multidão, talvez pudesse adaptar meu sistema às condições em que me encontrava. Mas, é claro, se eu operasse na minha escala atual, por exemplo, o sistema também teria deixado de funcionar a meu favor por causa do impacto sobre os preços de minhas próprias transações.

Em suma, eu não conhecia o jogo da especulação com ações, apenas uma parte dele; uma parte bastante significativa, que me tem sido valiosa demais em todos os momentos. No entanto, se, com tudo o que sabia, eu ainda acabei perdendo, que chance tem o forasteiro novato de ganhar, ou melhor, de auferir um lucro?

Não demorei muito para perceber que havia algo errado com meu estilo de negociação, mas não conseguia identificar qual era exatamente o problema. Houve momentos em que meu sistema funcionou a contento e, então, de repente, tomei um golpe após o outro. Tinha apenas 22 anos, lembre-se; não que eu fosse tão arrogante que não quisesse saber exatamente onde havia errado, mas com essa idade ninguém sabe muito de nada.

As pessoas no escritório eram muito amáveis comigo. Não pude jogar tanto quanto queria por causa das exigências de margem, mas o velho A.R. Fullerton e seus funcionários foram tão gentis comigo que, após seis meses de negociações ativas, não apenas havia perdido tudo o que trouxera e tudo o que havia ganhado lá como também fiquei devendo algumas centenas de dólares à empresa.

Lá estava eu, um mero garoto que nunca havia ficado longe de casa, e sem dinheiro algum; no entanto, eu sabia que não havia nada errado comigo, mas sim com o meu jogo. Não sei se estou me comunicando com clareza, mas nunca fico zangado com o mercado de ações. Nunca brigo com a fita. Ficar aborrecido com o mercado não leva você a lugar algum.

Eu estava tão ansioso para retomar a negociação que não esperei um minuto. Fui até o velho Fullerton e lhe disse:

— A. R., me empreste quinhentos dólares.

— Para quê? — ele perguntou.

— Preciso de dinheiro.

— Para quê? — ele perguntou novamente.

— Para margem, claro — respondi.

— Quinhentos dólares? — ele disse, e franziu a testa. — Você sabe que eles esperam que você mantenha uma margem de 10%, o que significa mil dólares para cada cem ações. Seria muito melhor que eu desse um crédito a você.

— Não — eu disse —, não quero um crédito aqui. Já estou devendo dinheiro para a empresa. O que eu quero é que você me empreste quinhentos dólares para que eu possa sair, juntar uma quantia de dinheiro e voltar.

— Como você pretende fazer isso? — perguntou o velho A.R.

— Vou negociar em uma *bucket shop* — respondi.

— Negocie aqui — disse ele.

— Não — retruquei. — Ainda não tenho certeza de que posso vencer o jogo neste escritório, mas tenho certeza de que posso tirar dinheiro das *bucket shops*. Conheço aquele jogo. Tenho a impressão de que sei exatamente onde errei aqui.

Ele me deu o dinheiro e eu saí daquela corretora onde o Jovem Terror das *Bucket Shops*, como me chamavam, havia perdido sua fortuna. Não podia voltar para Boston porque as lojas de lá não aceitavam meus negócios. Nova York estava fora de cogitação; não havia nenhuma *bucket shop* funcionando lá naquela época. Disseram-me que, na década de 1890, o cruzamento da Broad Street com a New Street estava cheio delas, mas não havia nenhuma quando precisei delas para fazer minhas transações. Então, depois de pensar um pouco, decidi ir para St. Louis. Eu tinha ouvido falar de duas empresas que faziam muitos negócios no meio-oeste. Seus lucros deveriam ser enormes. Elas tinham filiais em dezenas de cidades. Na verdade, soube por intermédio de outros que não havia empresas no Leste que se comparassem com elas em termos de volume de negócios. Funcionavam abertamente, e as pessoas mais finas negociavam lá sem nenhum escrúpulo. Um camarada chegou a me dizer que o dono de uma das empresas era vice-presidente da Câmara de Comércio, mas isso não poderia ter ocorrido em St. Louis. De qualquer forma, foi para lá que fui com meus quinhentos dólares, para trazer de volta uma grande quantia em dinheiro para usar como margem no escritório da A.R. Fullerton & Co., membro da Bolsa de Valores de Nova York.

Quando cheguei a St. Louis, fui para o hotel, tomei banho e saí para encontrar as *bucket shops*. Uma era a J.G. Dolan Company e a outra era a H.S. Teller & Co. Eu sabia que poderia vencê-las, porém não correria nenhum risco — jogaria de forma cuidadosa e conservadora. Meu único medo era de que alguém pudesse me reconhecer e me delatar, porque as *bucket shops* de todo o país tinham ouvido falar do Garoto Especulador. Elas são como cassinos, e sabem de todas as fofocas dos profissionais. A Dolan estava mais próxima do que a Teller, então me dirigi para lá primeiro. Esperava poder fazer negócios por alguns dias antes de me mandarem levar meus negócios para outro lugar. Entrei. Era um lugar enorme, e devia haver, pelo menos, algumas centenas de pessoas olhando para as cotações. Fiquei feliz porque, em meio a tamanha multidão, eu tinha mais chances de passar despercebido. Fiquei de pé, examinando o quadro cuidadosamente, até escolher a ação para minha jogada inicial.

Olhei em volta e vi o atendente no guichê, onde você deposita o dinheiro e apanha os comprovantes. Ele estava olhando para mim, então me aproximei e perguntei:

— É aqui que se negocia algodão e trigo?

— Sim, filho — ele respondeu.

— Posso comprar ações também?

— Pode, se tiver dinheiro — ele disse.

— Ah, isso eu tenho, e muito — retruquei, como um garoto orgulhoso.

— Tem mesmo? — ele perguntou sorrindo.

— Quantas ações posso comprar com cem dólares? — perguntei, como se estivesse irritado.

— Cem; se você tiver cem.

— Tenho cem. Sim; e duzentos também! — disse a ele.

— Ah, minha nossa! — ele falou.

— Então compre duzentas ações para mim — eu disse bruscamente.

— Duzentas o quê? — ele perguntou, sério agora. Era um negócio.

Olhei para o quadro de novo como se estivesse analisando de um modo perspicaz e disse a ele:

— Duzentos da Omaha.[13]

— Tudo bem! — ele disse. Pegou meu dinheiro, contou e preencheu o comprovante.

— Como você se chama? — ele me perguntou.

E eu respondi:

— Horace Kent.

Ele me entregou o comprovante e fui embora; sentei entre os clientes para esperar meu dinheiro crescer. Agi rapidamente e negociei várias vezes naquele dia. No dia seguinte também. Em dois dias, ganhei 2.800 dólares e tinha esperanças de que me deixassem negociar a semana inteira. No ritmo em que eu estava indo, não seria nada mal. Em seguida, atacaria a outra loja e, se tivesse sorte semelhante, voltaria para Nova York com um maço de dinheiro com o qual poderia fazer alguma coisa.

Na manhã do terceiro dia, quando fui até a janela do caixa, meio tímido, para comprar quinhentas ações da B.R.T.,[14] o funcionário me disse:

— Ei, senhor Kent, o patrão quer falar com você.

Eu sabia que o jogo tinha acabado. Mas perguntei a ele:

— Sobre o que ele quer falar comigo?

---

13. A Chicago, St. Paul, Minneapolis and Omaha Railway, conhecida como Omaha Road, foi uma ferrovia que operava nos estados de Nebraska, Iowa, Minnesota, Wisconsin e Dakota do Sul. Acabou sendo comprada pela Chicago and Northwestern Railway. (N.T.)

14. A Brooklyn Rapid Transit Company, conhecida como B.R.T., operava diversas linhas de ferrovias urbanas na cidade de Nova York. Tornou-se insolvente em 1919 e, após ser reestruturada, acabou transformando-se na Brooklyn-Manhattan Transit Corporation. (N.T.)

— Não sei.

— Onde ele fica?

— No escritório dele. Vá por ali. — E ele apontou para uma porta. Entrei. Dolan estava sentado atrás de sua mesa; ele se virou e disse:

— Sente-se, Livingston.

Apontou para uma cadeira. Minha última esperança desapareceu. Não sei como ele descobriu quem eu era; talvez pelo registro do hotel.

— Sobre o que você quer falar comigo? — perguntei.

— Escute, garoto. Eu não tenho nada contra você. Absolutamente nada. Entendeu?

— Não, não entendi — respondi.

Ele se levantou de sua cadeira giratória — era um cara enorme — e me disse:

— Venha aqui, Livingston, pode ser? — e se dirigiu até a porta. Abriu-a e mostrou-me os clientes na grande sala.

— Você os está vendo? — perguntou.

— Vendo o quê?

— Aqueles caras. Dê uma olhada neles, garoto. Há trezentos deles! Trezentos otários! Eles alimentam a mim e a minha família. Está vendo? Trezentos otários! Aí você chega e em dois dias tira mais do que eu arranco daqueles trezentos em duas semanas. Isso não é um bom negócio, garoto, não para mim! Não tenho nada contra você. Fique à vontade quanto ao que já tem, mas você não vai ganhar nem mais um centavo. Não há nada aqui para você!

— Poxa, eu...

— Isso é tudo. Vi você chegar aqui anteontem e não fui com a sua cara. Verdade mesmo, não gostei. Vi que você era um pilantra. Chamei aquele idiota lá — ele apontou para o escrivão culpado — e perguntei o que você tinha feito. Quando ele me contou, eu disse a ele: "Não gosto da pinta daquele cara. Ele é um pilantra!". E aquele burro disse: "Pilantra nada, chefe! O nome dele é Horace Kent, e ele é um garoto animado brincando de se acostumar a vestir calças compridas. Ele é um bom sujeito!".

— Bem, eu deixei que ele fizesse o que queria — ele continuou. — Aquele filho da mãe me custou 2.800 dólares. Não tenho nenhum rancor, rapaz, mas o cofre está trancado para você.

— Olhe aqui... — comecei a falar.

— Olhe aqui você, Livingston — ele me interrompeu. — Eu sei tudo sobre você. Ganho meu dinheiro cobrindo as apostas de otários, e você não pertence a este lugar. Sou um cara legal, e você pode ficar com tudo o que ganhou da gente... Mais do que isso me tornaria um otário. Agora, sei quem você é. Então, vá andando, filho!

Saí da loja do Dolan com meu lucro de 2.800 dólares. A loja do Teller ficava no mesmo quarteirão. Descobri que Teller era um homem muito rico que também gerenciava muitas salas de bilhar. Decidi ir à sua *bucket shop*. Ponderei se seria prudente começar pouco a pouco e chegar até mil ações ou começar mergulhando fundo, na hipótese de que eu talvez não conseguisse negociar por mais de um dia. Eles ficam espertos muito rápido quando estão perdendo, e eu queria muito comprar mil ações da B.R.T. Tinha certeza de que poderia ganhar 4 ou 5 pontos na transação. Mas se suspeitassem ou se muitos clientes tivessem comprado aquela ação, eles talvez não me deixassem negociar. Achei melhor dispersar minhas operações no início e começar pequeno. Não era um lugar tão grande quanto a loja de Dolan, mas as instalações eram melhores e, evidentemente, o público era de uma classe mais elevada. Isso me agradou profundamente, e decidi comprar minhas mil B.R.T. Então, fui ao caixa adequado e disse ao funcionário:

— Gostaria de comprar algumas B.R.T. Qual é o limite?

— Não há limite — respondeu o funcionário. — Você pode comprar o quanto quiser, se tiver dinheiro.

— Compre 1.500 ações — pedi e fui tirando o bolo de dinheiro do bolso enquanto o funcionário começou a preencher o comprovante.

Então, vi um homem ruivo simplesmente empurrar aquele funcionário para longe do balcão. Ele se inclinou na minha direção e disse:

— Olha, Livingston, volte para a loja do Dolan. Não queremos o seu dinheiro.

— Espere até eu pegar meu comprovante — respondi. — Acabei de comprar umas B.R.T.

— Você não vai receber comprovante nenhum aqui — disse ele. A essa altura, outros funcionários haviam se juntado a ele e olhavam para mim. — Nunca mais venha aqui para fazer transações. Não aceitaremos seus negócios. Entendeu?

Não fazia sentido ficar zangado ou tentar discutir, então voltei para o hotel, fechei minha conta e peguei o primeiro trem de volta para Nova York. Foi difícil. Eu queria voltar com uma quantia grande de dinheiro, mas aquele Teller não me deixara fazer nem uma única transação.

Voltei para Nova York, paguei a Fullerton seus quinhentos dólares e comecei a apostar novamente com o dinheiro de St. Louis. Tive fases boas e ruins, mas estava ganhando mais do que perdendo. Afinal, eu não tinha muito o que desaprender; apenas entender o fato de que o jogo da especulação com ações era mais complicado do que eu havia considerado antes de ir ao escritório do Fullerton para negociar. Me comportava como um daqueles viciados em quebra-cabeças, fazendo as palavras cruzadas do suplemento do jornal de domingo, aquele que não fica satisfeito até conseguir completar tudo. Bem, eu certamente queria encontrar a solução para meu quebra-cabeça. Achei que meus tempos de negociar nas *bucket shops* haviam terminado, mas estava enganado.

Uns dois meses depois de voltar para Nova York, um velhote entrou no escritório de Fullerton. Ele conhecia A.R. Alguém disse que eles haviam sido donos de um haras de cavalos de corrida juntos. Estava claro que já tinha sido mais abastado. Fui apresentado ao velho McDevitt. Ele estava contando para a multidão sobre um bando de vigaristas das pistas de corrida do Oeste que tinha acabado de fazer uma grande trapaça em St. Louis. O principal demônio, ele disse, era um dono de salões de sinuca chamado Teller.

— Qual Teller? — perguntei a ele.

— H. Teller; H.S. Teller.

— Eu conheço esse cara — eu disse.

— Ele não presta — disse McDevitt.

— Ele é pior do que isso — eu disse —, e tenho contas a acertar com ele.

— Como assim?

— A única maneira de atingir qualquer um desses trapaceiros é atacar seu bolso. Não posso atingi-lo em St. Louis agora, mas um dia o farei. — E contei a McDevitt minha história.

— Bem — disse o velho Mac —, ele tentou se estabelecer aqui em Nova York e não conseguiu, então abriu uma loja em Hoboken. O que se diz é que não há limite para o jogo e que o dinheiro da casa é tanto que faz o Rochedo de Gibraltar se transformar na sombra de uma pulga minúscula.

— Que tipo de lugar é? — Achei que ele estivesse se referindo a um salão de sinuca.

— *Bucket shop* — disse McDevitt.

— Tem certeza de que está aberta?

— Tenho. Conheci vários companheiros que me falaram sobre isso.

— Isso é só boato — eu disse. — Você pode descobrir com certeza se ela está funcionando e também quanto é o limite dentro do qual eles permitem que alguém negocie?

— Claro, filho — disse McDevitt. — Eu mesmo irei lá amanhã de manhã e voltarei aqui para lhe contar.

E ele o fez. Parece que o negócio de Teller já estava indo de vento em popa e que ele estava disposto a bancar tudo o que aparecesse. Era uma sexta-feira. O mercado subira a semana toda — isso foi há vinte anos, lembre-se —, e o extrato bancário com certeza mostraria uma grande redução na reserva excedente no sábado. Isso daria a desculpa convencional aos corretores das grandes corretoras para derrubar o mercado e tentar fazer com que alguns dos clientes menos endinheirados das corretoras fechassem suas posições. Haveria as reações usuais na última meia hora do pregão, sobretudo nas ações mais negociadas. Essas, é claro, também seriam as mesmas ações que os clientes de Teller teriam comprado mais, e a loja talvez gostasse de ver algumas vendas a descoberto delas. Não há nada tão bom quanto aproveitar-se dos otários na ida e na volta; e nada tão fácil — com margens de um ponto.

Naquela manhã de sábado, fui até Hoboken e cheguei à loja de Teller. Eles haviam montado uma grande sala de clientes com um quadro de cotações sofisticado, uma equipe completa de funcionários e um segurança especial vestido de cinza. Havia cerca de 25 clientes.

Falei com o gerente. Ele me perguntou o que poderia fazer por mim e eu lhe disse que ele não poderia fazer nada; que alguém poderia ganhar muito mais dinheiro no hipódromo por conta das probabilidades e da liberdade de apostar todo o seu dinheiro e ganhar milhares em minutos, em vez de correr atrás de ninharias no mercado de ações e ter de esperar dias, talvez. Ele começou a me dizer o quanto o jogo do mercado de ações era mais seguro e quanto alguns de seus clientes ganhavam — você teria jurado que ele era um corretor legítimo que realmente comprava e vendia ações na Bolsa — e como, se alguém estivesse disposto a negociar pesado, este poderia ganhar o suficiente para satisfazer qualquer um. Deve ter pensado que eu estava indo para algum salão de sinuca e queria dar uma mordida no meu maço de dinheiro antes que os cavalos o abocanhassem. Disse-me que eu deveria me apressar, já que o mercado fechava ao meio-dia aos sábados. Isso me deixaria livre para dedicar a tarde inteira a outras atividades. Eu poderia ter um maço de dinheiro maior para carregar comigo até o hipódromo — se escolhesse as ações certas.

Eu fingia não acreditar nele, e ele continuava falando. Eu olhava para o relógio. Às 11h15, eu disse “Tudo bem!” e comecei a dar-lhe ordens de venda para várias ações. Coloquei 2 mil dólares em dinheiro e ele ficou muito feliz em recebê-los. Me disse que achava que eu ganharia muito dinheiro e esperava que eu fosse lá com frequência.

Aconteceu exatamente como imaginei. Os corretores derrubaram as ações que achavam que disparariam o maior número de ordens de venda e, conforme previsto, os preços despencaram. Encerrei minhas posições pouco antes da alta dos últimos cinco minutos causada pela cobertura costumeira dos corretores.

Eu havia ganhado 5.100 dólares. Fui ao caixa receber.

— Estou feliz por ter vindo — disse ao gerente, e entreguei-lhe meus comprovantes.

— Espere aí — ele me disse —, eu não posso dar a você todo esse montante. Não estava preparado para uma corrida dessas. Terei essa quantia aqui para você na segunda de manhã, com certeza.

— Tudo bem. Mas primeiro vou levar tudo o que você tem aí — eu disse.

— Você tem que me deixar pagar os pequenos — disse ele. — Devolvo tudo o que você apostou e tudo o que sobrar. Espere até eu pagar os outros comprovantes.

Então esperei enquanto ele pagava os outros vencedores. Ah, eu sabia que meu dinheiro não estava em risco. Teller não deixaria de me pagar enquanto a loja estivesse ganhando tanto dinheiro. E se ele não me pagasse tudo, o que mais eu poderia fazer do que levar tudo o que ele tinha naquele momento? Consegui meus próprios 2 mil dólares e mais cerca de 800 dólares, que era o que havia na loja. Disse a ele que estaria lá na segunda-feira de manhã, e ele jurou que o dinheiro estaria esperando por mim.

Na segunda-feira, cheguei a Hoboken um pouco antes do meio-dia. Avistei um sujeito conversando com o gerente que eu tinha visto no escritório de St. Louis no dia em que Teller me disse para voltar à loja do Dolan. Soube imediatamente que o gerente havia telegrafado para o escritório central e eles haviam enviado um de seus homens para investigar o que acontecera. Ladrões não confiam em ninguém.

— Vim buscar o restante do meu dinheiro — disse ao gerente.

— Esse é o cara? — perguntou o sujeito de St. Louis.

— Sim — disse o gerente, e retirou um monte de cédulas do bolso.

— Espere aí! — disse o sujeito de St. Louis para ele e depois se virou para mim:

— Ei, Livingston, não dissemos que não queríamos trabalhar com você?

— Me entregue meu dinheiro primeiro — eu disse ao gerente, e ele desembolsou duas notas de mil, quatro de quinhentos e três de cem dólares.

— O que você disse? — perguntei ao cara de St. Louis.

— Dissemos que não queríamos que você negociasse em nosso estabelecimento.

— Sim — eu falei. — Foi por isso que eu vim.

— Bem, não venha mais. Fique longe daqui! — Ele rosnou para mim.

O segurança particular vestido de cinza se aproximou com ar despreocupado. O cara de St. Louis sacudiu o punho para o gerente e gritou:

— Você devia ter prestado mais atenção, seu tolo, e não deixado esse cara entrar na casa. Ele é o Livingston. Você recebeu ordens a respeito dele.

— Escute — eu disse ao homem de St. Louis. — Aqui não é St. Louis. Você não pode trapacear aqui, como seu chefe fez com o cavalo Belfast Boy.

— Fique longe desta loja! Você está proibido de negociar aqui! — ele gritou.

— Se eu não posso negociar aqui, ninguém mais pode — eu disse a ele. — Você não pode fazer esse tipo de coisa por aqui impunemente.

Nesse momento, o cara de St. Louis mudou de tom imediatamente.

— Olhe aqui, seu velhaco — disse ele, todo agitado —, faça-nos um favor. Seja razoável! Você sabe que não podemos aguentar esse tipo de prejuízo todos os dias. O velho vai ter um troço quando souber quem foi. Misericórdia, Livingston!

— Irei com calma — prometi.

— Ouça a voz da razão, está bem? Pelo amor de Deus, fique longe! Dê-nos uma oportunidade para começar bem. Somos novos aqui. Pode ser?

— Não quero nada dessa arrogância da próxima vez que eu vier — eu disse, e o deixei falando com o gerente a mil palavras por minuto.

Eu havia extraído algum dinheiro deles por causa da forma como me trataram em St. Louis. Não fazia sentido ficar zangado ou tentar levá-los à falência. Voltei ao escritório de Fullerton e contei a McDevitt o que havia acontecido. Disse-lhe que, se ele concordasse, gostaria que fosse à loja de Teller e começasse a negociar lotes de vinte ou trinta ações, para que se acostumassem com isso. Então, no momento em que eu visse uma boa chance de fazer uma grande jogada, telefonaria para ele a fim de avisá-lo que poderia ir fundo.

Dei mil dólares a McDevitt, ele foi até Hoboken e fez o que eu o orientei a fazer. Ele passou a ser um dos clientes regulares. Então, um dia, quando pensei que haveria uma queda de mercado iminente, informei a Mac, e ele saiu vendendo tudo o que permitiram. Ganhei 2.800 dólares naquele dia, depois de dar a Mac sua participação e pagar as despesas, e suspeito que Mac também tenha feito uma pequena aposta por conta própria. Menos de um mês depois disso, Teller fechou sua filial em Hoboken. A polícia começara a se ocupar com ela. E, de qualquer forma, não compensava, embora eu só tenha negociado lá duas vezes. Entramos em um mercado altista enlouquecido em que as ações não reagiam o suficiente para eliminar até mesmo as margens de um ponto e, é claro, todos os clientes apostavam na alta e ganhavam e faziam pirâmides. Inúmeras *bucket shops* quebraram em todo o país.

O jogo delas mudou. Negociar nas antigas *bucket shops* tinha algumas vantagens interessantes sobre especular no escritório de uma corretora respeitável. Por um lado, o encerramento automático de sua posição quando a margem se exauria era o melhor tipo de ordem de venda compulsória. Você não poderia perder mais do que havia apostado e não havia perigo de as ordens serem mal executadas, e assim por diante. Em Nova York, as lojas nunca foram tão liberais com seus clientes quanto ouvi dizer que eram no Oeste. Aqui elas costumavam limitar o lucro possível com certas ações a 2 pontos. A Sugar e a Tennessee

Coal and Iron[15] estavam entre elas. Não importava se eles subissem 10 pontos em dez minutos, você só poderia ganhar dois em um comprovante. As lojas perceberam que, se o caso fosse o contrário, o cliente levaria vantagens demais; ele não poderia perder mais do que um dólar e poderia ganhar dez. E havia ocasiões em que todas as lojas, inclusive as maiores, se recusavam a aceitar ordens de compra ou venda de determinadas ações. Em 1900, um dia antes da eleição, quando já era óbvio que McKinley venceria, nenhuma loja no país permitiu que seus clientes comprassem ações. As possibilidades de McKinley ser eleito eram de 3 para 1. Ao comprar ações na segunda-feira, era provável que se ganhasse de 3 a 6 pontos ou até mais. Alguém poderia apostar em Bryan e comprar ações e mesmo assim ter certeza de sair com lucro. As *bucket shops* recusaram ordens de compra naquele dia.

Se não fosse pela recusa deles em aceitar meu negócio, eu nunca teria parado de fazer transações assim. E então eu nunca teria aprendido que o jogo da especulação com ações era muito mais do que apostar em oscilações de uns pontinhos.

15. A Tennessee Coal, Iron and Railroad Company era um conglomerado com participações nas indústrias de siderurgia, carvão e ferrovias. Foi fundida com a U.S. Steel em 1907. (N.T.)

CAPÍTULO 3

Leva muito tempo para que alguém aprenda todas as lições tiradas de todos os seus erros. Dizem que tudo tem dois lados. Mas existe apenas um lado no mercado de ações; e não é o lado altista ou o lado baixista, mas o lado certo. Levei mais tempo para aprender bem esse princípio geral do que para entender a maioria das fases mais técnicas do jogo da especulação com ações.

Já ouvi falar de pessoas que se divertem fazendo operações imaginárias no mercado de ações para provar com dólares imaginários como estão certas. Às vezes, esses jogadores fantasmas ganham milhões. É muito fácil ser um especulador dessa maneira. É como aquela velha história de um homem que iria participar de um duelo no dia seguinte.

Seu padrinho perguntou a ele:

— Você é um bom atirador?

— Bem — disse o duelista —, posso quebrar a haste de uma taça de vinho a vinte passos — disse num tom de modéstia.

— Muito bem! — disse o padrinho nada impressionado. — Mas você pode quebrar a haste da taça de vinho enquanto a taça de vinho estiver apontando uma pistola carregada diretamente para o seu coração?

No meu caso, preciso de uma base para emitir minhas opiniões sobre meu dinheiro. Minhas perdas me ensinaram que não devo começar a avançar até ter certeza de que não terei de recuar. Se não posso avançar, não me mexo. Não quero dizer com isso que uma pessoa não deva limitar suas perdas quando está errada. Ela deve. Contudo, isso não pode causar indecisão. Durante toda a minha vida, cometi erros, mas ao perder dinheiro ganhei experiência e acumulei muitos "nãos" valiosos. Quebrei várias vezes, mas minhas perdas nunca foram uma perda total. Caso contrário, eu não estaria aqui agora. Sempre soube que teria outra chance e que não cometeria o mesmo erro uma segunda vez. Acreditei em mim mesmo.

Uma pessoa deve acreditar em si mesma e em seu julgamento se espera ganhar a vida nesse jogo. É por isso que não acredito em dicas. Se eu comprar ações por causa de uma dica do Smith, devo vender essas mesmas ações por causa de uma dica do Smith. Fico dependendo dele. Suponha que Smith esteja de férias quando chegar a hora de vender! Não, ninguém pode ganhar muito dinheiro com o que outra pessoa lhe diz para fazer. Sei por experiência própria que ninguém pode me dar uma dica ou uma série de dicas que rendam mais dinheiro para mim do que meu próprio julgamento faria. Levei cinco anos para aprender a jogar com inteligência o suficiente para ganhar muito dinheiro quando estava certo.

Não tive tantas experiências interessantes quanto se pode imaginar. Quer dizer, o processo de aprender a especular não parece muito dramático nesse ponto. Eu quebrei várias vezes, e isso nunca é agradável, mas perdi dinheiro da maneira como todo mundo perde dinheiro em Wall Street. A especulação é um negócio difícil e árduo, e um especulador precisa estar atento o tempo inteiro, ou logo não terá nenhum trabalho.

Minha tarefa, como eu deveria saber depois de minhas primeiras reviravoltas na Fullerton, era muito simples: encarar a especulação de outro ângulo. Mas eu não sabia que havia muito mais coisas no jogo do que eu poderia aprender nas *bucket shops*. Nelas, pensei que estivesse vencendo o jogo, quando, na verdade, estava apenas ganhando da loja. Ao mesmo tempo, a capacidade de leitura da fita que a negociação em *bucket shops* desenvolveu em mim e o treinamento de minha memória foram extremamente valiosos. Eu tinha uma aptidão natural para ambas as coisas. Devo meu sucesso inicial como negociante a isso, e não à minha inteligência ou aos meus conhecimentos, uma vez que minha inteligência não era treinada e minha ignorância era colossal. O jogo me ensinou a jogar. E não poupou a palmatória enquanto me ensinava.

Lembro-me do meu primeiro dia em Nova York. Já contei como as *bucket shops*, ao se recusarem a aceitar meus negócios, me levaram a procurar uma corretora de renome. Um dos rapazes do escritório onde consegui meu primeiro emprego estava trabalhando para a Harding Brothers, que são membros da Bolsa de Valores de Nova York. Cheguei àquela cidade de manhã e, antes da uma hora da tarde daquele dia, abri uma conta na corretora e me preparei para negociar.

Não expliquei como, para mim, era natural operar ali, exatamente como era nas *bucket shops*, onde tudo o que fazia era apostar em oscilações e tirar vantagem de mudanças de preços pequenas, porém seguras. Ninguém se ofereceu para apontar as diferenças essenciais ou me corrigir. Se alguém me dissesse que meu método não funcionaria, ainda assim eu o teria experimentado para ter certeza por mim mesmo, pois, quando estou errado, apenas uma coisa me convence disso: a perda de dinheiro. E só tenho razão quando ganho dinheiro. Isso é especulação.

A economia passava por uma boa fase, e o mercado estava muito ativo. Isso sempre anima uma pessoa. Eu me senti em casa imediatamente. Havia o velho e familiar quadro de cotações diante de mim, falando uma língua que eu tinha aprendido antes dos 15 anos de idade. Havia um garoto fazendo exatamente a mesma coisa que eu costumava fazer no primeiro escritório em que trabalhei. Havia os clientes — o mesmo bando de sempre — olhando para o quadro ou parados perto do guichê, anunciando os preços e falando sobre o mercado. O maquinário era, aparentemente, o mesmo a que eu estava acostumado. A atmosfera era a mesma que eu respirava desde que ganhei meu primeiro dinheiro no mercado de ações — 3 dólares e 12 centavos com a Burlington. O mesmo tipo de fita *ticker* e o mesmo tipo de operador; portanto, o mesmo tipo de jogo. E, lembre-se, eu tinha apenas 22 anos. Imagino que achava que conhecia o jogo de A a Z. Por que não conheceria?

Observei o quadro e vi uma ação que me interessou. Ela estava se comportando bem. Comprei cem a 84 dólares cada. Saí a 85 dólares em menos de meia hora. Então vi outra ação de que gostei e fiz a mesma coisa; levou três quartos de um ponto líquidos em um tempo muito curto. Comecei bem, não é?

Agora anote o seguinte: naquele meu primeiro dia como cliente de uma respeitável corretora da bolsa de valores, e apenas duas horas após começar, negociei 1.100 ações vendendo e comprando. E o resultado líquido das operações do dia foi que perdi exatamente 1.100 dólares. Em outras palavras, na minha primeira tentativa, quase metade do meu maço de dinheiro desapareceu. E, veja, algumas das negociações foram lucrativas. Mas perdi 1.100 dólares naquele dia.

Isso não me preocupou, porque eu não conseguia perceber que havia algo errado com o que fizera. Meus movimentos também estavam certos, e, se eu estivesse negociando na velha loja da Cosmopolitan, teria saído com lucro. Meus 1.100 dólares que sumiram me diziam claramente que a máquina não funcionava como deveria. Mas, enquanto o maquinista estivesse bem, não havia necessidade de ficar chateado. Aos 22 anos, a ignorância não chega a ser um defeito estrutural.

Depois de alguns dias, pensei: "Não posso operar dessa forma aqui. O *ticker* não está me ajudando como deveria!". Mas deixei por isso mesmo e não levei minhas ideias até as últimas consequências. Continuei, tendo dias bons e dias ruins, até ficar sem um tostão. Procurei o velho Fullerton e o convenci a me entregar quinhentos dólares. E voltei de St. Louis, como já disse, com o dinheiro que ganhei nas *bucket shops* de lá — era um jogo no qual eu podia sempre dar a volta por cima.

Joguei com mais cautela e me saí melhor durante um tempo. Assim que minha situação melhorou, comecei a levar uma vida boa. Fiz amigos e me diverti muito. Ainda não tinha 23 anos; sozinho em Nova York com dinheiro fácil nos bolsos e a crença em meu coração de que estava começando a entender a máquina nova.

Eu estava levando mais tempo para executar minhas ordens no pregão da bolsa e agindo com mais cautela. Mas ainda usava a fita — isto é, ainda ignorava os princípios gerais; e, enquanto o fazia, não conseguia identificar qual era o problema exato do meu estilo de jogo.

Entramos no grande *boom* de 1901, e ganhei muito dinheiro — isto é, muito dinheiro para um garoto. Você se lembra daqueles tempos? A prosperidade do país não tinha precedentes. Não entramos apenas em uma era de consolidações industriais e de combinações de capital que excediam tudo o que tínhamos visto até então, mas o público ficou louco por ações. Em tempos de prosperidade anteriores, ouvi dizer, Wall Street costumava se gabar de ter dias em que 250 mil ações eram negociadas quando ativos com valor nominal de 25 milhões de dólares mudavam de mãos. Mas, em 1901, tivemos um dia em que 3 milhões de ações foram negociadas. Todo mundo estava ganhando dinheiro. A turma do aço invadiu a cidade, uma horda de milionários com a mesma consideração pelo dinheiro que um bando de marinheiros bêbados. O único jogo que os interessava era o mercado de ações. Tivemos alguns dos maiores apostadores que a Wall Street já viu: John W. Gates, conhecido por seu lema "Aposto um milhão!", e seus amigos, como John A. Drake, Loyal Smith e outros; a turma de Reid-Leeds-Moore,[16] que vendeu uma parcela de suas participações na Steel e, com os lucros, comprou no mercado aberto a maioria das ações do grande sistema da ferrovia Rock Island;[17] e Schwab[18] e Frick[19] e Phipps,[20] e o pessoal de Pittsburgh; para não falar de dezenas de homens que desapareceram na confusão, mas teriam sido chamados de grandes especuladores em qualquer outro momento. Uma pessoa poderia comprar e vender todas as ações existentes. Keene[21] vendia e comprava ações da U.S. Steel. Um corretor vendeu 100 mil ações em poucos minutos. Uma época maravilhosa! E houve alguns lucros maravilhosos; e sem impostos a pagar nas vendas de ações! E nenhum dia de ajuste de contas à vista.

---

16. Daniel G. Reid, William B. Leeds e William H. Moore eram financistas estadunidenses e donos da American Tin Plate Company, que chegou a controlar mais de duzentas empresas. (N.T.)

17. A Chicago, Rock Island and Pacific Railroad era uma ferrovia que operava no Meio-Oeste e no Sul dos Estados Unidos. Foi liquidada em 1980.

18. Charles M. Schwab (1862-1939) era um magnata do aço americano que se tornou um financista. (N.T.)

19. Henry Clay Frick (1849-1919) foi também um industrial e financista. (N.T.)

20. Henry Carnegie Phipps (1879-1953) era um financista e desportista. (N.T.)

21. James R. Keene (1838-1913) era um financista e proprietário de haras. (N.T.)

Claro, depois de um tempo, ouvi muitas histórias desastrosas e os mais velhos dizendo que todo mundo — exceto eles mesmos — tinha enlouquecido. Mas todos, exceto eles, estavam ganhando dinheiro. Eu sabia, é claro, que deveria haver um limite para as subidas e um fim para a compra louca de Q.C. — Qualquer Coisa — e passei a ser pessimista. Porém, toda vez que vendia, perdia dinheiro e, se não tivesse sido muito rápido, teria perdido muito mais. Tentei fazer uma pausa, mas estava jogando com cautela — ganhando dinheiro quando comprava e ganhando dinheiro quando vendia a descoberto —, de modo que não estava lucrando com o *boom* tanto quanto se poderia pensar, considerando o volume que eu costumava negociar, mesmo quando garoto.

Havia uma ação que não tinha sido vendida a descoberto, e essa era a Northern Pacific. Minha leitura da fita foi útil. Achei que a maioria das ações havia sido tão comprada que chegara à exaustão, mas a Little Nipper[22] se comportou como se fosse subir ainda mais. Sabemos agora que tanto as ordinárias quanto as preferenciais estavam sendo continuamente absorvidas pela combinação Kuhn-Loeb[23]-Harriman.[24] Bem, eu havia comprado mil ações ordinárias da Northern Pacific e as mantive em carteira, apesar dos conselhos de todos no escritório. Quando seu preço chegou a cerca de 110 dólares, eu tinha 30 pontos de lucro e fechei a posição. Isso fez com que meu saldo na corretora chegasse a quase 50 mil dólares, a maior quantia que conseguira acumular até aquele momento. Nada mau para um cara que havia perdido todo o seu dinheiro negociando naquele mesmo escritório alguns meses antes.

Como vimos, a turma da Harriman notificou Morgan e Hill[25] sobre sua intenção de ser representada na combinação Burlington-Great Northern-Northern Pacific, e então o pessoal da Morgan orientou Keene a comprar 50 mil ações da N.P. para manter o controle da empresa em suas mãos. Ouvi dizer que Keene orientou Robert Bacon[26] a fazer com que a ordem de compra fosse de 150 mil ações, e os banqueiros assim fizeram. Em todo caso, Keene enviou um de seus corretores, Eddie Norton,[27] para o pregão da N.P., e ele comprou

22. "Little Nipper" é o apelido das ações ordinárias da Northern Pacific. (N.T.)

23. Referência ao banco de investimento Kuhn, Loeb & Co. (N.T.)

24. Edward H. Harriman (1848-1909) foi um executivo do setor ferroviário, tendo sido também presidente das ferrovias Union Pacific e Southern Pacific. Ao morrer, controlava a Union Pacific, a Southern Pacific, a Pacific Mail Steamship Company e a Wells Fargo Express Company, entre outras. (N.T.)

25. James J. Hill (1838-1916) foi executivo do setor ferroviário e presidente do grupo Great Northern Railway. (N.T.)

26. Robert Bacon (1860-1919) trabalhou com J.P. Morgan no começo de sua carreira. Posteriormente, foi embaixador dos Estados Unidos na França e estadista. (N.T.)

27. Edward Loudon "Eddie" Norton (1862-?) foi sócio da corretora Street and Norton. (N.T.)

100 mil ações. Em seguida, parece que houve outra ordem de compra, de 50 mil ações adicionais, e o famoso *corner*[28] começou. Depois que o mercado fechou, em 8 de maio de 1901, o mundo inteiro sabia que uma batalha de gigantes financeiros estava em curso. Nunca duas combinações de capital desse porte haviam entrado em choque neste país. Harriman contra Morgan; uma força irresistível encontrando um objeto imóvel.

Lá estava eu na manhã de 9 de maio com quase 50 mil dólares em dinheiro e sem nenhuma ação. Como já disse, passei por uma fase pessimista durante alguns dias, mas finalmente havia uma chance. Eu sabia o que aconteceria — uma queda terrível e, em seguida, algumas pechinchas maravilhosas. Haveria uma recuperação rápida e lucros grandes — para aqueles que haviam abocanhado as pechinchas. Não era preciso ser um Sherlock Holmes para chegar a essa conclusão. Teríamos a oportunidade de pegá-los na ida e na volta, não apenas por muito dinheiro, mas por dinheiro certo.

Tudo aconteceu como previ; eu estava absolutamente correto — e perdi cada centavo que tinha! Fui eliminado por algo incomum. Se o incomum nunca acontecesse, não haveria diferenças entre as pessoas e a vida não seria divertida. O jogo se tornaria apenas uma questão de adição e subtração. Isso faria de nós uma raça de contadores com mentes modorrentas. Raciocinar desenvolve o cérebro. Considere tudo o que você precisa fazer para adivinhar corretamente.

O mercado fervia, como eu esperava. As transações eram enormes, e as oscilações de extensão, inéditas. Coloquei muitas ordens de venda no mercado e, quando vi os preços de abertura, tive um choque, as quedas eram imensas. Meus corretores estavam trabalhando e eram tão competentes e conscienciosos quanto quaisquer outros; contudo, quando conseguiram executar minhas ordens, as ações haviam caído mais 20 pontos. A fita estava muito atrasada em relação ao mercado e as informações demoravam a chegar devido ao terrível atropelo dos negócios. Quando descobri que as ações que havia mandado vender quando a fita dizia que o preço era, digamos, 100 dólares e que minhas ordens haviam sido executadas a 80 dólares — com uma queda total de 30 ou 40 pontos em relação ao fechamento da noite anterior —, pareceu-me que eu estava vendendo a descoberto em um nível que tornava as ações que vendi exatamente as pechinchas que eu planejava comprar. O mercado não despencaria até a China. Então, decidi imediatamente cobrir minhas vendas a descoberto e sair comprando.

Meus corretores compraram; não no nível em que decidi virar de posição, mas aos preços que vigoravam na bolsa de valores quando o corretor de pregão

28. Compra de volumes extremamente altos de um ativo com o intuito de controlar os preços. Prática proibida hoje pela regulamentação dos mercados futuros. (N.T.)

recebeu meus pedidos. Eles pagaram, em média, 15 pontos a mais do que eu havia imaginado. A perda de 35 pontos em um dia foi mais do que qualquer um poderia suportar.

O *ticker* me venceu por ficar muito atrás do mercado. Estava acostumado a considerar a fita a melhor amiga que eu tinha, uma vez que fazia apostas com base no que ela me dizia. Mas, dessa vez, a fita me enganou. A divergência entre os preços impressos e os preços reais me aniquilou. O que me derrotara antes voltou a me derrotar de novo: a sublimação do meu fracasso anterior. Parece tão óbvio agora que a leitura da fita não é suficiente, independentemente da execução dos corretores, que me pergunto por que não vi qual era meu problema e nem encontrei solução para ele.

Fiz pior do que não ver; continuei negociando, entrando e saindo, independentemente da execução. Eu nunca pude negociar com um limite. Preciso arriscar no mercado. É isso que tento vencer — o mercado, não um preço específico. Quando acho que devo vender, vendo. Quando acho que as ações vão subir, compro. Minha adesão a esse princípio geral da especulação me salvou. Negociar a preços limitados simplesmente teria sido uma adaptação ineficiente de meu velho método de operar nas *bucket shops* com o intuito de usá-lo em uma corretora respeitável. Nunca teria aprendido o que é especular com ações, mas continuaria apostando no que minha experiência limitada me indicava ser um resultado certeiro.

Sempre que tentava limitar os preços a fim de minimizar as desvantagens de negociar no mercado quando o *ticker* estava defasado, simplesmente percebia que o mercado fugia de mim. Isso aconteceu com tanta frequência que parei de tentar. Não posso dizer quantos anos demorou para eu aprender que, em vez de apostar no que seriam as próximas cotações, meu jogo era antecipar o que iria acontecer em um prazo mais longo.

Depois do meu contratempo no dia 9 de maio, continuei usando um método modificado, porém ainda assim defeituoso. Se eu não tivesse ganhado dinheiro algumas vezes, talvez tivesse adquirido sabedoria de mercado mais rapidamente. Mas eu estava ganhando o suficiente para viver bem. Gostava de estar com amigos e de me divertir. Morei no litoral de Nova Jersey naquele verão, cercado por centenas de homens prósperos da Wall Street. Meus lucros não foram suficientes para compensar minhas perdas e minhas despesas fixas.

Não continuei a negociar da maneira que eu negociava por ser teimoso. Simplesmente não fui capaz de admitir qual era o meu problema e, é claro, era totalmente inútil tentar resolvê-lo. Insisto tanto nesse assunto para mostrar aquilo pelo que tive de passar antes de chegar ao ponto em que pudesse realmente ganhar dinheiro. Minha velha espingarda de chumbinho não funcionava como um rifle de repetição de alta potência contra animais de grande porte.

No início daquele outono, além de estar exausto de novo, eu também estava tão cansado do jogo que não conseguia mais vencer; decidi deixar Nova York e tentar outra coisa em outro lugar. Negociava ações desde meus 14 anos. Havia ganhado meus primeiros mil dólares quando tinha 15 anos, e meus primeiros 10 mil antes dos 21. Eu ganhei e perdi uma bolada de 10 mil dólares mais de uma vez. Em Nova York, ganhei milhares e perdi tudo. Cheguei a ter 50 mil dólares e, dois dias depois, perdi tudo. Não tinha outro negócio e não conhecia outro jogo. Depois de vários anos, eu estava de volta ao ponto de partida. Não — pior, pois havia adquirido hábitos e um estilo de vida que demandavam dinheiro, embora essa parte não me incomodasse tanto quanto estar constantemente errado.

CAPÍTULO 4

Bem, voltei para casa. Mas, desde o momento em que cheguei, tive certeza de que era apenas uma a missão na vida: conseguir uma bolada de dinheiro suficientemente grande para voltar a Wall Street. Esse era o único lugar no país onde eu poderia negociar para valer. Algum dia, quando meu jogo estivesse bem ajustado, eu precisaria de um lugar assim. Quando uma pessoa está certa, deseja receber tudo o que merece por estar certa.

Eu não tinha grandes esperanças, mas, é claro, tentei entrar nas *bucket shops* novamente. Havia menos delas, e algumas eram administradas por estranhos. Aqueles que se lembravam de mim não estavam dispostos a me dar a chance de mostrar se eu havia voltado para negociar pesado ou não. Eu disse a eles a verdade, que havia perdido em Nova York tudo o que tinha ganhado em casa; que eu não sabia tudo aquilo que achava que sabia; e que não havia razão para que agora não fosse um bom negócio para eles me deixar fazer transações em seus estabelecimentos. Mas eles não deixaram. E os lugares novos não eram confiáveis. Seus proprietários achavam que vinte ações era o máximo que alguém deveria comprar se tivesse alguma razão para suspeitar de que estava certo.

Eu precisava do dinheiro e as lojas maiores estavam arrancando muito dinheiro de seus clientes regulares. Consegui que um amigo meu entrasse em uma determinada loja e negociasse. Fui até lá apenas para examiná-la. Mais uma vez, tentei convencer o encarregado a aceitar um pedido pequeno, mesmo que fosse apenas de cinquenta ações. Claro que ele disse não. Eu havia arquitetado um código com esse amigo para que ele comprasse ou vendesse quando e o que eu indicasse. Mas isso só me rendeu uma ninharia. Então, a loja começou a reclamar por receber os pedidos do meu amigo. Enfim, um dia, ele tentou vender cem ações da St. Paul e eles recusaram sua ordem.

Soubemos depois que um dos clientes nos viu conversando do lado de fora, entrou e avisou a loja; quando meu amigo foi até o balconista para vender aquela centena de St. Paul, o cara disse:

— Não vamos aceitar nenhuma ordem de venda da St. Paul, não de vocês.

— Por quê? Qual é o problema, Joe? — perguntou meu amigo.

— Sem chance, só isso — respondeu Joe.

— Esse dinheiro não é bom? Olhe bem. Está tudo aí. — E meu amigo entregou os cem — meus cem — em notas de dez.

Ele tentou parecer indignado, e eu parecia despreocupado; mas a maioria dos outros clientes estava se aproximando dos combatentes, como sempre acontecia quando havia conversas em voz alta ou a mais leve sugestão de uma disputa entre a loja e algum cliente. Eles queriam entender o mérito do caso, a fim de ter uma ideia sobre a solvência do estabelecimento.

O balconista, Joe, que era uma espécie de gerente-assistente, saiu de trás do caixa, caminhou até meu amigo, olhou para ele e depois olhou para mim.

— É estranho — ele disse lentamente —, é muito estranho porque você nunca faz nada aqui quando seu amigo Livingston não está por perto. Você apenas senta e fica olhando para o quadro durante horas. Nem um pio. Mas, depois que ele chega, você de repente fica ocupado. Talvez você esteja agindo por si mesmo; mas não mais nesta loja. Não gostamos do fato de Livingston ficar dando instruções para você.

Bem, isso interrompeu minhas transações nas *bucket shops*. No entanto, eu tinha ganhado algumas centenas de dólares a mais do que gastara e pensava em como poderia usá-los, pois a necessidade de ganhar dinheiro suficiente para voltar a Nova York era mais premente do que nunca. Achei que teria mais sorte da próxima vez. Tivera tempo para refletir com calma sobre algumas de minhas jogadas tolas; e, por outro lado, é possível enxergar o todo melhor quando o vemos de uma certa distância. O problema imediato era descobrir como ganhar uma nova bolada de dinheiro.

Um dia eu estava no saguão de um hotel conversando com alguns conhecidos que operavam bem pesado. Todos falavam sobre o mercado de ações. Comentei que ninguém poderia sair ganhando por causa da péssima execução por parte dos corretores, sobretudo quando negociavam no mercado, como era o meu caso.

Um colega me perguntou a que corretores em particular eu estava me referindo.

Eu disse:

— Aos melhores do país.

Ele perguntou quem seriam eles, e vi que ele não acreditava que eu já havia lidado com casas de primeira classe.

Então eu disse:

— Quero dizer, qualquer membro da Bolsa de Valores de Nova York. Não se trata de eles serem desonestos ou descuidados, mas, quando uma pessoa dá uma ordem de compra no mercado, nunca sabe quanto aquela ação vai custar-lhe até obter o relatório dos corretores. Existem mais movimentos de um ou dois pontos do que de dez ou quinze. Mas o operador externo não consegue tirar vantagem dos pequenos aumentos ou das pequenas quedas por causa da execução das ordens. Preferiria negociar em uma *bucket shop* em qualquer dia da semana se ao menos eles deixassem a gente negociar um volume razoável.

Eu nunca tinha visto o homem que falou comigo. Seu nome era Roberts. Ele pareceu bastante amigável. Chamou-me de lado e perguntou se eu já havia negociado em alguma das outras bolsas, e eu respondi que não. Ele disse que conhecia algumas corretoras que eram membros da Bolsa de Algodão, da Bolsa de Produtos Alimentícios e das bolsas de valores menores. Essas empresas eram muito cuidadosas e davam atenção especial à execução das ordens. Também falou que elas tinham conexões confidenciais com as maiores e mais inteligentes casas da Bolsa de Valores de Nova York e, por meio de sua influência pessoal e da certeza de que negociariam centenas de milhares de ações por mês, eles conseguiam um serviço muito melhor do que aquele recebido por um cliente particular.

— Eles realmente sabem atender os pequenos clientes — disse ele. — Eles se especializam em negócios fora da cidade e dão tanta atenção a um pedido de dez ações quanto a um de dez mil. São muito competentes e honestos.

— Sim. Mas, se eles pagam à corretora da bolsa de valores a comissão normal de um oitavo de um ponto, de onde eles tiram o lucro?

— Bem, eles deveriam pagar o oitavo. Mas, você sabe! — Ele piscou para mim.

— Sei — eu disse. — Mas uma empresa da bolsa de valores não aceita dividir as comissões. Os diretores preferem que um membro cometa assassinato, incêndio criminoso e bigamia a fazer negócios com estranhos por menos do oitavo de ponto normal. A própria vida da bolsa de valores depende de eles não violarem essa regra.

Roberts deve ter percebido que eu havia falado com o pessoal da bolsa de valores, pois ele disse:

— Ouça! De vez em quando, uma dessas corretoras da bolsa de valores hipócritas é suspensa por um ano por violar essa regra, não é? Existem milhares de maneiras de dar um desconto para que ninguém possa reclamar.

Ele provavelmente viu incredulidade em minha expressão, pois continuou:

— E, além disso, em certos tipos de negócios, nós... quero dizer, essas casas que trabalham por telégrafo... cobram 0,03125 a mais, além da comissão de um oitavo. São muito legais nesse aspecto. Nunca cobram a comissão extra, exceto em casos incomuns, e apenas se o cliente tiver uma conta inativa. De outra forma, não compensaria para eles, você sabe. Não estão no negócio preocupados, exclusivamente, com a própria saúde.

A essa altura, eu sabia que ele estava servindo de testa de ferro para uns corretores fraudulentos.

— Você conhece alguma casa desse tipo que seja confiável? — perguntei a ele.

— Eu conheço a maior corretora dos Estados Unidos — ele me disse. — Eu mesmo opero lá. Ela tem filiais em 78 cidades nos Estados Unidos e no Canadá. Faz muitos negócios. E não poderia fazer isso bem, ano após ano, se não fosse extremamente honesta, poderia?

— Certamente, não — concordei. — Eles negociam com as mesmas ações que são negociadas na Bolsa de Valores de Nova York?

— É claro; e no mercado de balcão e em qualquer outra bolsa neste país ou na Europa. Eles lidam com trigo, algodão, produtos alimentícios; o que você quiser. Têm correspondentes em todos os lugares e membros em todas as bolsas, seja em seu próprio nome ou por baixo dos panos.

Eu já sabia a essa altura, mas queria entender melhor seu jogo.

— Sim — eu disse —, mas isso não altera o fato de que as ordens precisam ser executadas por alguém, e ninguém vivo pode garantir como será o mercado ou quão próximos os preços do *ticker* estarão dos preços reais no chão da bolsa. Desde o momento em que alguém consegue a cotação aqui e entrega um pedido, que é então telegrafado para Nova York, um tempo valioso se passa. É melhor eu voltar para Nova York e perder meu dinheiro lá em uma empresa respeitável.

— Não sei nada sobre perder dinheiro; nossos clientes não adquirem esse hábito. Eles ganham dinheiro. Nós cuidamos disso.

— Seus clientes?

— Bem, eu me interesso pela empresa e, se consigo encaminhar alguns negócios para eles, faço isso porque eles sempre me trataram bem e ganhei muito dinheiro com eles. Se quiser, apresento você ao gerente.

— Qual é o nome da empresa? — perguntei a ele.

Ele me disse. Eu tinha ouvido falar. Ela publicava anúncios em todos os jornais, chamando a atenção para os grandes lucros obtidos por aqueles clientes que acompanhavam suas informações privilegiadas sobre as ações ativamente negociadas. Essa era a grande especialidade da empresa. Não era uma *bucket shop* normal, mas, sim, formada por trapaceiros, supostos corretores que fingiam executar seus pedidos, mas, na verdade, usavam uma camuflagem elaborada para convencer o mundo de que eram corretores autênticos envolvidos em um negócio legítimo. Eles faziam parte de uma das empresas mais antigas dessa classe.

Na época, eram o protótipo de corretores que faliram às dezenas naquele ano. Os princípios e métodos gerais eram os mesmos, embora os dispositivos específicos para espoliar o público diferissem um pouco, tendo alguns detalhes sido alterados quando as tramoias antigas se tornaram conhecidas demais.

Essas pessoas costumavam enviar dicas para comprar ou vender uma determinada ação — centenas de telegramas aconselhando a compra instantânea de uma determinada ação e centenas recomendando a outros clientes que vendessem a mesma ação, no antigo esquema do *insider* das corridas de cavalo. Em seguida, as ordens de compra e venda chegavam. A empresa comprava e vendia, digamos, mil dessas ações por intermédio de uma corretora respeitável da bolsa de valores e recebia um relatório regular sobre essas operações. Eles mostravam esse relatório a qualquer São Tomé incrédulo que fosse indelicado o suficiente para levantar a possibilidade de que estivessem manipulando as ordens dos clientes.

Também costumavam formar sindicatos discricionários na loja e, como se fosse um grande favor, permitiam que seus clientes os autorizassem, por escrito, a negociar com o dinheiro do cliente e em nome do cliente, como eles julgassem melhor. Dessa forma, o cliente mais rabugento não teria reparação legal caso seu dinheiro desaparecesse. Eles "compravam" a ação, no papel, e incluíam os clientes na operação; logo, executavam uma daquelas antiquadas operações de *bucket shop* e exterminavam centenas de margens pequenas. Não poupavam ninguém. Mulheres, professores e idosos eram seus melhores alvos.

— Estou decepcionado com todos os corretores — eu disse ao vendedor. — Vou ter de pensar sobre isso. — E fui embora para que ele não continuasse falando comigo.

Investiguei essa empresa. Descobri que ela tinha centenas de clientes e, embora houvesse as histórias habituais, não encontrei nenhum caso de cliente que não tivesse recebido dinheiro dela, caso tivesse ganhado algum. A dificuldade estava em encontrar alguém que já tivesse ganhado, alguma vez, naquele escritório; mas encontrei. As coisas pareciam estar indo bem naquele momento, e isso significava que provavelmente não iriam deixar de pagar se uma transação desse errado para eles. É claro que muitas empresas desse tipo acabam falindo. Há ocasiões em que ocorrem verdadeiras epidemias de falências em cascata, como as antigas corridas a uma série de bancos depois que um deles quebra. Os clientes dos outros ficam assustados e correm para sacar seu dinheiro. Mas existem muitos donos de *bucket shop* aposentados neste país.

Bem, eu não ouvi nada alarmante sobre a firma do testa de ferro, exceto que eles estavam tentando se dar bem, em primeiro e último lugares, e o tempo inteiro, e que nem sempre falavam a verdade. Sua especialidade era tirar vantagem dos otários que queriam ficar ricos rapidamente. Mas eles sempre pediam permissão aos clientes, por escrito, para arrancar maços de dinheiro deles.

Um sujeito que conheci me contou uma história sobre ter visto seiscentos telegramas, enviados em um dia, que aconselhavam os clientes a comprar uma determinada ação, e seiscentos telegramas para outros clientes encorajando-os fortemente a vender a mesma ação de imediato.

— Sim, conheço esse truque — eu disse ao sujeito que estava me contando essa história.

— Pois é — disse ele. — Mas, no dia seguinte, enviaram telegramas às mesmas pessoas aconselhando-as a fechar todas as suas posições e a comprar ou a vender outra ação. Perguntei ao sócio mais esclarecido que estava na loja: "Por que você faz isso? A primeira parte eu entendo. Alguns de seus clientes vão ganhar dinheiro no papel por um tempo, mesmo que eles e os outros acabem perdendo. Mas, ao enviar telegramas como esses, você simplesmente mata todos eles. O que está por trás disso?". Então, ele disse: "Bem, os clientes estão fadados a perder dinheiro de qualquer forma, não importa o que comprem, como, onde ou quando. Quando eles perdem o dinheiro, eu perco os clientes. Sendo assim, é melhor arrancar deles o máximo de dinheiro possível... e depois procurar uma nova safra.".

Bom, admito, francamente, que não estava preocupado com a ética comercial da empresa. Já disse como fiquei chateado com a empresa do Teller e como gostei de me vingar dela. Mas eu não tinha esse sentimento em relação àquela empresa. Eles podiam ser desonestos ou podiam não ser tão maus como foram pintados. Não pretendia deixá-los fazer qualquer negócio por mim, ou seguir suas dicas ou acreditar em suas mentiras. Minha única intenção era juntar uma bolada de dinheiro e voltar a Nova York para negociar quantias substanciais em uma corretora em que não tivesse de temer que a polícia invadisse o local, como ocorria com as *bucket shops*, ou ver as autoridades locais pegarem e reter seu dinheiro de maneira que você teria sorte de conseguir recuperar oito centavos em cada dólar um ano e meio mais tarde.

De qualquer forma, decidi ver quais vantagens comerciais essa firma oferecia em relação àquelas conhecidas como corretoras legítimas. Eu não tinha muito dinheiro para colocar como margem, e as empresas que trapaceavam com autorização dos clientes eram, naturalmente, muito mais liberais nesse aspecto, de modo que algumas centenas de dólares tinham um impacto muito maior em seus escritórios.

Fui até a loja deles e conversei com o gerente. Quando ele descobriu que eu era um operador experiente — e que havia tido contas anteriormente em Nova York, em corretoras da bolsa de valores, e que havia perdido todo o meu dinheiro —, parou de prometer ganhar um milhão por minuto para mim se eu o deixasse investir minhas economias. Ele achava que eu era totalmente otário, do tipo que sempre joga e sempre perde; um provedor de renda estável para corretores, sejam eles do tipo que trapaceia ou que se contenta modestamente com as comissões.

Simplesmente disse ao gerente que o que eu estava procurando era a execução decente de minhas ordens, porque sempre havia negociado no mercado e não queria receber relatórios que mostrassem uma diferença de meio ou um ponto inteiro em relação ao preço do *ticker*.

Ele me garantiu que fariam tudo o que eu achasse certo, me deu sua palavra de honra. Eles queriam meus negócios porque desejavam me mostrar o que era corretagem de alta classe. Tinham a seu dispor os melhores talentos do negócio. Na verdade, eram famosos por sua capacidade de execução. Se havia alguma diferença entre o preço do *ticker* e o do relatório, sempre favoreciam o cliente, embora obviamente ele não pudesse garantir isso. Se eu abrisse uma conta com eles, poderia comprar e vender pelo preço que aparecia no telégrafo; eles confiavam muito em seus corretores.

Naturalmente, isso significava que eu poderia operar lá, para todos os efeitos e propósitos, como se estivesse em uma *bucket shop* — ou seja, eles me deixariam fazer transações pela próxima cotação. Não queria parecer muito ansioso, então fiz que sim com a cabeça e disse a ele que achava que não abriria uma conta naquele dia, mas que o avisaria quando o fizesse. Ele me incentivou muito a começar imediatamente, pois era um bom mercado para ganhar dinheiro. Era — para eles; um mercado monótono com os preços oscilando pouco, exatamente do tipo que atrai os clientes e depois os elimina com uma oscilação forte na ação indicada. Tive alguma dificuldade para escapar de suas garras.

Eu tinha dado a ele meu nome e endereço e, naquele mesmo dia, comecei a receber telegramas pré-pagos e cartas incentivando-me a embarcar em uma ou outra ação na qual diziam saber que um sindicato de investidores estava operando para conseguir uma alta de 50 pontos.

Eu estava ocupado descobrindo tudo o que podia sobre várias outras empresas de corretagem que operavam do mesmo jeito. Pareceu-me que, se pudesse ter certeza de que receberia meus ganhos, a única maneira de conseguir um montante de dinheiro substancial seria negociando nessas corretoras que se assemelhavam a *bucket shops*.

Quando aprendi tudo o que pude, abri conta em três corretoras. Também abri um escritório pequeno e instalei linhas diretas com as três.

Comecei negociando quantidades pequenas para que não se assustassem logo de cara. Ganhei dinheiro, e eles não demoraram a me dizer que esperavam negócios graúdos de clientes que tinham linhas diretas com seus escritórios. Eles não queriam especuladores com pouco dinheiro. Achavam que, quanto mais negociações eu fizesse, mais eu perderia, e quanto mais rapidamente eu quebrasse, mais eles ganhariam. Era uma teoria suficientemente sólida quando se considera que essas pessoas tinham de lidar com médias e que o cliente médio nunca durava muito, do ponto de vista financeiro. Um cliente quebrado não pode operar. Um cliente meio quebrado pode reclamar, insinuar coisas e criar problemas, de um tipo ou de outro, que podem prejudicar os negócios.

Estabeleci também uma conexão com uma empresa local que tinha uma linha direta com seu correspondente em Nova York, que também era membro da Bolsa de Valores de Nova York. Instalei um *ticker* de bolsa e comecei a negociar de forma conservadora. Como já disse, era quase como negociar em uma *bucket shop*, apenas um pouco mais lento.

Era um jogo em que eu poderia sair ganhando, e ganhei. Nunca consegui chegar ao ponto de ganhar dez vezes em dez; mas saí ganhando na média, lucrando semana sim, semana não. Eu estava novamente vivendo em grande estilo, mas sempre economizando alguma coisa para aumentar a quantidade de dinheiro que pretendia levar de volta para Wall Street. Instalei linhas diretas com mais duas dessas corretoras, perfazendo cinco ao todo — e, claro, com a corretora que tinha assento na bolsa.

Houve momentos em que meus planos deram errado e minhas ações não se comportaram como previsto, mas, em vez disso, fizeram o oposto do que deveriam ter feito se tivessem agido conforme os precedentes. Contudo, esses casos não me atingiram com muita força — nem poderiam, com minhas margens apertadas. Minhas relações com meus corretores eram bastante amigáveis. Seus registros e suas contas nem sempre batiam com os meus, e as diferenças sempre eram desfavoráveis a mim. Coincidência? Não! Mas eu defendi minhas posições e, em geral, consegui o que almejava no final. Eles sempre tiveram a esperança de tirar de mim o que eu tirara deles. Consideravam meus ganhos como empréstimos temporários, eu acho.

Eles realmente não tinham espírito esportivo, estavam no negócio para ganhar dinheiro por bem ou por mal, em vez de se contentarem com a comissão da casa. Já que os tolos sempre perdem dinheiro ao especular com ações — eles nunca realmente especulam —, pensaria-se que esses companheiros administrariam um negócio ilegítimo como se fosse legítimo. Mas eles não faziam isso. "Proteja seus clientes e fique rico" é um ditado antigo significativo, mas eles pareciam nunca ter ouvido falar dele e não se limitavam a trapaças pequenas.

Por várias vezes tentaram me enganar com truques antigos, e me pegaram algumas vezes porque eu não estava alerta. Sempre faziam isso quando eu não tinha agido como sempre agia. Eu os acusei de serem trapaceiros ou algo pior, mas eles negaram e acabei voltando a negociar como de costume. A beleza de fazer negócios com um vigarista é que ele sempre perdoa você por pegá-lo, contanto que você não pare de fazer negócios com ele. Está tudo bem para ele. Ele está disposto a chegar a um acordo. Almas magnânimas!

Decidi que não poderia permitir que a taxa normal de aumento da minha bolada de dinheiro fosse prejudicada pelos truques dos vigaristas, então resolvi dar uma lição neles. Escolhi algumas ações que, depois de terem sido as favoritas dos especuladores, ficaram inativas. Atoladas. Se eu tivesse pegado uma que nunca tivesse sido ativa, teriam suspeitado da minha jogada. Dei a ordem de compra daquela ação para as minhas cinco corretoras trapaceiras. Quando as ordens foram atendidas e eles estavam esperando a próxima cotação sair na fita, enviei um pedido por meio de minha corretora na bolsa de valores para vender cem ações daquela ação específica no mercado. Pedi que a ordem fosse executada rapidamente. Bem, já se imagina o que aconteceu quando a ordem de venda chegou ao pregão da bolsa; uma ação monótona e inativa que uma corretora com conexões fora da cidade queria vender rapidamente. Alguém compraria ações baratas. Mas a transação, como aparecia impressa na fita, era o preço que eu pagaria pelas minhas cinco ordens de compra. Eu comprara quatrocentas ações daquela ação por um preço baixo. A corretora de telégrafo me perguntou o que eu tinha ouvido, e eu disse que recebera uma dica a respeito daquela ação. Pouco antes do fechamento do mercado, enviei uma ordem à minha corretora respeitável para recomprar aquelas cem ações sem perda de tempo, pois eu não queria ficar vendido a descoberto em nenhuma circunstância; e não me importava o quanto os corretores pagariam. Então eles telegrafaram para Nova York e o pedido de compra rápida daquela centena resultou em uma subida forte. É claro que dei ordens de venda para as quinhentas ações com as quais meus amigos haviam trapaceado. Funcionou de forma bastante satisfatória.

Ainda assim, não se retrataram, então apliquei o mesmo truque com eles várias vezes. Não ousei puni-los com a severidade que mereciam, raramente mais do que 1 ou 2 pontos em cem ações. Mas isso ajudou a aumentar a pequena bolada de dinheiro que eu estava guardando para minha próxima investida na Wall Street. Algumas vezes, variei o processo, vendendo algumas ações a descoberto, sem exagerar. Fiquei satisfeito com os seiscentos ou oitocentos dólares limpos que tirei em cada jogada dessas.

Um dia, a façanha funcionou tão bem que excedeu todas as minhas expectativas; ganhei uma tacada de 10 pontos, e não estava almejando isso. Por acaso, aconteceu de eu ter duzentas ações em uma corretora, apesar de manter apenas a centena costumeira nas outras quatro lojas. Isso era uma coisa boa demais — na opinião deles. Ficaram irritados por causa disso e começaram a espalhar boatos. Então fui lá e falei com o gerente, o mesmo homem que esteve tão ansioso para receber minha conta e ficava tão complacente toda vez que eu o pegava tentando me enganar. Ele falou de forma muito arrogante para um homem em sua posição.

— Aquele era um mercado fictício para aquela ação, e não vamos pagar a você um maldito centavo! — Ele afirmou.

— Não era um mercado fictício quando você aceitou meu pedido de compra. Você me deixou entrar naquele momento, certo? E agora você tem que me deixar sair. Nada mais justo, concorda?

— Não é justo, não! — Ele gritou. — Posso provar que alguém fez uma armação.

— Quem fez uma armação? — perguntei.

— Alguém!

— Para cima de quem eles armaram? — perguntei.

— Alguns amigos seus participaram disso, com certeza — disse ele.

Eu retruquei:

— Você sabe muito bem que jogo sozinho. Todo mundo nesta cidade sabe disso. Eles sabem disso desde que comecei a operar com ações. Agora, quero dar-lhe um conselho amigável: tome as devidas providências e envie esse dinheiro para mim. Eu não quero ser desagradável. Apenas faça o que eu digo.

— Não vou pagar. Foi uma transação fraudulenta — gritou ele.

Eu havia cansado da conversa dele. Então, lhe disse:

— Você vai me pagar aqui e agora.

Ele bufou um pouco mais e acusou-me categoricamente de ser responsável pela armação, mas finalmente desembolsou o dinheiro. Os outros não eram de trato tão difícil. Em uma das corretoras, o gerente vinha estudando essas minhas transações com ações inativas e, quando recebeu meu pedido, comprou as ações para mim e depois algumas para si mesmo no mercado de balcão, e ganhou algum dinheiro. Esses camaradas não se importavam de ser processados por clientes por causa de fraude, pois geralmente tinham uma boa defesa técnica legal pronta. Mas eles tinham medo de que eu fizesse um bloqueio judicial da mobília deles — o dinheiro no banco não estava disponível porque eles tomavam cuidado para não ter nenhum dinheiro exposto a esse risco. Não faria mal a eles serem conhecidos como muito astutos, mas adquirir a reputação de trapaceiros seria fatal. Um cliente perder dinheiro em sua corretora não é um evento raro. Mas um cliente ganhar dinheiro e depois não conseguir recebê-lo é o pior crime nos estatutos dos especuladores.

Recebi meu dinheiro de todos; mas aquele salto de 10 pontos pôs fim ao passatempo agradável de esfolar os esfoladores. Agora estavam atentos ao pequeno truque que eles mesmos haviam usado para fraudar centenas de clientes mal-afortunados. Voltei às minhas negociações regulares, mas o mercado nem sempre era o certo para o meu sistema. Enfim, limitado como estava pelo tamanho dos pedidos que eles aceitariam, eu não tinha como ganhar muito.

Estava nisso havia mais de um ano, durante o qual usei todos os dispositivos que pude conceber para ganhar dinheiro negociando nessas casas de transferências telegráficas. Vivi muito confortavelmente, comprei um automóvel e não limitei minhas despesas. Eu precisava fazer um pé-de-meia, mas também viver enquanto fazia isso. Quando minha posição no mercado estava correta, eu não conseguia gastar tanto quanto ganhava, de modo que sempre acabava economizando algum dinheiro. Quando estava errada, não ganhava dinheiro e, portanto, não podia gastar. Como eu disse, economizei uma quantidade de dinheiro razoável, e não havia muito a ser ganho nas cinco casas de telégrafo; então, decidi voltar para Nova York.

Eu tinha carro e convidei um amigo meu, que também negociava ações, para ir a Nova York comigo. Ele aceitou. Paramos em New Haven para jantar. No hotel, encontrei um velho operador conhecido e, entre outras coisas, ele me disse que havia uma loja na cidade que tinha telégrafo e estava fazendo bons negócios.

Saímos do hotel a caminho de Nova York, mas passei pela rua onde ficava a *bucket shop* para ver como ela era. Ao encontrá-la, não resistimos à tentação de parar e dar uma olhada por dentro. Não era muito suntuosa, mas o velho quadro de cotações estava lá, e os clientes também; o jogo rolava solto.

O gerente era um sujeito que parecia ter sido um ator ou um orador político. Ele era bem impressionante. Dizia bom dia como se tivesse descoberto a bondade da manhã depois de dez anos procurando por ela com um microscópio e estivesse dando de presente a você a descoberta, bem como o céu, o Sol e os maços de dinheiro da empresa. Ele nos viu chegar num automóvel esportivo e, como éramos ambos jovens e descuidados — acho que eu não parecia ter nem 20 anos —, concluiu que éramos dois rapazes da Yale.[29] Eu não disse a ele

---

29. A Yale University, localizada em New Haven, no estado de Connecticut, é uma das mais antigas e prestigiosas instituições de ensino superior dos Estados Unidos. (N.T.)

que não éramos. Ele não me deu oportunidade de dizer nada, mas começou a fazer um discurso. Estava muito feliz em nos ver. Estávamos bem confortáveis! O mercado, descobriríamos, estava inclinado à filantropia naquela manhã; na verdade, clamando por aumentar a mesada universitária, da qual nenhum estudante inteligente jamais teve o suficiente desde o alvorecer da história. Mas nesse momento, pela beneficência da fita *ticker*, um investimento inicial modesto renderia milhares de dólares. Mais dinheiro no bolso do que qualquer um poderia gastar era o que o mercado de ações ansiava por oferecer.

Achei que seria uma pena não fazer aquilo que o simpático homem da *bucket shop* estava tão ansioso para que fizéssemos, então disse a ele que faria o que ele quisesse, pois ouvira falar que muita gente ganhava muito dinheiro no mercado de ações.

Comecei a negociar, de forma muito conservadora, mas aumentando o volume da aposta à medida que ia ganhando. Meu amigo fez o mesmo.

Passamos a noite em New Haven, e a manhã seguinte nos encontrou na hospitaleira loja às cinco para as dez. O orador ficou feliz em nos ver, pensando que sua vez chegaria naquele dia. Mas eu acabei ganhando quase 1.500 dólares. Na manhã seguinte, quando visitamos o grande orador e lhe entregamos uma ordem de venda de quinhentas ações da Sugar, ele hesitou, mas enfim aceitou — em silêncio! A ação caiu mais de um ponto e eu encerrei a transação e dei o comprovante a ele. A casa me devia exatamente 500 dólares em lucros e minha margem de 500 dólares. Ele sacou vinte notas de 50 dólares do cofre, contou-as três vezes bem lentamente, depois contou-as de novo à minha frente. Parecia que seus dedos estavam suando mucilagem pelo jeito com que as cédulas pareciam grudar neles, mas finalmente ele me entregou o dinheiro; cruzou os braços, mordeu o lábio inferior, manteve-o mordido e olhou para uma janela atrás de mim.

Eu disse a ele que gostaria de vender duzentas Steel. Mas ele nem se mexeu. Ele não me ouviu. Repeti meu pedido, mas disse que eram trezentas ações. Ele virou a cabeça. Esperei o discurso. Mas tudo o que ele fez foi olhar para mim. Em seguida, estalou os lábios e engoliu em seco — como se fosse iniciar um ataque a cinquenta anos de desgoverno político dos indizíveis corruptos da oposição.

Por fim, acenou com a mão em direção às cédulas que eu segurava e disse:

— Vá embora com essa bagatela!

— Vá embora com o quê? — perguntei. Eu não tinha entendido muito bem o que ele queria dizer.

— Para onde você está indo, estudante? — ele falou de forma muito expressiva.

— Nova York — respondi.

— É isso mesmo — disse ele, balançando a cabeça cerca de vinte vezes. — Isso é muito bom. Você está indo embora daqui porque agora eu sei de duas coisas... duas, estudante! Eu sei o que você não é, e sei o que você é. Sim, eu sei! Eu sei! Sei, sim!

— É mesmo? — eu perguntei muito educadamente.

— É. Vocês dois... — Ele fez uma pausa e então parou de discursar no congresso e rosnou: — Vocês dois são os maiores tubarões dos Estados Unidos da América! Estudantes? Sim, ah, tá! Vocês devem ser calouros! É!

Nós o deixamos falando sozinho. É provável que ele nem se importasse tanto com o dinheiro. Nenhum jogador profissional o faz. Tudo faz parte do jogo, e a sorte está fadada a mudar. Foi o fato de ele ser enganado por nós que feriu seu orgulho. Foi assim que voltei a Wall Street para uma terceira tentativa. Eu havia estudado, é claro, tentando descobrir as limitações exatas de meu sistema que haviam sido responsáveis por minhas derrotas no escritório da A.R. Fullerton & Co. Eu tinha 20 anos quando ganhei meus primeiros 10 mil dólares e perdi tudo. Mas eu sabia como e por quê — porque eu negociei fora da temporada o tempo todo; porque quando eu não conseguia jogar de acordo com meu sistema, que se baseava no estudo e na experiência, eu passava a correr riscos. Esperava vencer, em vez de saber que deveria vencer por causa da experiência passada. Quando eu tinha cerca de 22 anos, meu pé-de-meia havia aumentado para 50 mil dólares; perdi tudo no dia 9 de maio. Mas eu sabia exatamente por quê e como. Foi a fita atrasada e a violência sem precedentes das oscilações naquele dia terrível. Mas eu não sabia por que havia perdido depois de voltar de St. Louis ou depois do pânico de 9 de maio. Eu tinha teorias — isto é, soluções para algumas das deficiências que pensei ter descoberto em meu jogo. Mas eu precisava da prática real.

Não há nada como perder tudo o que você tem no mundo e aprender o que não fazer. E quando você sabe o que não fazer para não perder dinheiro, começa a aprender o que fazer para ganhá-lo. Entende? Você começa a aprender!

CAPÍTULO 5

O típico seguidor da fita *ticker* — ou, como costumavam chamá-lo, o lombriga — erra, eu suspeito, mais pelo excesso de especialização do que por qualquer outra coisa. Isso significa uma falta de elasticidade que acaba sendo muito custosa. Afinal, o jogo da especulação não é só matemática ou regras estabelecidas, por mais rígidas que sejam as leis principais. Mesmo na minha leitura da fita entra algo que vai além da mera aritmética. É aquilo que chamo de comportamento de uma ação, movimentos que permitem julgar se ela vai ou não proceder de acordo com os precedentes observados. Se uma ação não se comporta direito, não toque nela; porque, sendo incapaz de dizer exatamente o que está errado, você não pode dizer para que lado ela está indo. Se não há diagnóstico, não há prognóstico. Sem prognóstico não há lucro.

É uma coisa muito antiga observar o comportamento de uma ação e estudar seus movimentos anteriores. Quando vim para Nova York pela primeira vez, havia uma corretora em que um francês costumava falar sobre seu gráfico. A princípio, pensei que ele fosse uma espécie de bicho de estimação mantido pela empresa porque eles eram amáveis. Depois descobri que era um orador persuasivo e muito impressionante. Ele disse que a única coisa que não mentia era a matemática, porque ela simplesmente não podia. Por meio de suas curvas, ele era capaz de prever os movimentos do mercado. Conseguia analisá-los e dizer, por exemplo, por que Keene acertou sua famosa jogada e fez subir as ações preferenciais da Atchison[30] e, mais tarde, por que ele errou no sindicato estabelecido para manipular as ações da ferrovia Southern Pacific.[31] Em várias ocasiões, um ou outro dos operadores profissionais experimentou o sistema do francês — e

---

30. A Atchison, Topeka and Santa Fe Railway foi uma das maiores ferrovias dos Estados Unidos. Fundiu-se à Burlington Northern Railroad em 1996, passando a operar sob o nome de Burlington Northern and Santa Fe Railway. (N.T.)

31. A Southern Pacific foi uma ferrovia que operou sob vários nomes entre 1865 e 1996, principalmente no Oeste dos Estados Unidos. (N.T.)

depois voltou aos seus antigos métodos não científicos de ganhar a vida. Seus métodos "tentativa e erro" eram mais baratos, disseram. Ouvi falar que o francês disse que Keene admitiu que o gráfico estava 100% correto, mas afirmou que o método era lento demais para ter um uso prático em um mercado ativo.

Havia também um escritório onde era mantido um gráfico do movimento diário dos preços. Ele mostrava de relance o comportamento de cada ação durante meses. Comparando as curvas individuais com a curva geral do mercado e tendo em mente certas regras, os clientes podiam avaliar se a ação para a qual eles haviam recebido uma dica de compra não científica estava legitimamente bem situada para subir. Eles usavam o gráfico como uma espécie de informante complementar. Hoje, existem dezenas de corretoras nas quais você encontra gráficos de negociação. Eles chegam prontos dos escritórios de especialistas em estatística e comportam não apenas ações, mas também *commodities*.

Devo dizer que um gráfico ajuda quem sabe lê-lo, ou melhor, quem consegue assimilar o que lê. O típico leitor de gráficos, entretanto, tende a ficar obcecado com a noção de que as quedas e os picos e os movimentos primários e secundários são tudo o que importa para especular em ações. Se ele levar sua confiança ao limite lógico, estará fadado a quebrar. Existe um homem extremamente hábil, ex-sócio de uma conhecida corretora da bolsa de valores, que é, de fato, um matemático formado. Ele se formou em uma escola técnica famosa. Elaborou gráficos baseados em um estudo cuidadoso e minucioso do comportamento dos preços em muitos mercados: ações, títulos, grãos, algodão, dinheiro e assim por diante. Retrocedeu vários anos e traçou as correlações e os movimentos sazonais — ou seja, tudo; e usou seus gráficos em suas operações no mercado durante anos. O que ele realmente fez foi tirar vantagem de cálculos extremamente inteligentes de médias. Dizem que ele obtinha lucros regularmente — até que a Guerra Mundial colocou em cheque todos os precedentes. Ouvi dizer que ele e sua grande legião de seguidores perderam milhões antes de desistir. No entanto, nem mesmo uma guerra mundial pode impedir o mercado de ações de ser um mercado altista quando as condições são de alta ou um mercado baixista quando as condições são de baixa. E tudo o que alguém precisa saber para ganhar dinheiro é avaliar as condições.

Não tive a intenção de fazer uma digressão aqui, mas não consigo evitar fazer quando me lembro dos meus primeiros anos na Wall Street. Sei agora o que não sabia na época e reflito sobre os erros de minha ignorância, porque esses são os mesmos erros que o típico especulador em ações comete ano após ano.

Depois que voltei a Nova York para tentar, pela terceira vez, bater o mercado em uma corretora da bolsa de valores, negociei de forma bastante ativa. Não esperava me sair tão bem quanto nas *bucket shops*, mas pensei que depois de um tempo me sairia muito melhor, porque já conseguia operar muito mais pesado. No entanto, posso ver agora que meu principal problema era não compreender a diferença vital entre jogo e especulação com ações. Mesmo assim, devido aos meus sete anos de experiência na leitura da fita e a uma certa aptidão natural para o jogo, minha bolada de dinheiro não rendia exatamente uma fortuna, mas tinha uma taxa de juros muito alta. Ganhei e perdi como antes, mas estava ganhando na média. Quanto mais eu ganhava, mais eu gastava. Isso é o que acontece com a maioria das homens. Não, não necessariamente com os operadores perdulários, mas com todo ser humano que não é escravo do instinto de acumular. Alguns homens, como o velho Russell Sage,[32] têm o instinto de ganhar e de acumular dinheiro igualmente bem desenvolvidos e, é claro, morrem repugnantemente ricos.

O jogo de bater o mercado me interessava exclusivamente das dez às três, todos os dias, e, depois das três, me interessava o jogo de viver minha vida. Não me entenda mal. Nunca permiti que o prazer interferisse nos negócios. Quando perdia, era porque estava errado e não por causa de licenciosidade ou excessos. Meu jogo nunca foi afetado pelos nervos em frangalhos ou pelo corpo encharcado de álcool. Eu não podia me dar ao luxo de fazer qualquer coisa que me impedisse de me sentir física e mentalmente bem. Mesmo hoje, em geral, estou na cama às dez. Quando jovem, nunca fiquei acordado até altas horas, porque não conseguia operar bem se não dormisse bem. Eu lucrava e, por isso, não achava que havia necessidade de me privar das coisas boas da vida. O mercado estava sempre lá para proporcioná-las. Eu estava adquirindo a confiança que resulta de uma atitude profissionalmente desapaixonada em relação ao próprio método de prover pão e manteiga para si mesmo.

A primeira mudança que fiz no meu jogo foi com relação ao tempo. Não podia ficar esperando que uma jogada certa aparecesse e depois ganhar 1 ou 2 pontos em cima disso, como fazia nas *bucket shops*. Eu precisava começar muito antes se quisesse me aproveitar das oscilações no escritório da Fullerton. Em outras palavras, precisei avaliar o que aconteceria; antecipar os movimentos das ações. Parece banal, mas você sabe o que quero dizer. A mudança em minha própria atitude em relação ao jogo é que foi de suprema importância para mim. Aprendi, aos poucos, a diferença essencial entre apostar nas oscilações e antecipar as subidas e descidas inevitáveis, entre jogar e especular.

Tive de antecipar em mais de uma hora meus estudos do mercado — algo que eu nunca teria aprendido a fazer nem na maior *bucket shop* do mundo.

32. Russell Sage (1816-1906) foi financista e executivo do setor ferroviário. (N.T.)

Passei a me interessar por relatórios industriais e pelos lucros das ferrovias, por estatísticas financeiras e comerciais. Claro que eu adorava operar pesado e eles me chamavam de Garoto Especulador, mas eu também gostava de analisar os movimentos. Nunca pensei que algo fosse enfadonho se me ajudasse a operar com mais inteligência. Antes de resolver um problema, procuro expô-lo para mim mesmo. Quando acho que encontrei a solução, tento provar que estou certo. Só conheço uma maneira de fazer isso; é com meu próprio dinheiro.

Por mais lento que meu progresso pareça agora, acho que aprendi o mais rápido que pude, considerando que, no fim das contas, eu ganhava dinheiro. Se tivesse perdido com mais frequência, talvez isso pudesse ter me estimulado a estudar com mais afinco. Certamente teria mais erros para detectar. Mas não tenho certeza do valor exato das perdas, pois, se eu tivesse perdido mais, não teria dinheiro para testar as melhorias em meus métodos de negociação.

Estudando minhas jogadas vencedoras no escritório da Fullerton, descobri que, embora muitas vezes estivesse 100% certo em relação ao mercado, isto é, em meu diagnóstico das condições e da tendência geral, não estava ganhando tanto dinheiro quanto a "certeza" de minha avaliação do mercado me assegurava. Por que isso não estava acontecendo?

Havia tanto a aprender com a vitória parcial quanto com a derrota.

Por exemplo, eu estive otimista, desde o início, com relação a um mercado altista e havia apoiado minha convicção comprando ações. Seguiu-se uma subida, como eu previra claramente. Até então, tudo muito bem. Mas o que mais eu fiz? Ora, eu dei ouvidos aos mais velhos e contive minha impetuosidade juvenil. Decidi ser sábio e jogar com cautela, de forma conservadora. Todos sabiam que a maneira de fazer isso era realizar os lucros e recomprar suas ações quando houvesse correções. E foi exatamente isso que fiz, ou melhor, o que tentei fazer, pois muitas vezes tive lucros e esperei uma correção que nunca veio. E vi minha ação subir mais 10 pontos, e fiquei sentado lá com meu lucro de 4 pontos guardado em meu bolso conservador. Dizem que você nunca fica pobre quando tem lucros. Não, você não fica. Mas também não fica rico pegando um lucro de 4 pontos em um mercado ascendente.

Onde deveria ter ganho 20 mil dólares, ganhei 2 mil. Isso foi o que meu conservadorismo me proporcionou. Na época em que descobri como era pequena a porcentagem que estava ganhando em comparação com o que eu deveria ter ganhado, descobri também outra coisa: os otários diferem entre si de acordo com o grau de experiência.

O principiante não sabe nada, e todos, inclusive ele mesmo, sabem disso. Mas aquele que está um pouco mais à frente acha que sabe muito e faz com que os outros também se sintam assim. Ele é o otário experiente, que estudou não o mercado em si, mas algumas observações sobre o mercado feitas por otários ainda mais graduados. O otário mais graduado sabe como evitar perder seu dinheiro de algumas maneiras que fazem o iniciante inexperiente tropeçar. É esse semiotário, e não o completo, que é a verdadeira fonte de renda das casas de comissão durante o ano inteiro. Ele dura cerca de três anos e meio em média, em comparação com uma única temporada de três a trinta semanas, que é a expectativa de vida normal de um infrator primário em Wall Street. É naturalmente o semiotário que está sempre citando os famosos aforismos da negociação de ações e as várias regras do jogo. Ele conhece todos os nãos que já saíram dos lábios oraculares dos veteranos — exceto o principal, que é:

Não seja otário!

Esse semiotário é do tipo que pensa que afiou os dentes do siso porque adora comprar na baixa. Ele espera pelas baixas. Ele mede suas barganhas pelo número de pontos a que elas foram vendidas abaixo do pico do mercado. Nos grandes mercados altistas, o otário puro e simples, totalmente ignorante das regras e dos precedentes, compra às cegas porque espera às cegas. Ele ganha a maior parte do dinheiro — até que uma das correções saudáveis tira tudo dele de uma só vez. Mas o Zé Cuidadoso otário faz o que eu fazia quando pensava que estava jogando o jogo com inteligência, de acordo com a inteligência dos outros. Eu sabia que precisava mudar meus métodos de *bucket shop* e pensei que estava resolvendo meu problema com alguma mudança, sobretudo uma que confirmava as opiniões dos operadores experientes entre a clientela.

A maioria — vamos chamá-los de clientes — é parecida. Encontram-se bem poucos que podem dizer com sinceridade que Wall Street não lhes deve dinheiro. Na Fullerton havia a multidão de sempre. Otários de todos os níveis! Bem, havia um velho que não era como os outros. A princípio, era um homem muito mais velho. E ele nunca dava conselhos voluntários e nunca se gabava de seus ganhos. Ele era muito bom em ouvir os outros com muita atenção. Não parecia muito interessado em receber dicas, isto é, nunca perguntava aos palpiteiros o que haviam ouvido ou descoberto. Mas, quando alguém lhe dava um palpite, ele sempre agradecia ao informante muito educadamente. Às vezes, agradecia ao informante novamente quando a dica dava certo. Mas, se dava errado, ele nunca reclamava, de modo que ninguém sabia se ele a seguira ou se a deixara passar. Havia uma lenda no escritório de que o velhote era rico e tinha condições de apostar dinheiro graúdo. Mas ele não entregava muito dinheiro para a corretora na forma de comissões; pelo menos, não que alguém pudesse ver. Seu nome era Partridge,[33] mas o apelidaram de Peru pelas costas, porque ele tinha o tórax muito avantajado e o hábito de se pavonear pelas várias salas com a ponta do queixo apoiada no peito.

Os clientes, que estavam todos ansiosos para ser incentivados e forçados a fazer coisas a fim de colocar a culpa do fracasso nos outros, costumavam procurar o velho Partridge e dizer a ele que um amigo de um amigo de um *insider* os aconselhara a negociar uma determinada ação. Eles diziam a ele o que não tinham feito com relação à informação para que ele lhes dissesse o que deveriam fazer. Contudo, quer a dica que haviam recebido fosse comprar ou vender, a resposta do velho era sempre a mesma.

O cliente terminava de discorrer sobre sua perplexidade e perguntava:

— O que você acha que eu devo fazer?

O velho Peru inclinava a cabeça para o lado, contemplava seu colega cliente com um sorriso paternal e, por fim, dizia de maneira muito expansiva:

— Sabe, a tendência do mercado é de alta!

Diversas vezes eu o ouvi dizer "Bem, a tendência do mercado é de alta, sabe?!", como se ele estivesse lhe entregando um talismã de valor inestimável embrulhado em uma apólice de seguro contra acidentes de 1 milhão de dólares. E, claro, eu não entendia o que ele estava querendo dizer.

Certo dia, um sujeito chamado Elmer Harwood entrou correndo no escritório, escreveu uma ordem e a entregou ao balconista. Em seguida, apressou-se para o lugar onde o senhor Partridge estava ouvindo, educadamente, a história de John Fanning, sobre a vez em que ouviu Keene dar uma ordem a um de seus corretores e tudo o que ele, John, ganhou foram miseráveis 3 pontos sobre cem ações — e, claro, as ações acabaram subindo 24 pontos em três dias logo depois de John encerrar sua posição. Era, pelo menos, a quarta vez que John lhe contava aquela história infeliz, mas o velho Peru sorria com a mesma simpatia, como se fosse a primeira vez que a ouvisse.

Elmer dirigiu-se ao velho e, sem emitir nem uma palavra de desculpas a John Fanning, disse ao Peru:

— Senhor Partridge, acabei de vender minhas ações da Climax Motors. Meu pessoal diz que o mercado tem direito a uma correção e que poderei comprá-las de volta mais barato. Então é melhor você fazer o mesmo. Isto é, se você ainda tiver as suas.

Elmer olhou com desconfiança para o homem a quem dera a dica original de compra. O informante amador, ou gratuito, sempre acha que é dono do

33. Perdiz, em inglês. (N.T.)

corpo e da alma do receptor de sua dica antes mesmo de saber qual será o resultado dela.

— Sim, senhor Harwood, ainda as tenho. É claro! — disse o Peru com gratidão. Tinha sido gentil da parte de Elmer pensar no velho camarada.

— Bem, agora é a hora de obter o seu lucro e entrar novamente na próxima baixa — disse Elmer, como se tivesse acabado de escrever um recibo de depósito para o velho. Mas, não conseguindo perceber a gratidão entusiástica no rosto do beneficiário, Elmer continuou:

— Acabei de vender todas as ações que possuía!

Pela voz e pelo tom, poderia-se estimar conservadoramente um volume de 10 mil ações. Mas o senhor Partridge balançou a cabeça com pesar e gemeu:

— Não! Não! Eu não posso fazer isso!

— O quê? — gritou Elmer.

— Eu simplesmente não posso! — disse o senhor Partridge. Ele estava em dificuldades.

— Eu não dei a você a dica para comprar?

— Deu, senhor Harwood, e estou muito grato. De verdade, estou, senhor. Mas...

— Espere aí! Deixe eu falar! E essa ação não subiu sete pontos em dez dias? Não foi?

— Subiu, e estou muito agradecido a você, meu querido garoto. Mas eu não posso nem imaginar vender aquela ação.

— Você não pode? — perguntou Elmer, começando a ficar confuso. É um hábito da maioria daqueles que dão dicas ser também recebedores de dicas.

— Não, eu não posso.

— Por que não? — Elmer se aproximou dele.

— Ora, a tendência do mercado é de alta! — O velho disse isso como se tivesse dado uma explicação longa e detalhada.

— Tudo bem — disse Elmer, parecendo aborrecido com a própria decepção. — Eu sei tão bem quanto você que a tendência do mercado é de alta. Mas é melhor você entregar para eles aquela sua ação e recomprá-la na hora da correção. Você teria a oportunidade de reduzir o custo para si mesmo.

— Meu caro rapaz — disse o velho Partridge demonstrando uma grande angústia —, meu caro rapaz, se eu vendesse aquelas ações agora, perderia minha posição; e então onde eu estaria?

Elmer Harwood ergueu as mãos, balançou a cabeça e se aproximou de mim em busca de apoio:

— Você consegue entender? — ele me perguntou como se sussurrasse num palco de teatro. — Eu não!

Eu não disse nada. E ele continuou:

— Dei-lhe uma dica sobre a Climax Motors. Ele compra quinhentas ações. Ele ganha sete pontos de lucro e eu o aconselho a sair e recomprá-las na hora da correção, que já deveria ter ocorrido. E o que ele diz quando eu conto para ele? Ele diz que, se vender, perderá o emprego. Que coisa!

— Peço desculpas, senhor Harwood; não disse que perderia meu emprego — interrompeu o velho Peru. — Eu disse que perderia minha posição. E quando você tiver a minha idade e passar por tantos surtos e pânicos quanto eu, saberá que perder sua posição é algo que ninguém pode se permitir; nem mesmo John D. Rockefeller. Espero que as ações passem por uma correção e que você consiga recompor sua posição com um abatimento substancial. Mas eu só posso operar de acordo com a experiência de muitos anos. Paguei um preço alto por isso e não tenho vontade de jogar dinheiro fora para aprender com a experiência. Mas estou tão agradecido a você como se tivesse o dinheiro no banco. A tendência do mercado é de alta, sabe? — E ele se afastou, deixando Elmer atordoado.

O que o velho senhor Partridge disse não significou grande coisa para mim até que comecei a pensar sobre meus inúmeros fracassos em ganhar tanto dinheiro quanto deveria quando estava tão certo a respeito do mercado em geral. Quanto mais eu estudava, mais percebia como aquele velho era sábio. Evidentemente, ele tinha sofrido do mesmo defeito em sua juventude e conhecia as próprias fraquezas. Não se deixaria cair em tentação, à qual a experiência lhe ensinara ser difícil de resistir e já devia lhe ter custado caro, como foi o meu caso.

Acho que foi um grande passo em minha educação comercial quando percebi finalmente que, quando o velho senhor Partridge dizia aos outros clientes "bem, vocês sabem que a tendência do mercado é de alta!", ele realmente pretendia dizer a eles que o dinheiro grande não estava nas oscilações individuais, mas nos movimentos mais amplos, isto é, não na leitura da fita, mas na avaliação do mercado como um todo e de sua tendência.

E, agora, deixe-me dizer uma coisa. Depois de passar muitos anos na Wall Street e depois de ganhar e perder milhões de dólares, quero dizer o seguinte: nunca foi o meu raciocínio que fez render muito dinheiro para mim. Sempre foi minha permanência em uma posição. Entendeu? Minha permanência! Não é difícil acertar no mercado. Você sempre encontrará muitos altistas precoces nos mercados em alta e baixistas precoces nos mercados em baixa. Conheci muitos homens que estavam certos na hora certa e começaram a comprar ou vender ações quando os preços estavam no nível exato que deveria proporcionar o maior lucro. E a experiência deles invariavelmente era a mesma que a minha, ou seja, eles não ganharam nenhum dinheiro com isso. Os homens que conseguem estar certos e manter sua posição são incomuns. Considero isso uma das lições mais difíceis de aprender. Mas é somente depois que um operador de ações entende isso muito bem que ele consegue ganhar muito dinheiro. De fato, é mais fácil para um operador ganhar milhões depois que ele aprende a operar do que lucrar centenas nos dias de sua ignorância.

A razão é que uma pessoa pode enxergar de forma direta e clara e, ainda assim, ficar impaciente ou duvidar quando o mercado demora a se comportar da maneira que ela acha que deveria se comportar. É por isso que tantas pessoas em Wall Street, que estão longe de fazer parte da categoria dos otários, ou dos bem graduados, ainda assim perdem dinheiro. O mercado não as vence. Elas são vencidas por si mesmas, porque, embora sejam inteligentes, não conseguem ficar quietas. O velho Peru estava absolutamente certo em fazer e dizer o que fez. Ele não tinha apenas a coragem de suas convicções, mas também a paciência e a sabedoria para não alterar sua posição.

Ignorar os grandes movimentos e tentar entrar e sair a toda hora foi fatal para mim. Ninguém consegue captar todas as oscilações. Em um mercado altista, o jogo certo é comprar e manter a posição até acreditar que ele está próximo do fim. Para fazer isso, você deve estudar as condições gerais e não dicas ou fatores especiais que afetem ações individuais. Nessa altura, venda todas as suas ações; venda para sempre! Espere até ver — ou se preferir, até achar que vê — a virada do mercado; o início de uma reversão das condições gerais. Você precisa usar o cérebro e sua visão para fazer isso; caso contrário, meu conselho seria tão idiota quanto dizer a você para comprar barato e vender caro. Uma das coisas mais úteis que qualquer pessoa pode aprender é desistir de tentar pegar o último oitavo de ponto — ou o primeiro. Esses dois são os oitavos mais caros do mundo. Eles custaram aos operadores de ações, no total, milhões de dólares, suficientes para construir uma rodovia de concreto de um lado ao outro do continente.

Outra coisa que notei ao estudar minhas jogadas no escritório da Fullerton depois que comecei a operar com mais inteligência foi que minhas operações iniciais raramente apresentaram um prejuízo. Isso naturalmente me fez decidir começar em grande estilo. Deu-me confiança em meu próprio julgamento antes de permitir que ele fosse anulado pelos conselhos de outras pessoas ou mesmo, às vezes, por minha própria impaciência. Sem fé no próprio julgamento ninguém pode ir muito longe nesse jogo. Isso é quase tudo o que aprendi — estudar as condições gerais, abrir uma posição e mantê-la. Posso esperar sem uma pontada de impaciência. Posso encarar um revés sem me abalar, sabendo que é apenas temporário. Eu estive vendido a descoberto em 100 mil ações e vi uma grande recuperação chegando. Percebi — e calculei corretamente — que uma recuperação como eu considerava inevitável, e até benéfica, faria uma diferença de um milhão de dólares em meus lucros no papel. E, no entanto, não mexi em minha posição e vi metade de meu lucro no papel ser eliminado sem sequer considerar a conveniência de cobrir minhas vendas a descoberto para fazer novas vendas quando da subida. Eu sabia que, se o fizesse, poderia perder minha posição e, com isso, a certeza de um grande lucro. São as grandes oscilações que geram muito dinheiro para você.

Se aprendi tudo isso tão devagar foi porque aprendi com meus erros, e sempre se passa algum tempo entre cometer um erro e percebê-lo, e ainda mais tempo entre percebê-lo e identificá-lo exatamente. Contudo, ao mesmo tempo, estava me saindo muito bem e era muito jovem, de modo que compensei meus erros de outras maneiras. A maioria dos meus ganhos ainda era feita, em parte, por meio da leitura da fita, porque o tipo de mercado que vivíamos se adaptava muito bem ao meu método. Eu não estava perdendo com tanta frequência ou me irritando com isso como no início de minhas experiências em Nova York. Não há do que se orgulhar quando você se lembra de que quebrou três vezes em menos de dois anos. E, como eu já disse, estar quebrado é uma forma de aprender muito eficiente.

Eu não aumentava meu saldo bancário muito rapidamente porque vivia no limite o tempo inteiro. Não me privava de muitas das coisas que um sujeito da minha idade e com os meus gostos apreciava. Eu tinha meu próprio automóvel e não via sentido em deixar de levar uma vida boa quando estava ganhando dinheiro no mercado. O mercado de ações só parava aos domingos e feriados, como deveria ser. Cada vez que encontrava o motivo de uma perda ou o porquê e o como de outro erro, acrescentava um novo "não!" à minha lista de ativos. E a melhor maneira de tirar vantagem de meus ativos crescentes não era cortar minhas despesas básicas de subsistência. Claro que tive algumas experiências divertidas e outras menos divertidas, mas, se contasse todas em detalhes, não terminaria nunca. Na verdade, os únicos incidentes dos quais me lembro sem um esforço especial são aqueles que me ensinaram algo de valor definitivo para minhas operações no mercado; que foram acrescentados ao meu conhecimento do jogo — e de mim mesmo!

CAPÍTULO 6

Na primavera de 1906, tirei umas férias breves em Atlantic City. Eu havia zerado minha posição no mercado de ações e só pensava em uma mudança de ares e em descansar. A propósito, eu havia voltado à minha primeira corretora, a Harding Brothers, e a atividade em minha conta havia crescido bastante. Chegava a negociar três mil ou quatro mil ações por dia. Isso não era muito mais do que eu costumava fazer na velha loja da Cosmopolitan quando tinha apenas 20 anos de idade. Mas havia alguma diferença entre minha margem de um ponto na *bucket shop* e a margem exigida pelos corretores que realmente compravam ou vendiam ações por mim na Bolsa de Valores de Nova York.

Você se lembra da história que contei sobre aquela época em que eu estava vendido em 3.500 ações da Sugar na Cosmopolitan e tive um palpite de que algo estava errado e seria melhor fechar a negociação? Bem, muitas vezes, tive esse sentimento curioso. Como regra, eu me rendia a ele. Mas, às vezes, rejeitava a ideia e dizia a mim mesmo que era simplesmente burrice seguir qualquer um desses impulsos cegos repentinos para reverter minha posição. Atribuía meu palpite a um estado de nervos resultante do excesso de charutos, de sono insuficiente ou de um fígado entorpecido, ou algo assim. Sempre que me convenci a desconsiderar meu impulso e permaneci firme tive motivos para me arrepender. Lembro-me de diversas ocasiões em que não vendi por causa de um palpite e, no dia seguinte, quando chegava ao centro da cidade, o mercado estava firme, ou às vezes até em alta, e eu pensava como teria sido idiota se tivesse cedido ao impulso cego de vender. Mas, no dia seguinte, ocorria uma queda brusca. Algo havia acontecido em algum lugar, e eu teria ganhado dinheiro por não ser tão sábio e lógico. Claramente, a razão não era fisiológica, mas psicológica.

Quero falar a você apenas sobre uma dessas ocasiões, por causa do que ela me proporcionou. Aconteceu quando eu estava de férias em Atlantic City, na primavera de 1906. Tinha um amigo comigo que também era cliente da Harding Brothers. Eu não tinha qualquer posição no mercado e estava gozando meu descanso. Sempre estou disposto a desistir de operar no mercado para me divertir, a menos, é claro, que seja um mercado excepcionalmente ativo no qual meus compromissos sejam bastante pesados. Era um mercado altista, pelo que me lembro. As perspectivas eram favoráveis para os negócios em geral e o mercado de ações havia desacelerado, mas o tom era firme, e todos os indícios apontavam para preços mais altos.

Certo dia, depois de tomarmos o café da manhã e terminarmos de ler todos os jornais matutinos de Nova York, nos cansamos de ver as gaivotas pegando mariscos e voando com eles até uma altura de seis metros e atirando-os na areia úmida e dura para abri-los para o seu café da manhã e fomos dar uma caminhada pela Boardwalk.[34] Essa era a coisa mais emocionante que fazíamos durante o dia.

Ainda não era meio-dia e andávamos lentamente para matar o tempo e respirar o ar marinho. A Harding Brothers tinha uma filial na Boardwalk e costumávamos aparecer lá todas as manhãs para acompanhar a abertura do mercado. Era mais força de hábito do que qualquer outra coisa, pois eu não estava negociando nada.

O mercado, descobrimos, era forte e ativo. Meu amigo, que tinha uma atitude bastante altista, carregava uma posição moderada comprada a um nível vários pontos mais barato do que o vigente. Ele começou a me dizer que uma coisa obviamente sábia era manter essas ações à espera de preços muito mais altos. Eu não estava prestando atenção suficiente para me dar ao trabalho de concordar com ele. Eu olhava o quadro de cotações, observando os movimentos — a maioria eram subidas —, até que cheguei na Union Pacific.[35] Tive a sensação de que deveria vendê-la. Eu não posso contar com mais detalhes, só tive vontade de vendê-la. Eu pensei por que deveria me sentir assim e não consegui encontrar nenhuma razão para vender a U.P. a descoberto.

Olhei para o último preço no quadro de cotações até que não consegui ver nenhum número ou qualquer quadro, ou qualquer outra coisa, para dizer a verdade. Tudo o que eu sabia era que pretendia vender a Union Pacific e não conseguia descobrir por que desejava isso. Devo ter parecido estranho, pois meu amigo, que estava ao meu lado, de repente me cutucou e perguntou:

— Ei, o que aconteceu?

---

34. Avenida beira-mar. (N.T.)

35. A Union Pacific Railroad é uma das maiores ferrovias estadunidenses. Fundada em 1862, existe até hoje. (N.T.)

— Não sei — respondi.

— Vai dormir? — ele perguntou.

— Não — respondi. — Eu não vou dormir. O que vou fazer é vender essa ação. — Sempre ganhei dinheiro seguindo meus palpites. Aproximei-me de uma mesa onde havia alguns blocos para anotar ordens. Meu amigo me seguiu. Escrevi uma ordem de venda de mil ações da Union Pacific ao preço de mercado e entreguei ao gerente. Ele estava sorrindo quando eu escrevi, e pegou o papel. Mas, quando leu o pedido, parou de sorrir e olhou para mim.

— Isto está certo? — ele me perguntou. Mas eu apenas olhei para ele e ele correu para o balconista.

— O que você está fazendo? — perguntou meu amigo.

— Estou vendendo! — respondi.

— Vendendo o quê? — ele gritou comigo. Se ele era altista, como eu poderia ser baixista? Algo estava errado.

— Mil U.P. — eu disse.

— Por quê? — ele me perguntou com grande espanto.

Balancei minha cabeça para mostrar que não tinha motivo. Mas ele deve ter achado que recebi uma dica, porque me puxou pelo braço e me levou para o corredor, onde poderíamos ficar fora da vista e dos ouvidos dos outros clientes e dos curiosos de plantão.

— O que você ouviu? — ele perguntou.

Ele estava muito animado. A U.P. era uma de suas ações favoritas, e ele parecia otimista por causa de seus lucros e das perspectivas. Mas mostrava-se inclinado a aceitar uma segunda opinião.

— Nada! — eu disse.

— Você não ouviu nada? — ele estava perplexo, e mostrou isso claramente.

— Não ouvi nada.

— Então, por que diabos você está vendendo?

— Eu não sei — disse a ele. Falei a mais pura verdade.

— Ah, fale a verdade, Larry — ele disse.

Ele sabia que era um hábito meu tentar compreender a razão pela qual operava. Eu havia vendido mil ações da Union Pacific. Devia haver um bom motivo para vender tantas ações diante de um mercado tão firme.

— Não sei — repeti. — Eu simplesmente sinto que algo vai acontecer.

— O que vai acontecer?

— Não sei. Não posso dar nenhum motivo. Tudo que sei é que quero vender essas ações. E vou vender mais mil.

Voltei para a loja e dei uma ordem para vender um segundo milhar. Se eu estava certo em vender os primeiros mil, deveria vender um pouco mais.

— O que pode acontecer? — insistiu meu amigo, que não conseguia se convencer a seguir minha liderança. Se eu tivesse contado a ele que tinha ouvido que a U.P. ia cair, ele teria vendido sem me perguntar de quem eu tinha ouvido ou o porquê.

— O que pode acontecer? — ele perguntou novamente.

— Pode acontecer um milhão de coisas. Mas não posso prometer que alguma delas acontecerá; não posso lhe dar nenhuma razão e não posso prever o futuro — eu disse a ele.

— Então, você está louco — ele disse. — Totalmente louco, vendendo aquela ação sem nenhuma razão. Você não sabe por que quer vendê-la?

— Não sei por que quero vender. Só sei que quero — eu disse. — Eu quero, como qualquer outra coisa. — O desejo era tão forte que vendi mais um milhar.

Isso foi demais para meu amigo. Ele me agarrou pelo braço e disse:

— Olha! Vamos sair deste lugar antes que você venda todo o capital social da empresa.

Eu havia vendido o que precisava para satisfazer a minha intuição, e a segui sem esperar por um relatório sobre as últimas 2 mil ações. Era um lote de ações bastante grande para eu vender, mesmo com o melhor dos motivos. Parecia um volume mais do que suficiente para ficar vendido a descoberto sem qualquer motivo, sobretudo quando o mercado inteiro estava tão firme e não havia nada à vista que fizesse alguém pensar em baixa. Mas lembrei-me de que, em ocasiões anteriores, quando tive a mesma vontade de vender e não o fiz, sempre tive motivos para me arrepender.

Contei algumas dessas histórias a amigos, e alguns deles me dizem que não se trata de um palpite, mas, sim, do subconsciente, que é a mente criativa, em ação. Essa é a mente que permite que os artistas façam coisas sem que saibam como vieram a fazê-las. Talvez comigo tenha sido o efeito cumulativo de várias pequenas coisas individualmente insignificantes, porém coletivamente poderosas. Talvez o otimismo pouco inteligente de meu amigo tenha despertado um espírito de contradição, e eu escolhi a U.P. porque ela havia sido muito elogiada. Eu não consigo explicar qual pode ter sido a causa ou a motivação para esses palpites. Tudo o que sei é que saí da filial da Harding Brothers em Atlantic City depois de ter vendido 3.000 Union Pacific em um mercado ascendente, e não estava nem um pouco preocupado.

Eu queria saber qual era o preço que eles haviam obtido pelas minhas últimas 2 mil ações. Então, depois do almoço, caminhamos até a loja. Tive o prazer de ver que o mercado como um todo estava firme e a Union Pacific, mais alta.

— Veja o que aconteceu com você — disse meu amigo.

Sua alegria por não ter feito nenhuma venda era perceptível.

No dia seguinte, o mercado geral subiu mais um pouco, e não ouvi nada além de comentários animados de meu amigo. Mas eu tinha certeza de que agira certo ao vender a U.P., e nunca fico impaciente quando sinto que estou certo. Qual é o sentido? Naquela tarde, a Union Pacific parou de subir e, no final do dia, começou a despencar. Em pouco tempo, caiu a um ponto abaixo do preço médio de minhas 3 mil ações. Tive mais certeza do que nunca de que estava do lado correto e, como me sentia assim, naturalmente precisei vender um pouco mais. Então, perto do fechamento, vendi mais 2 mil ações.

Lá estava eu, vendido a descoberto em 5 mil ações da U.P. por causa de uma intuição. Isso foi o máximo que consegui vender na filial da Harding com a margem que havia depositado. Eram ações demais para eu ficar vendido nas férias; então desisti das férias e voltei para Nova York naquela mesma noite. Não havia como prever o que poderia acontecer e achei melhor estar fisicamente presente. Lá eu poderia me movimentar rapidamente se fosse necessário.

No dia seguinte recebemos a notícia do terremoto de São Francisco.[36] Foi um desastre terrível. Mas o mercado abriu apenas alguns pontos mais baixo. As forças altistas estavam em ação, e o público nunca responde às notícias de forma imparcial. Vemos exemplos disso o tempo inteiro. Se houver uma base sólida para a alta, por exemplo — esteja ou não acontecendo, ao mesmo tempo, aquilo que os jornais chamam de manipulação altista —, certas notícias deixam de ter o efeito que teriam se Wall Street estivesse pessimista. Está tudo no estado de espírito da época. Nesse caso, Wall Street não avaliou a extensão da catástrofe porque não quis. Antes do fim do dia os preços recuaram.

Eu estava vendido a descoberto em 5 mil ações. Acontecera o golpe, mas minhas ações não haviam caído. Meu palpite era de primeira classe, mas minha conta bancária não estava crescendo; nem mesmo no papel. O amigo que estava comigo em Atlantic City quando estabeleci minha posição vendida na U.P. ficou feliz e ao mesmo tempo triste com isso.

Ele me disse:

— Foi um palpite e tanto, garoto. Mas, digamos, quando o talento e o dinheiro estão todos do lado altista, de que adianta lutar contra eles? Eles estão fadados a vencer.

— Dê um tempo para eles — sugeri.

Eu me referia aos preços. Eu não iria cobrir minha posição porque sabia que os danos eram enormes e que a Union Pacific seria uma das que mais sofreria. Mas era exasperante ver a cegueira de Wall Street.

---

36. Em 18 de abril de 1906, São Francisco foi abalada por um terremoto devastador seguido por um grande incêndio.

— Dê um tempo a eles, e sua pele estará onde todas as outras peles dos altistas estão, esticadas ao sol, secando — ele me assegurou.

— O que você faria? — perguntei a ele. — Comprar U.P. com base nos milhões de dólares em danos sofridos pela Southern Pacific e por outras ferrovias? De onde virão os ganhos com os dividendos depois que eles pagarem por tudo que perderam? O melhor que você pode dizer é que o problema talvez não seja tão ruim quanto parece. Mas isso constitui um motivo para comprar ações das estradas mais afetadas? Responda.

Mas tudo que meu amigo disse foi:

— Sim, isso soa bem. Mas eu lhe digo: o mercado não concorda com você. A fita não mente, certo?

— Ela nem sempre diz a verdade na hora — eu disse.

— Ouça. Um homem estava conversando com Jim Fisk[37] um pouco antes da Sexta-feira Negra, apresentando dez boas razões pelas quais o ouro deveria chegar ao fundo do poço. Ele ficou tão animado com as próprias palavras que acabou dizendo a Fisk que venderia alguns milhões. E Jim Fisk apenas olhou para ele e disse: "Vá em frente! Faça! Venda a descoberto e me convide para o seu funeral!".

— Sim — eu disse. — Mas se aquele sujeito tivesse vendido a descoberto, veja a fortuna que teria feito! Venda um pouco de U.P. você também.

— Eu não! Eu sou do tipo que prospera mais quando não rema contra o vento e a maré.

No dia seguinte, quando chegaram relatórios mais completos, o mercado começou a cair, mas mesmo assim não com a violência que deveria. Sabendo que nada no universo poderia evitar uma quebra substancial, dobrei minha posição e vendi 5 mil ações. Àquela altura, tudo já era claro para a maioria das pessoas, e meus corretores estavam dispostos a fazer a operação. Não foi imprudência da parte deles ou da minha, não da maneira como avaliei o mercado. No dia seguinte o mercado começou a subir. Havia muito para pagar. É claro que abusei da sorte a todo custo. Dobrei novamente minha posição e vendi mais 10 mil ações. Era a única jogada possível.

Não pensei em nada, exceto que estava certo — 100% certo — e que aquela era uma oportunidade caída do céu. Cabia a mim tirar vantagem disso: vendi mais. Teria achado que, com posições tão elevadas vendidas, eu não necessitaria de uma subida muito substancial para acabar com meus lucros no papel

---

37. James Fisk Jr. (1835-1872) foi corretor e executivo financeiro. Ficou conhecido por sua participação em um esquema para manipular o mercado de ouro, que acabou resultando no *crash* da Sexta-feira Negra (24 de setembro de 1869).

e, possivelmente, com meu principal? Não me lembro se pensei nisso ou não, mas, se pensei, não dei muita importância. Eu não estava sendo imprudente. Estava realmente jogando de forma conservadora. Não havia nada que alguém pudesse fazer para desfazer os efeitos do terremoto, havia? Eles não podiam restaurar os prédios destruídos da noite para o dia, de graça, sem custo, por nada, não é? Todo o dinheiro do mundo não ajudaria muito nas próximas horas, não é?

Eu não apostava cegamente; não era um baixista alucinado. Não estava embevecido com o sucesso ou pensando que, só porque Frisco havia sido praticamente varrida do mapa, o país inteiro estava virando sucata. Não, não mesmo! Não entrei em pânico. Bem, no dia seguinte eu ganhei uma nota. Tive um lucro de 250 mil dólares: meu maior até então. Tudo foi ganho em poucos dias. Wall Street não deu atenção ao terremoto nos primeiros dois dias. Diriam que foi porque as primeiras notícias não foram muito alarmantes, mas acho que foi porque demorou muito para mudar o ponto de vista do público em relação aos mercados de ativos financeiros. Mesmo a maioria dos operadores profissionais reagiu de forma lenta e cega.

Não encontrei explicação possível, fosse científica ou sem base alguma. Estou lhe contando o que fiz, o porquê e o que aconteceu depois. Eu estava muito menos preocupado com o mistério do palpite do que com o fato de ter ganhado 250 mil dólares com ele. Isso significava que agora eu poderia abrir posições maiores do que nunca se ou quando chegasse a hora de fazer isso.

Naquele verão, fui para Saratoga Springs. Era para ser meu período de férias, mas fiquei de olho no mercado. Para começar, eu não estava tão cansado a ponto de me incomodar ao pensar nele. Por outro lado, todo mundo que eu conhecia ali tinha ou tivera um interesse ativo naquilo. Naturalmente, nós conversamos sobre os acontecimentos. Percebi que havia uma grande diferença entre falar e operar. Alguns desses caras fazem com que nos lembremos daquele balconista ousado que fala com seu patrão rabugento como se ele fosse um cachorro medroso — quando ele lhe conta a história do que aconteceu.

A Harding Brothers tinha uma filial em Saratoga. Muitos de seus clientes estavam lá. Mas suponho que o verdadeiro motivo dessa filial fosse o valor da publicidade. Estabelecer-se em um balneário é simplesmente um *outdoor* elegante. Eu costumava aparecer por lá e me sentar com o resto da multidão. O gerente era um sujeito muito simpático do escritório de Nova York. Estava lá para dar uma mãozinha aos amigos e estranhos e, se possível, fazer negócios. Era um lugar maravilhoso para receber dicas — todo tipo de dica, das corridas de cavalos, da bolsa de valores e dos garçons. O escritório sabia que eu não seguia nenhuma delas, então o gerente não vinha sussurrar confidencialmente no meu ouvido o que ele acabara de receber em sigilo do escritório de Nova York. Ele simplesmente entregava os telegramas dizendo "isto é o que eles estão enviando" — ou algo parecido.

Claro que acompanhei o mercado. Para mim, olhar para o quadro de cotações e ler os sinais é um processo. Notei que minha grande amiga, a Union Pacific, parecia querer subir. O preço estava alto, mas a ação agia como se posições nela estivessem sendo acumuladas. Assisti àquilo por alguns dias sem negociar e, quanto mais observava, mais me convencia de que as compras estavam sendo feitas por algum operador substancial, alguém que não só tinha um grande maço de dinheiro como também conhecimento do mercado. Uma acumulação bastante inteligente, pensei.

Assim que tive certeza disso, naturalmente comecei a comprá-la, por volta de 160 dólares. Ela continuou agindo de forma positiva, então continuei a comprar quinhentas ações de cada vez. Quanto mais eu comprava, mais firme ficava a ação, sem qualquer grande arrancada, o que fez com que me sentisse muito confortável. Eu não conseguia ver nenhuma razão para que aquela ação não subisse muito mais; não com o que lia na fita.

De repente, o gerente se aproximou de mim e disse que havia recebido uma mensagem de Nova York — eles tinham uma linha direta, é claro — perguntando se eu estava no escritório e, quando responderam que sim, outra mensagem veio dizendo: "Não deixe que ele vá embora. Diga que o senhor Harding quer falar com ele".

Eu respondi que esperaria e comprei mais quinhentas ações da U.P. Não conseguia imaginar o que Harding queria me dizer. Não achei que fosse sobre negócios. Minha margem era mais do que suficiente para o volume de negócios que eu estava fazendo. Logo o gerente veio e me disse que o senhor Ed Harding queria que eu falasse com ele ao telefone.

— Olá, Ed — eu disse.

E ele falou:

— O que diabos aconteceu com você? Você está louco?

— Você está? — eu perguntei.

— O que você está fazendo? — ele perguntou.

— Como assim?

— Comprando todas essas ações.

— Por quê? Minha margem não é suficiente?

— Não é uma questão de margem, mas de ser um otário.

— Não estou entendendo você.

— Por que você está comprando tantas Union Pacific?

— Está subindo — respondi.

— Subindo... inferno! Você não sabe que os *insiders* estão alimentando você? Você é o otário mais visível no mercado. Você se divertiria mais perdendo dinheiro nos cavalos. Não deixe que enganem você.

— Ninguém está me ludibriando — retruquei. — Eu não falei com ninguém sobre isso.

Mas ele continuou:

— Você não pode esperar que um milagre o salve cada vez que negociar aquela ação. Saia enquanto ainda é possível! É um crime comprar essa ação por esses preços quando esses salafrários as estão desovando às toneladas.

— A fita indica que eles estão comprando — insisti.

— Larry, eu quase tive um ataque cardíaco quando suas ordens começaram a chegar. Pelo amor de Deus, não seja um otário. Caia fora! Agora mesmo. Pode estourar a qualquer minuto. Eu fiz a minha parte. Adeus! — e ele desligou.

Ed Harding era um sujeito muito inteligente, extraordinariamente bem informado e um verdadeiro amigo, desinteressado e bondoso. E, mais ainda, eu sabia que ele tinha como saber das coisas. Tudo que tive para servir como base para as minhas compras da U.P. foram meus anos de estudo do comportamento das ações e a percepção de certos sintomas que a experiência me ensinara, que, em geral, acompanhavam uma subida substancial. Não sei o que aconteceu comigo, mas suponho ter concluído que minha leitura da fita me informava que a ação estava sendo absorvida simplesmente porque uma manipulação muito inteligente por parte de *insiders* havia feito a fita contar uma história que não era verdade. É possível que eu tenha ficado impressionado com os esforços que Ed Harding envidara para me impedir de fazer o que ele tinha certeza de que seria um erro colossal de minha parte. Nem sua inteligência nem seus motivos podiam ser questionados. Não sei o que me levou a seguir seu conselho, não posso lhe dizer; mas eu o segui.

Vendi toda a minha posição na Union Pacific. Claro, se não era sensato ter uma posição comprada nessa ação, era igualmente imprudente não ter uma posição vendida nela. Então, depois de me livrar de minhas ações compradas, vendi 4 mil ações a descoberto. Vendi a maior parte por volta de 162 dólares.

No dia seguinte, os diretores da Union Pacific Company declararam um dividendo de 10% sobre as ações. A princípio, ninguém na Wall Street acreditou. Era parecido demais com uma manobra desesperada de jogadores encurralados. Todos os jornais atacaram os diretores. Mas, enquanto o talento de Wall Street hesitava em agir, o mercado fervia. A Union Pacific deu um salto, atingiu um novo preço recorde com grandes volumes de transações. Alguns dos corretores fizeram fortunas em uma hora. Lembro-me de ter ouvido, mais tarde, uma história sobre um especialista um tanto inábil que cometeu um erro que colocou 350 mil dólares em seu bolso. Ele vendeu seu assento na Bolsa na semana seguinte e tornou-se um fazendeiro um mês depois.

É claro que percebi, no momento em que ouvi a notícia da declaração daquele dividendo sem precedentes de 10%, que havia sido merecidamente punido por desconsiderar a voz da experiência e ouvir a voz de um informante. Eu havia deixado de lado minhas convicções e dado ouvidos às suspeitas de um amigo simplesmente porque ele era desinteressado e, via de regra, sabia o que estava fazendo.

Assim que vi a Union Pacific batendo novos recordes, pensei: "essa não é uma ação em que eu deveria ter uma posição vendida".

Tudo o que eu tinha estava sendo usado como margem no escritório de Harding. Não fiquei nem animado nem menos flexível por saber disso. O que estava claro é que eu havia lido a fita com precisão e que fora um tolo ao deixar Ed Harding abalar minha resolução. Não fazia sentido tecer recriminações, porque eu não tinha tempo a perder; e, além disso, o que está feito está feito. Então dei uma ordem para recomprar minhas vendas a descoberto. A ação estava em torno de 165 dólares quando enviei aquele pedido de compra de 4.000 U.P. ao preço de mercado. Eu teria uma perda de 3 pontos àquele preço. Bem, meus corretores pagaram 172 e 174 dólares por parte da posição antes de a liquidarem. Descobri, quando recebi meus relatórios, que a interferência bem intencionada de Ed Harding me custara 40 mil dólares. Um preço baixo para um homem pagar por não ter a coragem de assumir as próprias convicções! Foi uma lição barata.

Eu não estava preocupado, porque a fita apontava para preços ainda mais elevados. Foi um movimento inusitado e não havia precedentes para a ação dos diretores, mas, dessa vez, fiz o que achei que deveria fazer. Assim que dei a primeira ordem de compra de 4 mil ações para cobrir minha posição vendida, decidi lucrar com o que a fita indicava e embarquei naquela onda. Comprei 4 mil ações e mantive essas ações até a manhã seguinte. Em seguida, liquidei minha posição. Não só recuperei os 40 mil dólares que havia perdido como também ganhei 15 mil adicionais. Se Ed Harding não tivesse tentado me fazer poupar dinheiro, eu teria ganhado uma fortuna. Mas ele me prestou um serviço muito grande, pois foi a lição daquele episódio que, acredito firmemente, completou minha formação como operador de bolsa.

Não que tudo que eu precisasse aprender fosse não aceitar dicas; eu devia aprender a seguir minhas próprias inclinações. Foi assim que ganhei confiança em mim mesmo e finalmente consegui me livrar do meu antigo método de negociação. Essa experiência em Saratoga foi minha última operação casual do tipo tentativa e erro. A partir daí, comecei a pensar em condições básicas em vez de cogitar ações individuais. Eu me promovi a um grau superior na dura escola da especulação. Foi um passo longo e difícil de dar.

CAPÍTULO 7

Nunca hesito em dizer a alguém que estou com uma expectativa de alta ou de baixa. Mas nunca digo às pessoas para comprar ou vender alguma ação específica. Em um mercado em baixa, todas as ações caem; em um mercado em alta, elas sobem. Não quero dizer, obviamente, que em um mercado baixista causado por uma guerra as ações dos fabricantes de munições não subam. Eu falo em um sentido mais amplo. Mas a pessoa comum não deseja ouvir que se trata de um mercado altista ou baixista. O que ela deseja é que lhe digam especificamente quais ações ela deve comprar ou vender. Ela quer ganhar algo de graça. Ela não quer ter trabalho, nem mesmo deseja ter que pensar. É muito enfadonho ter de contar o dinheiro que ela apanha do chão.

Bem, eu não era preguiçoso a esse ponto, mas achava mais fácil pensar em ações individuais do que no mercado geral, portanto, pensar em oscilações individuais em vez de me preocupar com movimentos mais amplos. Eu tive que mudar, e mudei.

As pessoas parecem não compreender facilmente os fundamentos da negociação de ações. Já disse várias vezes que comprar em um mercado ascendente é a maneira mais confortável de adquirir ações. Agora, a ideia não é tanto comprar o mais barato possível ou vender a descoberto no pico dos preços, mas comprar ou vender no momento certo. Quando minha expectativa é de baixa e vendo uma ação, cada venda deve ocorrer em um nível inferior ao da venda anterior. Quando estou comprando, o inverso é verdadeiro. Devo comprar em uma escala crescente. Não compro ações em uma escala decrescente; compro em uma escala crescente.

Suponhamos, por exemplo, que eu esteja comprando algumas ações. Compro 2 mil ações a 110 dólares. Se a ação subir para 111 depois de minha compra, eu estou, pelo menos temporariamente, certo na minha operação, porque subiu um ponto; isso me mostra um lucro. Bem, uma vez que estou certo, entro e compro mais 2 mil ações. Se o mercado continuar subindo, compro um terceiro lote de 2 mil ações. Digamos que o preço vá para 114 dólares. Acho que é o suficiente por enquanto. Agora tenho uma base para trabalhar. Estou comprado em 6 mil ações a uma média de 111,75 dólares, e as ações estão sendo negociadas a 114. Não compro mais nesse momento. Espero e observo. Imagino que, em algum ponto da subida, ocorrerá uma correção. Quero ver como o mercado reage após essa correção. Provavelmente, reagirá até o ponto em que eu comprar meu terceiro lote. Digamos que, depois de subir mais, ele caia para 112,25 dólares e depois suba. Bem, no momento em que retorna para 113,75, disparo uma ordem de compra de 4 mil — ao preço de mercado, é claro. Bem, se eu conseguir essas 4 mil a 113,75 dólares, saberei que algo está errado e darei uma ordem de teste, ou seja, vendo mil ações para verificar como o mercado as absorve. Mas suponha que, da ordem de compra de 4 mil ações que coloquei quando o preço era 113,75 dólares, eu acabe comprando 2 mil a 114 e quinhentas a 114,5, e o restante a preços superiores, de modo que eu pague 115,5 dólares pelas últimas quinhentas. Então, sei que estou no caminho certo. É a maneira como acabo comprando as 4 mil ações que me diz se estou certo em comprar aquela ação específica naquele momento específico, pois, é claro, estou trabalhando na suposição de que verifiquei muito bem as condições gerais, e elas são altistas. Nunca quero comprar ações baratas demais ou com muita facilidade.

Lembro-me de uma história que ouvi sobre S.V. White,[38] apelidado de "diácono", da época em que ele era um dos grandes operadores da Wall Street. Era um homem muito bom, inteligente e corajoso. Fez coisas maravilhosas em sua época, pelo que ouvi sobre ele.

Nos velhos tempos, a Sugar era um dos fornecedores de emoções mais constantes do mercado.

H.O. Havemeyer,[39] presidente da empresa, estava no auge de seu poder. Percebi, por meio de conversas com os veteranos, que H.O. e seus seguidores tinham todos os recursos de dinheiro e inteligência necessários para fechar com sucesso qualquer negócio com suas próprias ações. Eles me disseram que Havemeyer havia arrancado mais dinheiro de pequenos negociantes profissionais naquela ação do que de qualquer outro *insider* em qualquer outra ação. Como regra, os operadores de pregão estão mais propensos a frustrar o jogo dos *insiders* do que a ajudá-los.

Um dia, um homem que conhecia o diácono White entrou correndo no escritório dele, todo animado, e disse:

---

38. Stephen Van Culen White (1831-1913) foi advogado, banqueiro e congressista. Fundou a corretora S. V. White and Company, que chegou a valer mais de 1 milhão de dólares. Era conhecido por sua honestidade e seu arrojo nos negócios. (N.T.)

39. Henry Osborne Havemeyer (1847-1907) era industrial, empresário, filantropo e refinador de açúcar. Foi fundador e presidente da American Sugar Refining Company. (N.T.)

— Diácono, você me disse que, se algum dia eu recebesse alguma informação boa, que eu a trouxesse até você imediatamente, e que, se você a usasse, carregaria algumas centenas de ações por mim. — Ele fez uma pausa para respirar e para esperar a confirmação.

O diácono olhou para o informante de uma forma reflexiva que era característica sua e disse:

— Não sei se já disse exatamente isso ou não, mas estou disposto a pagar por informações que me sejam úteis.

— Bem, tenho algumas para você.

— Isso é bom — disse o diácono.

Ele falou tão suavemente que o homem que tinha a informação estufou o peito e disse:

— Sim, senhor diácono. — Então ele se aproximou, para que ninguém mais ouvisse, e falou: — H.O. Havemeyer está comprando Sugar.

— É mesmo? — perguntou o diácono com muita calma.

Isso irritou o informante, que afirmou de maneira veemente:

— Sim, senhor. Comprando tudo o que puder, diácono.

— Meu amigo, você tem certeza? — perguntou o velho S.V.

— Diácono, tenho muita certeza. A velha turma dos *insiders* está comprando tudo o que pode. Tem algo a ver com a tarifa, e o preço das ordinárias vai estourar, vai superar o das preferenciais. E isso significa trinta pontos certos para começo de conversa.

— Você realmente acha isso? — E o velho olhou para ele por cima dos óculos antigos de aro de prata que ele colocara para ler a fita.

— Se eu acho isso? Não, eu não acho isso; eu tenho certeza. Certeza absoluta! Ora, diácono, quando H.O. Havemeyer e seus amigos compram Sugar como estão fazendo neste momento, nunca ficam satisfeitos com nada menos do que quarenta pontos líquidos. Eu não ficaria surpreso ao vê-los perderem o controle do mercado num instante, e este disparar antes que tenham completado todas as compras que planejam fazer. Não há tantas ações circulando nos escritórios dos corretores quanto havia um mês atrás.

— Ele está comprando Sugar, é? — repetiu o diácono distraidamente.

— Comprando? Ora, ele está pegando tudo o mais rápido que pode, sem fazer subir o preço para si mesmo.

— E? — disse o diácono.

Isso foi tudo. Mas foi o suficiente para irritar o informante, que então retrucou:

— Sim, senhor! E eu acho que esta é uma informação muito boa. Ora, é uma barbada!

— É mesmo?

— Sim; e deve valer muito dinheiro. Você vai usar essa informação?

— Ah, vou, sim. Vou usar.

— Quando? — perguntou o informante com desconfiança.

— Agora mesmo. — E o diácono chamou: — Frank! — Era o primeiro nome de seu corretor mais astuto, que estava na sala ao lado.

— Pois não, senhor — respondeu Frank.

— Gostaria que você fosse até o pregão da bolsa e vendesse 10 mil Sugar.

— Vender? — gritou o informante. Havia tanto sofrimento em sua voz que Frank, que saíra correndo da sala, parou no meio do caminho.

— Sim, vender— respondeu o diácono suavemente.

— Mas eu disse que H.O. Havemeyer estava comprando!

— Eu sei muito bem o que você falou, amigo — disse o diácono calmamente e, voltando-se para o corretor, arrematou: — Anda logo, Frank!

O corretor se apressou para executar a ordem, e o informante ficou vermelho.

— Eu vim aqui com a melhor informação que já tive em minha vida — ele disse furioso. — Fiz isso porque pensei que você fosse meu amigo e um sujeito honesto. Eu esperava que você agisse com base nela...

— Estou agindo com base nela — interrompeu o diácono com uma voz pacificadora.

— Mas eu disse que H.O. e sua turma estavam comprando!

— Isso mesmo. Eu ouvi.

— Comprando! Comprando! Eu disse comprando! — gritou o informante.

— Sim, comprando! Foi isso que entendi você dizer — assegurou-lhe o diácono. Ele estava parado ao lado do *ticker*, olhando para a fita.

— Mas você está vendendo.

— Sim. Estou vendendo 10 mil ações. — O diácono assentiu. — Vendendo, é claro.

Ele parou de falar para se concentrar na fita, e o informante se aproximou para ver o que o diácono via, pois o velho era muito astuto. Enquanto ele olhava por cima do ombro do diácono, um escriturário entrou com uma folha de papel; obviamente, o relatório de Frank. O diácono mal olhou para ela. Ele tinha visto na fita como sua ordem havia sido executada.

Isso o fez dizer ao escriturário:

— Diga a ele para vender mais 10 mil Sugar.

— Diácono, juro que eles estão realmente comprando as ações!

— O senhor Havemeyer disse isso a você? — perguntou o diácono em voz baixa.

— Claro que não! Ele nunca conta nada a ninguém. Ele não moveria uma palha para ajudar seu melhor amigo a ganhar cinco centavos. Mas sei que isso é verdade.

— Não fique muito animado, amigo. — O diácono ergueu a mão. Ele estava olhando para a fita.

Então, o informante disse amargamente:

— Se eu soubesse que você faria o oposto do que eu esperava, nunca teria tomado o seu tempo ou perdido o meu. Mas não vou me alegrar quando você liquidar sua posição com um prejuízo enorme. Sinto muito por você, diácono. Honestamente! Você vai me desculpar, mas vou para outro lugar e agir com base em minhas próprias informações.

— Estou agindo com base em sua informação. Acho que conheço um pouco o mercado; não tanto, talvez, quanto você e seu amigo H.O. Havemeyer, mas mesmo assim conheço um pouco. O que estou fazendo é o que minha experiência me diz que é a coisa mais sensata a ser feita com as informações que você me trouxe. Quando alguém está em Wall Street há tanto tempo, esse alguém fica grato com o fato de qualquer pessoa sentir pena dele. Fique calmo, meu amigo.

O homem simplesmente olhou para o diácono, por cujo julgamento e cuja coragem ele tinha grande respeito. Logo o escriturário voltou e entregou um relatório ao diácono, que olhou e disse:

— Agora diga a ele para comprar 30 mil Sugar. Trinta mil! — O escriturário saiu correndo e o informante apenas grunhiu e olhou para a velha raposa cinza.

— Meu amigo — o diácono explicou gentilmente —, eu não tinha dúvidas de que você estava me dizendo a verdade como a enxergava. No entanto, mesmo se eu tivesse ouvido H.O. Havemeyer passar as informações a você pessoalmente, eu ainda assim teria agido como agi. Só havia uma maneira de descobrir se alguém estava comprando as ações da maneira que você disse que H.O. Havemeyer e seus amigos estavam comprando, e isso era fazer o que eu fiz. As primeiras 10 mil ações foram vendidas com bastante facilidade. Não foi muito conclusivo. Mas as segundas 10 mil ações foram absorvidas por um mercado que não parava de subir. A forma como as 20 mil ações foram adquiridas por alguém me provou que esse alguém estava realmente disposto a adquirir todas as ações que fossem oferecidas. Não importa muito nessa altura quem pode ser esse alguém em particular. Portanto, cobri minhas vendas a descoberto e agora estou comprado em 10 mil ações, e acho que suas informações foram boas até o momento.

— E até onde você vai? — perguntou o informante.

— Você é dono de quinhentas ações, neste escritório, ao preço médio das 10 mil ações — disse o diácono. — Bom dia, meu amigo. Fique calmo da próxima vez.

— Diácono — disse o informante —, por favor, venda as minhas ações quando vender as suas. Não sei tanto quanto achava que sabia.

Essa é a teoria. É por isso que nunca compro ações baratas. Claro que procuro sempre comprar de um modo eficaz — de forma a ajudar o meu lado do mercado. Quando se trata de vender ações, é claro que ninguém pode vender a menos que outra pessoa queira comprar essas ações.

Se você opera em grande escala, precisa levar isso em consideração o tempo todo. Uma pessoa estuda as condições, planeja suas operações cuidadosamente e passa a agir. Ela estabelece uma posição bastante substancial e acumula um grande lucro — no papel. Bem, essa pessoa não pode sair vendendo de qualquer maneira. Você não pode esperar que o mercado absorva 50 mil ações de uma empresa com a mesma facilidade com que absorve cem. É preciso esperar até haver um mercado para absorvê-las. Chega o momento em que ela acha que o poder de compra necessário está lá. Quando essa oportunidade surge, ela deve aproveitá-la. Via de regra, estará esperando por isso. Ela tem que vender quando pode, não quando quer. Para saber qual é o momento, precisa observar e testar. Não é fácil saber quando o mercado tem condições de aceitar o que você oferece. Mas, ao iniciar um movimento, não é aconselhável comprar tudo o que planeja, a menos que esteja convencido de que as condições são exatamente favoráveis. Lembre-se de que as ações nunca estão altas demais para você começar a comprar ou baixas demais para começar a vender. Contudo, depois da transação inicial, não faça uma segunda, a menos que a primeira apresente um lucro. Espere e observe. É aí que entra a leitura da fita — para capacitar você a decidir a hora certa de começar. Muita coisa depende de se começar exatamente no momento certo. Levei anos para perceber a importância disso. Também me custou algumas centenas de milhares de dólares.

Não quero ser visto como alguém que esteja aconselhando a fazer uma série de pirâmides. Uma pessoa pode fazer uma pirâmide e ganhar uma quantidade de dinheiro que não ganharia se não fizesse a pirâmide, claro. Mas o que eu quis dizer foi o seguinte: suponha que a posição almejada de alguém seja de quinhentas ações. Recomendo que ela não compre tudo de uma só tacada; não se estiver especulando. Se estiver apenas apostando, o único conselho que tenho a dar é: não faça isso!

Suponha que ela compre suas primeiras cem e essa transação imediatamente apresente um prejuízo. Por que ela deveria continuar a comprar mais ações? Ela deveria ver imediatamente que está errada; pelo menos temporariamente.

CAPÍTULO 8

O incidente da Union Pacific em Saratoga, no verão de 1906, me tornou mais independente do que nunca das dicas e fofocas, isto é, das opiniões, suposições e suspeitas de outras pessoas, por mais amigáveis ou hábeis que elas fossem pessoalmente. Os eventos, não a vaidade, me provaram que eu sabia ler a fita com mais precisão do que a maioria das pessoas ao meu redor. Eu também estava mais bem equipado do que o típico cliente da Harding Brothers, no sentido de que não tinha nenhum preconceito especulativo. O lado baixista não me atrai mais do que o lado altista ou vice-versa. Tenho um único preconceito: estar errado.

Mesmo quando jovem, sempre tirei as próprias conclusões dos fatos que observava. É a única maneira pela qual entendo as coisas. Não posso extrair dos fatos o que alguém me diz que devo extrair. Eles são meus fatos, entende? Se eu acredito em algo, você pode ter certeza de que é porque simplesmente preciso acreditar. Quando estou comprado em ações, é porque minha leitura das condições me deixou otimista. Mas você encontra muitas pessoas, com fama de inteligente, que estão altistas porque possuem ações. Eu não permito que minhas posses — ou meus preconceitos também — pensem por mim. É por isso que afirmo que nunca discuto com a fita. Ficar zangado com o mercado porque ele, inesperadamente, ou até mesmo de um modo ilógico, vai contra você é como ficar com raiva dos pulmões porque você pegou pneumonia.

Eu estava me aproximando, gradativamente, da plena compreensão de que havia muito mais do que a leitura de fita no que se refere a entender bem a especulação com ações. A insistência do velho Partridge na importância vital de estar continuamente altista em um mercado ascendente, sem dúvida, me fez pensar na necessidade, acima de tudo, de determinar o tipo de mercado em que se está negociando. Comecei a perceber que se ganha muito dinheiro, necessariamente, nos movimentos mais amplos. Seja lá o que pareça dar um grande impulso inicial, o fato é que sua continuidade não é o resultado da manipulação feita por sindicatos ou do artifício dos financistas, mas depende, sobretudo, de condições básicas. Um movimento mais amplo deve, inevitavelmente, não importando quem se oponha a ele, chegar tão longe, tão rápido e ser tão prolongado quanto as forças que o impelem.

Depois de Saratoga comecei a ver com mais clareza — talvez devesse dizer com mais maturidade — que, uma vez que o conjunto das ações listadas se movimenta de acordo com a corrente principal, não há tanta necessidade, como eu imaginava, de estudar jogadas individuais ou o comportamento desta ou daquela ação. Além disso, ao pensar nos movimentos mais amplos, as pessoas não têm limites para negociações. Podem comprar ou vender todos os papéis negociados na bolsa. Em certas ações, uma posição vendida se torna perigosa depois que a pessoa vende mais do que uma certa parcela do patrimônio social, dependendo do montante, de como, onde e por quem as ações são mantidas. Mas uma pessoa pode vender 1 milhão de ações da lista geral — se tiver um preço favorável — sem correr o risco de ser vítima de uma manipulação do mercado. Antigamente, uma grande quantidade de dinheiro era ganha periodicamente pelos *insiders* com suas vendas a descoberto e com os temores, por eles cuidadosamente alimentados, de *corners* e *squeezes*.

Obviamente, a coisa certa a fazer era estar otimista em um mercado em alta e pessimista em um mercado em baixa. Parece óbvio, não é? Mas tive que entender esse princípio geral muito bem antes de perceber que colocá-lo em prática significava antecipar, na realidade, as probabilidades. Demorei muito para aprender a operar nessas linhas. Mas, para fazer justiça a mim mesmo, devo lembrá-lo de que até então eu nunca tivera uma bolada de dinheiro grande o suficiente para especular dessa forma. Uma grande oscilação significará muito dinheiro se sua posição for elevada, e para ser capaz de acumular uma posição elevada você precisa de um saldo elevado junto a seu corretor.

Sempre tive — ou senti que tinha — que ganhar meu pão de cada dia no mercado de ações. Isso interferiu em meus esforços para aumentar a bolada de dinheiro disponível para o método de negociação mais lucrativo, porém mais lento e, portanto, mais caro, de tirar vantagem das grandes oscilações.

Entretanto, não apenas minha autoconfiança havia aumentado como meus corretores pararam de pensar em mim como um Garoto Especulador esporadicamente sortudo. Eles ganharam muitas comissões por minha causa, mas agora eu estava chegando ao ponto de me tornar seu cliente estrela e, como tal, ter um valor que ia além do volume real de minhas transações. Um cliente que ganha dinheiro é um ativo para qualquer corretora.

No momento em que deixei de me contentar em apenas estudar a fita, deixei de me preocupar exclusivamente com as oscilações diárias de ações específicas e, quando isso aconteceu, simplesmente precisei estudar o jogo de um ângulo diferente. A partir da cotação, voltei aos primeiros princípios; das oscilações dos preços às condições básicas.

É claro que, há muito tempo, eu vasculhava regularmente as informações disponíveis. Todos os operadores fazem isso. Mas grande parte era fofoca, algumas delas deliberadamente falsas, e o restante, apenas a opinião de quem as escrevia. As publicações semanais respeitáveis, quando abordavam as condições subjacentes, não me deixavam muito satisfeito. Via de regra, o ponto de vista dos editores financeiros não era o mesmo que o meu. Não consideravam uma questão vital organizar os fatos e tirar suas conclusões com base neles, mas eu, sim. Além disso, havia uma grande diferença em nossa avaliação do elemento tempo. A análise da semana passada era menos importante para mim do que a previsão das semanas seguintes.

Durante anos, fui vítima de uma combinação infeliz de inexperiência, imaturidade e falta de capital. No entanto, agora, eu sentia a euforia de um descobridor. Minha nova atitude em relação ao jogo explicava meus constantes fracassos em ganhar muito dinheiro em Nova York. Mas, então, com recursos adequados, experiência e confiança, eu estava com tanta pressa para experimentar a nova chave que não percebi que havia outra fechadura na porta — uma fechadura de tempo! Foi um descuido perfeitamente natural. Tive de pagar o preço normal por essa aprendizagem — apanhei bem a cada passo que dei adiante.

Em 1906 estudei a situação e achei que as perspectivas do mercado financeiro eram particularmente complexas. Boa parte da riqueza verdadeira, em todo o mundo, havia sido destruída. Todo mundo acabaria, mais cedo ou mais tarde, sentindo algum aperto e, portanto, ninguém estaria em posição de ajudar ninguém. Não seria como naqueles tempos difíceis em que se trocava uma casa de 10 mil dólares por um vagão cheio de cavalos de corrida valendo 8 mil dólares. Seria a destruição total da casa pelo fogo e da maioria dos cavalos por um desastre de trem. Foi um boa quantidade de dinheiro vivo que se transformou em fumaça de canhão na Guerra dos Bôeres,[40] e os milhões gastos para alimentar soldados não produtivos na África do Sul não significaram nenhum alento para os investidores britânicos como no passado. Além disso, o terremoto e o incêndio em São Francisco, e outros desastres, afetaram todos — fabricantes, fazendeiros, comerciantes, trabalhadores e milionários. As ferrovias forçosamente sofreriam muito. Achei que nada impediria uma depressão imensa. Sendo esse o caso, havia apenas uma coisa a fazer: vender ações!

---

40. Conflito travado na África do Sul entre o Império Britânico e descendentes de colonizadores holandeses (1899-1902). (N.T.)

Eu disse que já havia observado que minha transação inicial, depois de decidir de que maneira iria operar, costumava resultar em lucro. Então, quando decidi vender, mergulhei de cabeça. Já que, sem dúvida, estávamos entrando em um mercado baixista genuíno, eu tinha certeza de que teria o maior sucesso de minha carreira.

O mercado disparou. Em seguida, se recuperou. Deu uma pausa e, então, começou a subir gradativamente. Meus lucros no papel desapareceram e minhas perdas no papel aumentaram. Um dia ficou parecendo que não sobraria nenhum baixista para contar a história do mercado de baixa estritamente genuíno. Eu não suportava meu erro. Cobri minha posição. Valeu a pena. Do contrário, não teria sobrado o suficiente para comprar um cartão-postal. Perdi a maior parte da minha pele, mas foi melhor sobreviver para lutar mais um dia.

Eu havia cometido um erro. Mas onde? Estava pessimista em um mercado baixista. Isso foi sensato. Eu havia vendido ações a descoberto. Isso foi correto. Eu as tinha vendido cedo demais. Isso custou caro. Minha posição estava certa, mas meu jogo estava errado. No entanto, a cada dia o mercado se aproximava mais da quebra inevitável. Então esperei e, quando a alta começou a oscilar e pausar, vendi tantas ações quanto minhas margens tristemente encolhidas permitiram. Eu estava certo dessa vez — exatamente por um dia inteiro, pois, no dia seguinte, houve outro repique. Outra grande mordida na minha carne! Então li a fita, cobri minha posição e esperei. No devido tempo, vendi de novo — e de novo elas caíram de forma promissora e logo se recuperaram de um modo irritante.

Parecia que o mercado estava se esforçando ao máximo para me fazer voltar à minha velha e simples maneira de negociar nas *bucket shops*. Foi a primeira vez em que trabalhei com um plano definido, voltado para o futuro, abrangendo todo o mercado, em vez de uma ou duas ações. Achei que acabaria vencendo se resistisse. É claro que, naquela época, eu não havia desenvolvido meu sistema de fazer minhas apostas, ou teria vendido a descoberto em um mercado em queda, como já expliquei. Eu não teria perdido uma parcela tão grande da minha margem. Estaria errado, mas não ferido. Veja, eu observara certos fatos, mas não aprendera a coordená-los. Minha observação incompleta não apenas não ajudou, mas, na verdade, atrapalhou.

Sempre achei proveitoso analisar meus erros. Assim, acabei descobrindo que, por melhor que fosse não encerrar uma posição baixista em um mercado baixista, a fita deveria ser lida o tempo inteiro para determinar a hora certa de operar. Se você começar certo, não verá sua posição lucrativa seriamente ameaçada; e também não encontrará problemas em manter sua posição.

É claro que hoje tenho mais confiança na precisão de minhas observações — nas quais nem esperanças nem passatempos desempenham qualquer papel — e também tenho mais recursos para verificar os fatos, bem como para testar, de várias maneiras, a correção de minhas opiniões. Contudo, em 1906, a sucessão de repiques de mercado prejudicou perigosamente minhas margens.

Eu tinha quase 27 anos. Estava no jogo havia doze anos. Mas, na primeira vez que negociei por causa de uma crise que ainda estava por vir, descobri que vinha usando um telescópio. Entre meu primeiro vislumbre da nuvem de tempestade e o momento para lucrar com a grande oportunidade, o intervalo de tempo foi evidentemente muito maior do que eu pensava, e aí comecei a me perguntar se realmente havia visto o que pensei ter visto tão claramente. Tivemos muitos avisos e subidas sensacionais nas taxas de juros de curto prazo, mesmo assim, alguns dos grandes financistas esbanjaram otimismo — pelo menos para os repórteres de jornais —, e as subidas que se seguiram no mercado de ações desmentiram os alardeadores de catástrofe. Eu estava fundamentalmente errado em estar baixista ou apenas temporariamente errado em ter começado a vender a descoberto cedo demais?

Percebi que começara cedo demais, mas realmente não tive como evitar. Então o mercado começou a baixar. Aquela era a minha oportunidade. Vendi tudo o que pude e depois as ações se recuperaram novamente, chegando a um nível bastante alto.

Isso me quebrou.

Lá estava eu — certo e falido!

Digo-lhe que foi notável. O que aconteceu foi o seguinte: olhei para a frente e vi uma grande pilha de dólares. Nela estava afixada uma placa que dizia "Sirva-se!" em letras garrafais. Ao lado dela havia um carrinho com os dizeres "Companhia de Fretes Lawrence Livingston" na lateral. Eu estava com uma pá nova em folha. Não havia outra alma à vista, então não tinha competição para escavar o ouro, o que é uma das vantagens de ver a pilha de dólares antes dos outros. As pessoas que poderiam tê-la visto se tivessem parado para olhar estavam assistindo a jogos de beisebol, dirigindo ou comprando casas a serem pagas com aqueles dólares que eu vi. Foi a primeira vez que vi muito dinheiro na minha frente e, naturalmente, comecei a correr naquela direção. Antes que eu pudesse alcançar a pilha de dólares, fiquei sem fôlego e caí no chão. A pilha de dólares continuava lá, mas eu havia perdido a pá e o carrinho havia sumido. O que valeu correr tão cedo? Eu estava muito ansioso para provar para mim mesmo que tinha visto dólares reais e não uma miragem. Eu os vi e sabia que os vira. Pensar na recompensa pela minha excelente visão me impediu de levar em conta a distância até o monte de dólares. Eu deveria ter caminhado e não corrido.

Isso foi o que aconteceu. Não esperei para determinar se era ou não a hora certa para mergulhar no lado baixista. Na única ocasião em que deveria ter invocado o auxílio da minha capacidade de ler a fita, não o fiz. Foi assim que aprendi que, mesmo quando se está corretamente baixista, logo no início de um mercado baixista, é bom não começar a vender a granel enquanto houver perigo de o sistema falhar.

Negociei muitos milhares de ações no escritório de Harding em todos esses anos e, além disso, a empresa confiava em mim, e nossas relações eram das mais agradáveis. Acho que eles sentiram que eu acertaria de novo em breve e sabiam que, com meu hábito de forçar a sorte, tudo de que eu precisava era um bom começo para recuperar tudo o que havia perdido e mais alguma coisa. Eles haviam ganhado muito dinheiro com minhas transações e ganhariam ainda mais. Portanto, não havia problema em poder negociar ali novamente, desde que meu crédito fosse suficiente.

A sucessão de pancadas que recebi me deixou menos agressivamente arrogante; talvez devesse dizer menos descuidado, pois é claro que eu sabia que estava muito mais perto da quebra do mercado. Tudo o que pude fazer foi esperar vigilante, como deveria ter feito antes de mergulhar na especulação. Não era o caso de trancar a porta depois que o ladrão a havia arrombado. Eu simplesmente precisava ter certeza da próxima vez que tentasse. Se um homem nunca cometesse erros, seria o dono do mundo em um mês. Mas, se ele não lucrasse com seus erros, não teria coisa alguma.

Em uma bela manhã, fui ao centro da cidade me sentindo, mais uma vez, muito confiante. Não havia dúvida dessa vez. Eu tinha lido uma notícia no caderno de finanças de todos os jornais que era o sinal positivo pelo qual eu não tivera o bom senso de esperar antes de mergulhar de cabeça. Era o anúncio de novas emissões de ações pelas ferrovias Northern Pacific[41] e Great Northern.[42] Os pagamentos deveriam ser feitos em parcelas para a conveniência dos acionistas. Essa consideração era algo novo na Wall Street. Pareceu-me mais do que algo preocupante.

Durante anos o infalível item altista nas preferenciais da Great Northern vinha sendo o anúncio do corte de mais um melão, consistindo o dito melão no direito dos acionistas sortudos de subscreverem, pelo valor nominal, uma nova emissão de ações da Great Northern. Esses direitos eram valiosos, uma vez que o preço de mercado mantinha-se sempre muito acima do valor nominal. Contudo, o mercado financeiro atual era tal que as casas bancárias mais

41. A Northern Pacific Railway foi uma grande ferrovia transcontinental fundada em 1864. Em 1970, se tornou parte da Burlington Northern Railroad. (N.T.)

42. A Great Northern Railway era uma grande ferrovia transcontinental que operava no extremo norte dos Estados Unidos. Também se tornou parte da Burlington Northern Railroad em 1970, num processo de fusão. Transformou-se na BNSF Railway em 1996. (N.T.)

poderosas do país não tinham certeza de que os acionistas seriam capazes de pagar à vista pela pechincha. E a preferencial da Great Northern estava sendo negociada a cerca de 330 dólares!

Assim que cheguei ao escritório, disse a Ed Harding:

— A hora de vender é agora. É quando eu deveria ter começado. Basta olhar para aquele anúncio, certo?

Ele já tinha visto aquilo. Apontei o que a confissão dos banqueiros significava em minha opinião, mas ele não conseguia ver a grande chance bem diante de nós. Achou melhor esperar antes de vender uma posição muito grande devido ao hábito do mercado de ter repiques grandes. Se eu esperasse, os preços poderiam estar mais baixos, mas a operação seria mais segura.

— Ed, quanto mais esperarmos para iniciar, mais acentuada será a queda quando começarmos — eu disse a ele. — Esse anúncio é uma confissão assinada pelos banqueiros. O que eles temem é aquilo que eu espero. Esse é um sinal para que subamos a bordo do vagão baixista. É tudo de que precisamos. Se eu tivesse 10 milhões de dólares, apostaria cada centavo neste minuto.

Eu tive que argumentar e discutir mais um pouco. Ele não estava satisfeito com as únicas inferências que alguém de bom senso poderia tirar daquele anúncio incrível. Foi o suficiente para mim, mas não para a maioria das pessoas no escritório. Vendi um pouco; muito pouco.

Poucos dias depois, a St. Paul[43] muito gentilmente anunciou uma emissão de ações próprias; ou ações ou notas. Não me recordo, mas também não importa. O que importou mesmo foi que percebi, no momento em que li, que a data de pagamento estava marcada para antes dos pagamentos da Great Northern e da Northern Pacific, que haviam sido anunciados anteriormente. Estava tão claro como água que a grande e velha St. Paul tentava chegar antes das outras duas ferrovias ao pouco dinheiro que circulava na Wall Street. Os banqueiros da St. Paul obviamente temiam que não houvesse o suficiente para todos os três e não estavam dizendo algo como "Passe na minha frente, meu caro Alphonse!". Se o dinheiro já era tão escasso — e aposto que os banqueiros sabiam disso —, como ficaria depois? As ferrovias precisavam dele desesperadamente, mas ele não estava lá. Qual seria a resposta?

Venda-as! É claro! O público, com os olhos vidrados no mercado de ações, viu pouco — naquela semana. Os sábios operadores de ações viram muito — naquele ano. Essa foi a diferença.

43. A Chicago, Milwaukee, St. Paul and Pacific Railroad foi uma ferrovia que operou, sob vários nomes, no Meio-Oeste e no Nordeste dos Estados Unidos entre 1847 e 1986. Posteriormente, se tornou parte da Soo Line Railroad. (N.T.)

Para mim, isso foi o fim da dúvida e da hesitação. Tomei uma decisão de uma vez por todas naquele exato momento. Na mesma manhã, comecei o que realmente foi minha primeira campanha nos moldes que tenho seguido desde então. Contei a Harding o que pensava e como estava e ele não fez objeções à minha venda de ações preferenciais da Great Northern por cerca de 330 dólares e outras ações a preços elevados. Lucrei com o que aprendi com meus erros que me custaram caro no passado e comecei a vender com mais inteligência.

Minha reputação e meu crédito foram restabelecidos em um instante. Essa é a beleza de estar certo no escritório de uma corretora, seja por acaso ou não. No entanto, dessa vez, eu estava absolutamente certo não por causa de um palpite ou de uma leitura habilidosa da fita, mas como resultado de minha análise das condições que afetavam o mercado de ações como um todo. Eu não estava adivinhando. Eu estava antecipando o inevitável. Não era preciso ter coragem para vender ações. Eu simplesmente não conseguia ver nada além de preços mais baixos, e tive de agir com base nessa visão, não tive? O que mais podia fazer?

O mercado inteiro estava pronto para cair. Logo houve um repique e as pessoas me procuraram para avisar que havíamos chegado ao fundo do poço. Os tubarões, sabendo que as vendas a descoberto eram enormes, haviam decidido tirar o couro dos baixistas e assim por diante. Isso faria com que os vendidos perdessem alguns milhões. Era certo que os tubarões não teriam misericórdia. Eu costumava agradecer a esses gentis conselheiros. Eu nem discutia, porque eles pensariam que eu não estava grato pelos avisos.

O amigo que estava em Atlantic City comigo sentia-se angustiado. Ele entendeu o palpite que se seguiu ao terremoto. Não podia deixar de acreditar em tais acontecimentos, uma vez que ganhei 250 mil dólares por obedecer inteligentemente ao meu impulso cego de vender a Union Pacific. Ele até disse que era a Providência trabalhando, de sua maneira misteriosa, para me fazer vender ações quando ele próprio estava comprando. E ele podia entender minha segunda negociação com a U.P. em Saratoga, uma vez que conseguia compreender qualquer negócio que envolvesse uma única ação, em que uma dica havia definitivamente previsto o movimento com antecedência, para cima ou para baixo. Mas essa coisa de prever que todas as ações cairiam costumava irritá-lo. De que adiantava esse tipo de informação para alguém? Como um cavalheiro poderia saber o que fazer?

Lembrei-me da observação favorita do velho Partridge: "Bem, este é um mercado em alta, sabe!?". Como se aquilo fosse uma dica que bastasse para qualquer um que fosse sábio o suficiente; e na verdade era. Foi muito curioso como, depois de sofrer prejuízos imensos com uma perda de 15 ou 20 pontos, as pessoas que continuavam se segurando saudaram uma subida de 3 pontos e estavam certas de que o fundo do poço havia sido atingido, e a completa recuperação, iniciada.

Um dia, meu amigo me perguntou:

— Você já se cobriu?

— Por que eu deveria fazer isso? — perguntei.

— Pela melhor razão do mundo.

— Que razão é essa?

— Ganhar dinheiro. Eles chegaram ao fundo do poço, e o que desce tem que subir. Não é mesmo?

— Sim — respondi. — Primeiro, eles afundam, depois sobem; mas não imediatamente. Eles precisam ficar estirados no fundo por alguns dias. Não é hora de esses cadáveres voltarem à superfície. Eles não estão totalmente mortos ainda.

Um veterano me ouviu. Ele era um daqueles caras que sempre se lembram de alguma coisa. Ele disse que William R. Travers,[44] num momento em que estava baixista, uma vez, encontrou um amigo que estava altista.

Eles trocaram opiniões sobre o mercado, e o amigo disse:

— Senhor Travers, como você pode estar pessimista com o mercado tão estável?

E Travers respondeu:

— Sim! A es-ta-tabi-bilida-dade da-da mo-morte!

Travers foi ao escritório de uma empresa e pediu permissão para inspecionar os livros. O funcionário, então, perguntou a ele:

—Você tem algum interesse nesta empresa?

Travers respondeu:

— C-claro q-que t-tenho! Eu ve-vendi v-vinte mil de suas a-ações a d-d-descoberto!

Bem, os repiques foram ficando cada vez mais fracos. Eu estava abusando da sorte com todo o dinheiro que tinha. Cada vez que vendia alguns milhares de ações preferenciais da Great Northern, o preço caía vários pontos. Fui encontrando pontos fracos em outros lugares e vendia mais algumas ações. Todos se renderam, com uma exceção impressionante: a Reading.[45]

Enquanto todas as outras ações desciam ladeira abaixo, Reading permanecia firme como o Rochedo de Gibraltar. Todo mundo disse que a ação era

44. William R. Travers (1819-1887) foi advogado e financista; acumulou uma fortuna com o dinheiro que ganhou em Wall Street. (N.T.)

45. A Philadelphia and Reading Railway, conhecida como Reading Railroad, foi uma ferrovia que operava na Pensilvânia e em estados vizinhos. Em 1976, se tornou parte do sistema Conrail. (N.T.)

manipulada. Ela certamente agia dessa forma. Eles costumavam me dizer que era puro suicídio vender a Reading a descoberto. Havia pessoas no escritório que agora eram tão baixistas com tudo quanto eu. Mas, quando alguém falava em vender a Reading, eles gritavam por socorro. Eu mesmo havia vendido ações dela a descoberto e mantive minha posição. Ao mesmo tempo, naturalmente, preferi buscar e tirar proveito dos pontos fracos em vez de atacar as ações especializadas que eram mais fortemente protegidas. Minha leitura da fita encontrou dinheiro mais fácil para mim em outras ações.

Eu ouvi falar muito sobre o sindicato de altistas da Reading. Era um sindicato muito forte. Para começar, eles tinham muitas ações compradas a preços baixos, de modo que a média deles estava realmente abaixo do nível prevalecente no mercado, conforme fui informado por alguns amigos. Além disso, os principais membros do sindicato tinham ligações íntimas de natureza muito amistosa com os bancos cujo dinheiro eles estavam usando para financiar seus enormes investimentos na Reading. Enquanto o preço permanecesse alto, a amizade dos banqueiros continuaria firme e leal. O lucro no papel de um membro do sindicato ultrapassava 3 milhões de dólares. Isso dava margem para um certo declínio sem causar fatalidades. Não admira que a ação tenha mostrado firmeza e desafiado os baixistas. De vez em quando, os corretores de pregão olhavam o preço, mordiam os lábios e começavam a testá-lo com vendas de mil ou 2 mil ações. Eles não conseguiam desalojar uma ação, então cobriam sua posição e iam procurar dinheiro mais fácil em outro lugar. Sempre que eu olhava para ela, também vendia um pouco mais — apenas o suficiente para me convencer de que era fiel aos meus novos princípios de negociação e não estava mostrando favoritismo.

Nos velhos tempos, a força da Reading poderia ter me enganado. A fita continuava dizendo "Deixe-a em paz!", mas minha razão entendia de forma diferente. Eu previa uma queda generalizada, e não haveria nenhuma exceção, com ou sem sindicato.

Sempre negociei como um lobo solitário. Comecei assim nas *bucket shops* e continuei assim. É assim que minha mente funciona. Tenho que ver e pensar por conta própria. Mas posso dizer que, depois que o mercado começou a se comportar do jeito que eu havia previsto, senti, pela primeira vez na vida, que tinha aliados — os mais fortes e leais do mundo: as condições subjacentes. Elas estavam me ajudando com todas as suas forças. Talvez, às vezes, demorassem um pouco para fazer uso de suas reservas, mas eram confiáveis, desde que eu não ficasse muito impaciente. Eu não estava confrontando meu talento para ler a fita, ou meus palpites, com o acaso. A inexorável lógica dos acontecimentos estava ganhando dinheiro para mim.

O negócio era estar certo, saber disso e agir de acordo. As condições gerais, meus verdadeiros aliados, diziam “baixa!”, e a Reading desconsiderava essa ordem. Era um insulto para nós. Comecei a me incomodar ao ver a Reading se segurando com tanta firmeza, como se tudo estivesse calmo. Deveria ser a melhor venda a descoberto de todas as ações listadas na bolsa, porque não havia caído, e o sindicato carregava muitas ações que não teria condições de sustentar quando o aperto monetário se tornasse mais pronunciado. Algum dia os amigos dos banqueiros teriam o mesmo destino do público sem amigos. A ação teria que acompanhar as outras. Se a Reading não caísse, então minha teoria estava errada, eu estava errado, os fatos estavam errados, a lógica estava errada.

Concluí que o preço se mantinha porque a Wall Street estava com medo de vender a ação. Então, um dia, dei a cada um dos dois corretores uma ordem de vender 4 mil ações ao mesmo tempo. Você deveria ter visto aquela ação manipulada, que era suicídio certo vender a descoberto, mergulhar de cabeça quando aquelas ordens simultâneas a atingiram. Eu vendi algumas milhares a mais. O preço era 111 dólares quando comecei a vendê-las. Em alguns minutos cobri minha posição vendida a 92.

Passei momentos maravilhosos depois disso e, em fevereiro de 1907, fiz uma limpeza geral. As ações preferenciais da Great Northern haviam caído 60 ou 70 pontos, e outras ações, em igual proporção. Eu tinha ganhado um bom dinheiro, mas o motivo de ter um lucro tão grande foi minha percepção de que o declínio havia descontado o futuro imediato. Eu esperava uma recuperação razoável, mas não era otimista o suficiente para apostar em uma virada. Não iria perder minha posição totalmente. Por um bom tempo, o mercado não seria favorável à minha negociação. Eu perdi os primeiros 10 mil dólares que ganhei nas *bucket shops* porque negociei dentro e fora da temporada, todos os dias, quer as condições fossem adequadas ou não. Eu não ia cometer esse erro duas vezes. Além disso, não se esqueça de que eu havia quebrado um pouco antes porque tinha visto essa pausa cedo demais e comecei a vender prematuramente. Agora que eu tinha um grande lucro, queria colocar o dinheiro no bolso para poder sentir que estava certo. Os repiques do mercado já haviam me quebrado antes. Eu não deixaria o próximo me quebrar. Em vez de ficar parado, fui à Flórida. Adoro pescar e precisava descansar; poderia fazer as duas coisas lá no sul. Além disso, existem linhas diretas entre Wall Street e Palm Beach.

CAPÍTULO 9

Naveguei pelo litoral da Flórida. A pescaria foi boa. Eu havia saído de minha posição na bolsa; estava bem relaxado e me divertindo muito. Um dia, alguns amigos apareceram em um barco a motor na praia de Palm Beach. Um deles trouxe um jornal. Fazia dias que eu não via um e não sentia vontade de lê-lo. Não estava interessado em notícia alguma. Mas olhei para o que meu amigo trouxe para o iate e vi que o mercado havia subido bastante; mais de dez pontos.

Disse a meus amigos que desembarcaria com eles. Subidas moderadas de vez em quando eram razoáveis. Mas o mercado baixista não acabara; e aqui estava Wall Street, o público insensato ou os interesses altistas desesperados desconsiderando as condições monetárias e aumentando os preços além da razão ou permitindo que alguém o fizesse. Foi demais para mim. Eu precisava simplesmente dar uma olhada no mercado. Não sabia o que poderia ou não acabar fazendo, mas sabia que minha necessidade mais premente era ver o quadro de cotações.

Minha corretora, a Harding Brothers, tinha uma filial em Palm Beach. Quando entrei lá, vi muitos caras conhecidos. E a maioria deles achava que o mercado subiria. Eram do tipo que negocia na fita e quer resultados rápidos. Esses operadores não se preocupam em olhar para o futuro porque seu estilo de jogo não requer isso. Já contei como fiquei conhecido no escritório de Nova York como o Garoto Especulador. É claro que as pessoas sempre exageram os ganhos de um companheiro e sua capacidade financeira. Os colegas no escritório souberam que eu havia ganhado uma fortuna em Nova York operando no lado baixista e agora esperavam que eu mergulhasse novamente no lado vendido. Eles achavam que a subida iria muito mais longe, mas consideravam que era meu dever combatê-la.

Eu fui para a Flórida para uma pescaria, precisava daquelas férias. Estava sob muita pressão. No entanto, no momento em que vi que os preços tinham se recuperado, não senti mais vontade de permanecer em férias. Não tinha pensado exatamente no que faria quando desembarcasse, mas agora eu sabia que precisava vender ações. Eu estava certo, e coloquei isso à prova da minha velha e única maneira — dizendo isso com dinheiro. Vender uma ampla gama de ações seria uma decisão adequada, prudente, lucrativa e até patriótica.

A primeira coisa que vi no quadro de cotações foi que a Anaconda estava a ponto de ultrapassar os 300 dólares. Estava subindo aos saltos e, aparentemente, havia um grupo agressivo de altistas apostando nela. Minha velha teoria de negociação era que, quando uma ação ultrapassa cem, ou duzentos, ou trezentos dólares pela primeira vez, o preço não para no número inteiro, mas sobe muito mais, de modo que, se você comprá-la assim que cruzar a linha, é quase certo que terá um lucro. Pessoas tímidas não gostam de comprar uma ação quando ela registra um novo recorde. Mas eu tinha a história de tais movimentos para me servir de guia.

A Anaconda era uma ação de apenas um quarto — ou seja, o valor nominal das ações era apenas 25 dólares. Eram necessárias quatrocentas ações para equivaler às cem ações que eram típicas de outras empresas, cujo valor nominal era de cem dólares. Achei que, quando ultrapassasse trezentos dólares, continuaria a subir e, provavelmente, atingiria 340 logo depois.

Eu me mantinha baixista, lembre-se, mas também era um operador que lia as fitas. Sabia que a Anaconda, se tudo ocorresse da forma como eu imaginava, se movimentaria muito rapidamente. Tudo o que se move rápido me atrai. Aprendi a ter paciência e esperar, mas prefiro os movimentos rápidos, e a Anaconda certamente tinha essa característica. Minha compra, que ultrapassara trezentos dólares, foi motivada pelo desejo, sempre premente em mim, de confirmar minhas observações.

Naquele momento, a fita dizia que o lado comprador era mais forte do que o vendedor e, portanto, a subida generalizada poderia facilmente ir um pouco mais longe. Seria prudente esperar antes de começar a vender. Ainda assim, valia a pena embolsar um lucro enquanto esperava. Isso seria realizado quando eu ganhasse rapidamente 30 pontos com a Anaconda. Baixista com relação ao mercado como um todo e altista com relação a uma ação! Então comprei 32 mil ações da Anaconda — ou seja, 8 mil ações integrais. Era uma aposta pequena e interessante, mas eu tinha certeza de minhas premissas e imaginei que o lucro ajudaria a aumentar a margem disponível para operações baixistas mais adiante.

No dia seguinte as linhas telegráficas não estavam funcionando por causa de uma tempestade no norte ou algo semelhante. Eu estava no escritório da Harding esperando notícias. As pessoas jogavam conversa fora e pensavam em todo tipo de coisa, como fazem os operadores de ações quando não podem negociar. Então recebemos uma cotação, a única naquele dia: Anaconda, 292.

Havia um sujeito comigo, um corretor que conheci em Nova York. Ele sabia que eu estava comprado em 8 mil ações integrais, e suspeito que tivesse comprado algumas ações para ele mesmo, pois, quando recebemos aquela cotação, ele teve um ataque. Ele não sabia dizer se a ação, naquele exato momento, havia caído mais 10 pontos ou não. Do jeito que a Anaconda havia subido, não teria sido nada estranho se ela baixasse 20 pontos. Mas eu disse a ele: "Não se preocupe, John. Tudo vai ficar bem amanhã!". Foi assim que me senti. Mas ele olhou para mim e acenou negativamente com a cabeça. Ele sabia mais do que eu. Era desse tipo. Então eu ri e esperei no escritório para o caso de alguma informação vazar. Mas não, senhor. Isso foi tudo o que recebemos: Anaconda, 292. Significava uma perda no papel para mim de quase 100 mil dólares. Eu queria resultados rápidos. Bem, era isso que estava acontecendo.

No dia seguinte, as linhas de transmissão funcionavam e recebemos as cotações normalmente. A Anaconda abriu a 298 dólares e subiu para 302,75, mas logo começou a perder o fôlego. Além disso, o restante do mercado não estava agindo de forma que justificasse uma nova alta. Decidi que, se a Anaconda recuasse para 301 dólares, passaria a considerar a coisa toda um movimento em falso. Em uma subida legítima, o preço deveria ter ido para 310 sem parar. Se, em vez disso, sofresse uma correção, isso significaria que os precedentes haviam falhado e que eu errara: e a única coisa a fazer quando um homem está errado é estar certo ao deixar de estar errado. Eu havia comprado 8 mil ações inteiras na expectativa de um aumento de 30 ou 40 pontos. Não seria meu primeiro erro; nem o último.

Dito e feito: a Anaconda caiu para 301 dólares. No momento em que atingiu esse número, eu me esgueirei para o operador de telégrafo — ele tinha uma linha direta com o escritório de Nova York — e disse: "Venda todas as minhas Anaconda, 8 mil ações integrais!". Eu disse isso em voz baixa; não queria que ninguém soubesse o que eu estava fazendo.

Ele olhou para mim meio assustado. Mas eu fiz que não com a cabeça e disse:

— É tudo o que eu tenho!

— Correto, senhor Livingston. O senhor não quis dizer ao preço de mercado? — Parecia que ele próprio estava a ponto de perder alguns milhões por causa da execução malfeita por um corretor descuidado.

Mas eu apenas disse a ele:

— Venda! Não discuta minha ordem!

Os dois irmãos Black, Jim e Ollie, estavam no escritório, não podiam escutar minha conversa com o operador. Eram grandes negociadores, originários de Chicago, onde haviam sido famosos especuladores de trigo, e agora eram grandes operadores na Bolsa de Valores de Nova York. Eles eram muito ricos e grandes apostadores.

Assim que deixei o telégrafo para retomar meu lugar em frente ao quadro de cotações, Oliver Black acenou para mim e sorriu.

— Você vai se arrepender, Larry — disse ele.

Parei e perguntei:

— O que você quer dizer?

— Amanhã você vai comprá-la de volta.

— Comprar o quê de volta? — perguntei.

Eu não havia contado a ninguém, exceto ao operador do telégrafo.

— Anaconda — ele respondeu. — Você vai pagar 320 por isso. Essa não foi uma boa jogada, Larry. — E ele sorriu novamente.

— O que não foi uma boa jogada? — Lancei a ele um olhar inocente.

— Vender suas 8 mil Anaconda ao preço de mercado; na verdade, insistir nisso — disse Ollie Black.

Diziam, e eu sabia disso, que ele era muito inteligente e sempre negociava com base em informações privilegiadas. Mas eu não conseguia entender como ele sabia da minha transação com tanta precisão. Eu tinha certeza de que o escritório não tinha me denunciado.

— Ollie, como você soube disso? — perguntei a ele.

Ele riu e me disse:

— Recebi a informação de Charlie Kratzer. — Era o operador de telégrafo.

— Mas ele nem saiu do lugar dele — retruquei.

— Eu não consegui ouvir o que você e ele sussurravam. — Ele riu. — Mas ouvi cada palavra da mensagem que ele enviou ao escritório de Nova York para intermediar sua transação. Aprendi telegrafia anos atrás, depois que tive uma grande briga por causa de um erro em uma mensagem. Desde então, quando faço o que você acabou de fazer... um pedido de boca para um operador, quero ter certeza de que ele enviou a mensagem como eu a transmiti a ele. Eu sei o que ele envia em meu nome. Você vai se arrepender de ter vendido aquelas Anaconda. Vai para 500.

— Não desta vez, Ollie — afirmei.

Ele olhou para mim e disse:

— Você está muito convencido disso.

— Eu não; a fita — contrapus.

Não havia nenhum *ticker* lá, então não havia nenhuma fita. Mas ele sabia o que eu queria dizer.

— Já ouvi falar desses tipos que olham para a fita e, em vez de ver os preços, veem um cronograma ferroviário de chegada e saída de ações — ele disse. — Mas eles estavam em celas acolchoadas, onde não corriam perigo.

Não respondi nada porque, mais ou menos naquele momento, um garoto me trouxe um memorando. Eles haviam vendido 5 mil ações a 299,75 dólares. Eu sabia que nossas cotações estavam um pouco atrasadas em relação ao mercado. O preço no quadro em Palm Beach, quando dei ao operador a ordem de venda, era 301. Eu tinha tanta certeza de que, naquele exato momento, o preço pelo qual a ação estava realmente sendo negociada na Bolsa de Valores de Nova York era mais baixo, que se qualquer um tivesse se oferecido para tirar as ações de minhas mãos a 296 eu teria ficado feliz em aceitar. O que aconteceu mostra que estou certo em nunca negociar com limites. Suponha que eu tivesse limitado meu preço de venda a 300 dólares. Eu nunca teria conseguido a venda. Não, senhor! Quando você tem vontade de sair, saia.

Veja bem, minhas ações haviam me custado cerca de trezentos dólares. Eles venderam quinhentas ações — ações integrais, é claro — a 299,75. As próximas mil foram vendidas a 299,625. Em seguida, cem a 0,5; duzentas a 0,375 e duzentas a 0,25. A última de minhas ações foi vendida a 298,75. O corretor de pregão mais inteligente de Harding demorou quinze minutos para se livrar das últimas cem ações. Eles não queriam deixar patente que estavam vendendo um volume grande.

No momento em que recebi o relatório da venda da última das minhas ações compradas, comecei a fazer o que realmente desembarquei para fazer, ou seja, vender ações. Eu simplesmente tinha que fazer isso. Lá estava o mercado, depois de sua alta ultrajante, implorando para ser vendido. Ora, as pessoas estavam começando a ficar altistas novamente. O curso do mercado, no entanto, me dizia que a recuperação acabara. Era seguro vendê-las. Não exigia maiores reflexões a respeito.

No dia seguinte, a Anaconda abriu abaixo de 296 dólares. Oliver Black, que estava esperando por uma nova alta, chegara cedo para acompanhar com os próprios olhos o momento em que a ação ultrapassaria 320 dólares. Não sei quantas ele havia comprado ou mesmo se estava comprado. Mas naquele dia ele não riu ao ver os preços de abertura, nem mais tarde, quando a ação caiu ainda mais e chegou-nos, em Palm Beach, a notícia de que não havia mercado para ela.

Claro que essa era toda a confirmação de que qualquer pessoa precisava. Meu lucro crescente no papel me lembrava de que eu estava certo, hora após hora. Naturalmente, vendi mais algumas ações. Todas! Era um mercado de baixa. Todas elas estavam caindo. O dia seguinte era sexta-feira, feriado pelo aniversário de George Washington.[46] Não pude ficar na Flórida e pescar porque havia assumido uma posição vendida bastante substancial para mim. Tinha que estar em Nova York. Quem precisava de mim? Eu mesmo! Palm Beach era muito longe, muito remoto. Estava perdendo um tempo valioso telegrafando o tempo todo.

Deixei Palm Beach e fui para Nova York. Na segunda-feira tive que permanecer três horas em Saint Augustine esperando o trem. Havia uma corretora lá e, naturalmente, enquanto esperava, fui conferir como o mercado estava agindo. A Anaconda havia caído vários pontos desde o último dia de negociação. Na verdade, não parou de cair até a grande quebra daquele outono.

Cheguei a Nova York e negociei do lado baixista durante cerca de quatro meses. O mercado teve repiques frequentes como antes, e continuei cobrindo minha posição e vendendo novamente. Estritamente falando, não fiquei parado. Lembre-se de que eu havia perdido cada centavo dos 300 mil dólares que ganhei com a queda do terremoto de São Francisco. Eu acertara, mas mesmo assim estava falido. Agora estava negociando com cautela porque, depois de estar por baixo, todo mundo aprecia quando chega em cima, mesmo que não seja uma altura muito elevada. A forma de ganhar dinheiro é ganhar dinheiro. A forma de ganhar muito dinheiro é estar certo na hora certa. Nesse negócio, é preciso pensar tanto na teoria quanto na prática. Um especulador não precisa ser apenas estudioso, ele precisa ser um estudioso e um especulador.

Eu me saí muito bem, embora hoje possa enxergar onde minha campanha foi taticamente inadequada. Quando o verão chegou, o mercado ficou enfadonho. Era certo que nada de grande importância aconteceria até o outono. Todas as pessoas que eu conhecia tinham ido ou estavam indo para a Europa. Achei que seria uma boa jogada para mim. Em seguida, eu cobri minhas posições. Quando fui para a Europa, estava com um lucro de pouco mais de três quartos de um milhão. Para mim, isso parecia um saldo substancial.

Eu estava me divertindo em Aix-les-Bains,[47] gozava férias merecidas. Era bom estar em um lugar como aquele com muito dinheiro, amigos e conhecidos, e todos com a intenção de se divertir. Não é muito difícil se divertir em Aix, e isso é mais do que eu poderia dizer de qualquer balneário dos Estados Unidos. Wall Street estava tão distante que eu nem pensava mais nisso. Não precisava ouvir falar do mercado de ações. Não precisava negociar. Tinha o

---

46. George Washington (1732-1799) foi politico, general e estadista. Primeiro presidente dos Estados Unidos (entre 1789 e 1797), é considerado um dos "pais fundadores" do país. (N.T.)

47. Aix-les-Bains é um balneário localizado no sudeste da França. (N.T.)

suficiente para me manter por muito tempo e, além disso, quando voltei, sabia o que teria de fazer para ganhar muito mais do que poderia gastar na Europa naquele verão.

Um dia, vi no *Paris Herald*[48] um despacho de Nova York informando que a Smelters[49] havia declarado um dividendo extra. Isso provocara um aumento no preço de suas ações, e o mercado como um todo havia apresentado uma forte recuperação. É claro que isso mudou tudo para mim em Aix. As notícias simplesmente significavam que as camarilhas dos altistas ainda lutavam desesperadamente contra as condições — contra o bom senso e a honestidade comum, pois sabiam o que estava por vir e recorriam a tais estratagemas para fazer o mercado subir a fim de descarregar ações antes que a tempestade os atingisse. É possível que realmente não acreditassem que o perigo fosse tão grande ou tão premente quanto eu pensava. Os grandes sujeitos da Wall Street são tão propensos à ilusão quanto os políticos ou os simples otários. Eu mesmo não posso trabalhar assim. Para um especulador, tal atitude é fatal. Talvez um produtor de papéis financeiros ou um promotor de novas empresas possa se dar ao luxo de trabalhar com expectativas infundadas.

Em todo caso, eu sabia que qualquer manipulação altista estava fadada ao fracasso naquele mercado de baixa. No instante em que li o despacho, soube que só havia uma coisa a fazer para me sentir confortável: vender a descoberto a Smelters. Ora, os *insiders* quase me imploraram de joelhos para fazê-lo quando aumentaram a taxa de dividendos às vésperas de uma crise financeira. Era tão irritante quanto os velhos "desafios" da infância. Eles me desafiaram a vender aquela ação específica a descoberto.

Mandei um telegrama com alguns pedidos de venda da Smelters e aconselhei meus amigos em Nova York a vender a ação a descoberto. Quando recebi meu relatório dos corretores, vi que o preço que obtiveram era 6 pontos mais baixo que os das cotações que eu tinha visto no *Paris Herald*. Isso mostrava qual era a real situação.

Meus planos eram voltar a Paris no final do mês e, cerca de três semanas mais tarde, partir para Nova York, mas, assim que recebi os relatórios telegrafados por meus corretores, voltei a Paris. No mesmo dia em que cheguei, liguei para os escritórios da empresa de navegação a vapor e descobri que havia um barco rápido saindo para Nova York no dia seguinte. Embarquei nele.

---

48. O jornal *Paris Herald*, fundado em 1887, era a edição europeia do *New York Herald*. Após várias mudanças de proprietário, hoje é o *The New York Times International Edition*. (N.T.)
49. A International Smelting and Refining Company foi uma subsidiária da Anaconda Copper que operava na fundição de cobre e estanho. As atividades metalúrgicas da empresa foram encerradas em 1972. (N.T.)

Lá estava eu, de volta a Nova York, quase um mês antes do que originalmente planejara, porque era o lugar mais confortável para se estar vendido no mercado. Eu tinha bem mais de meio milhão em dinheiro disponível para as margens. Meu retorno ocorreu não por eu estar baixista, mas, sim, por ser lógico.

Vendi mais ações. À medida que o dinheiro ficava mais escasso, as taxas de juros de curto prazo subiam e os preços das ações caíam. Eu previra isso. No início, minha capacidade de previsão tinha me quebrado. Mas agora eu estava certo e prosperando. No entanto, a verdadeira alegria estava na consciência de que, como operador, finalmente eu pegava o caminho certo. Ainda tinha muito a aprender, mas sabia o que fazer. Não ficava mais tateando no escuro nem usava mais métodos meio corretos. A leitura da fita era uma parte importante do jogo da mesma maneira que era importante entrar no mercado na hora certa, assim como manter a posição. Mas minha maior descoberta foi que uma pessoa deve estudar as condições gerais, avaliando-as de modo a ser capaz de antecipar as probabilidades. Resumindo, aprendi que precisava trabalhar pelo meu dinheiro. Eu não estava mais apostando cegamente ou preocupado em dominar as técnicas do jogo, mas em fazer por merecer meus sucessos por meio de estudo árduo e raciocínio claro. Também descobri que ninguém estava imune ao risco de fazer jogadas de otário. E, por uma jogada de otário, uma pessoa recebe pagamento de otário; pois o tesoureiro está vigilante e nunca perde o envelope de pagamento destinado a você.

Nosso escritório ganhou muito dinheiro. Minhas operações foram tão bem-sucedidas que começaram a ser objeto de comentários — que, é claro, foram muito exagerados. Recebi o crédito por iniciar as quebras de várias ações. Pessoas de que eu não sabia nem o nome costumavam me dar os parabéns. Todos achavam que a coisa mais maravilhosa era o dinheiro que eu havia ganhado. Eles não disseram uma palavra sobre a primeira vez em que falei que me sentia baixista para eles e eles pensaram que eu era um pessimista doido com o rancor vingativo de um perdedor do mercado de ações. O fato de eu ter previsto os problemas financeiros não significava nada. O fato de o contador de meus corretores ter usado apenas um pingo de tinta na coluna de créditos do livro-razão em meu nome foi considerado uma conquista maravilhosa por eles.

Amigos costumavam me dizer que, em vários escritórios, o Garoto Especulador do escritório da Harding Brothers era citado como autor de todo tipo de ameaça contra as panelinhas que tentavam aumentar os preços de várias ações muito depois de ficar claro que o mercado estava fadado a buscar um nível muito mais baixo. Até hoje falam de minhas incursões.

A partir do final de setembro, o mercado monetário espalhou alertas para o mundo inteiro. Mas a crença em milagres impedia as pessoas de vender o que restava de suas posições especulativas. Ora, um corretor me contou uma história na primeira semana de outubro que me deixou quase envergonhado de minha moderação.

Você se lembra de que empréstimos em dinheiro costumavam ser feitos no pregão da bolsa, em volta do balcão de dinheiro. Os corretores que haviam recebido notificação de seus bancos para pagar os empréstimos vincendos sabiam, mais ou menos, quanto dinheiro teriam que tomar emprestado novamente. E é claro que os bancos conheciam sua posição no que diz respeito aos fundos disponíveis para empréstimos, e aqueles que tinham dinheiro para emprestar o enviavam para a Bolsa. O dinheiro dos bancos era administrado por alguns corretores cujo principal negócio era emprestar a prazo. Por volta do meio-dia, a taxa de renovação do dia era publicada. Normalmente isso representava uma média equitativa dos empréstimos feitos até aquele momento. Em geral, as transações eram negociadas abertamente por meio de ofertas de compra e venda, de modo que todos sabiam o que estava acontecendo. Entre meio-dia e aproximadamente 14h00, normalmente não havia muitas transações feitas com dinheiro, mas após a hora da entrega — ou seja, às 14h15 —, os corretores sabiam exatamente qual seria sua posição de caixa naquele dia, e podiam ir ao balcão de dinheiro e emprestar os saldos positivos que tinham ou pedir emprestado o que precisavam. Essas transações também eram conduzidas abertamente.

Bem, no início de outubro, o corretor de quem eu estava falando me procurou e disse que os corretores estavam chegando a ponto de não ir ao balcão de dinheiro quando tinham dinheiro para emprestar. O motivo era que os membros de algumas casas de comissão bem conhecidas estavam na espreita ali, prontos para abocanhar qualquer oferta de dinheiro. É claro que nenhum credor que oferecesse dinheiro publicamente poderia se recusar a emprestar para essas empresas. Elas estavam solventes e suas garantias eram muito boas. Mas o problema era que, uma vez que essas empresas pegavam dinheiro emprestado a prazo fixo, não havia perspectiva de o credor receber seu dinheiro de volta. Elas simplesmente diziam que não tinham como quitar o empréstimo e que o credor precisaria renová-lo, querendo ou não. Portanto, qualquer casa da bolsa de valores que tivesse dinheiro para emprestar a seus pares costumava mandar seus homens para o pregão em vez de enviá-los ao balcão, e eles sussurravam para seus bons amigos algo como "Quer cem?", que significava algo como "Você deseja pegar 100 mil dólares emprestados?". Os corretores de dinheiro que atuavam em nome dos bancos acabaram adotando a mesma estratégia, e era uma visão desanimadora assistir ao balcão de dinheiro. Imagine isso!

Ele também me disse que, naqueles dias de outubro, era uma questão de etiqueta da bolsa de valores que o tomador do empréstimo calculasse sua própria taxa de juros. Veja, oscilava entre 100% e 150% ao ano. Suponho que, ao permitir que o tomador do empréstimo fixasse a taxa, o credor, de alguma forma estranha, não se sentiria tanto um agiota. Mas pode apostar que ele recebia a mesma taxa que os outros. O credor naturalmente não sonhava em não pagar uma taxa alta. Ele jogava limpo e pagava a mesma taxa que os outros. O que ele precisava era do dinheiro, e estava feliz em recebê-lo.

As coisas foram piorando cada vez mais. Finalmente chegou o terrível dia do acerto de contas para os altistas, os otimistas, os iludidos e aquelas vastas hordas que, temendo a dor de uma pequena perda no curto prazo, estavam agora prestes a sofrer uma amputação total — sem anestesia. Um dia do qual nunca me esquecerei, 24 de outubro de 1907.

Muito cedo, os relatórios da turma do dinheiro indicaram que os mutuários teriam que pagar tudo o que os credores considerassem adequado pedir. Não haveria dinheiro suficiente para todos. Naquele dia, a turma do dinheiro era muito maior do que o normal. Quando chegou a hora da distribuição naquela tarde, devia haver uma centena de corretores no balcão de dinheiro, cada um esperando pegar emprestado o dinheiro de que suas empresas precisavam com urgência. Sem dinheiro, elas teriam que vender as ações que carregavam com margem — vender a qualquer preço que conseguissem em um mercado no qual os compradores eram tão escassos quanto o dinheiro — e, naquele momento, não havia um dólar à vista.

O sócio do meu amigo estava tão baixista quanto eu. Sua firma, no entanto, não teve que pedir emprestado, mas meu amigo, o corretor de quem lhe falei, quando viu os rostos abatidos ao redor do balcão de dinheiro, se aproximou de mim. Ele sabia que eu estava bem vendido no mercado.

Ele disse:

— Meu Deus, Larry! Não sei o que vai acontecer. Nunca vi nada parecido. Isso não pode continuar. Algo tem que acontecer. Para mim, parece que todos estão quebrados agora. Ninguém consegue vender ações e não há absolutamente nenhum dinheiro lá.

— O que você quer dizer? — perguntei.

E o que ele respondeu foi:

— Você já ouviu falar daquele experimento, na escola, do rato em um recipiente de vidro? Quando começam a bombear o ar para fora do recipiente, pode-se ver o pobre camundongo respirar cada vez mais rápido, seus pulmões arfando como um fole sobrecarregado, tentando conseguir oxigênio suficiente do suprimento cada vez menor dentro do recipiente. Você o observa sufocar até seus olhos quase saltarem das órbitas, ofegando, morrendo. Bem, é nisso que penso quando vejo a multidão no balcão de dinheiro! Não há dinheiro em lugar nenhum e não é possível liquidar ações porque não há ninguém para comprá-las. Wall Street inteira está quebrada neste momento, se você quer saber!

Aquilo me fez pensar. Eu havia previsto uma quebra, mas não o pior pânico de nossa história, eu admito. Poderia não ser lucrativo para ninguém — se fosse muito mais longe.

Por fim, ficou claro que não adiantava esperar dinheiro no balcão. Não haveria nenhum. Então, começou um tumulto.

O presidente da Bolsa de Valores de Nova York, senhor R.H. Thomas,[50] pelo que escutei no final do dia, sabendo que todas as corretoras de Wall Street estavam à beira de um desastre, saiu em busca de socorro. Ele visitou James Stillman,[51] presidente do National City Bank,[52] o banco mais rico dos Estados Unidos. Gabava-se de nunca ter tomado dinheiro emprestado a uma taxa superior a 6%.

Stillman ouviu o que o presidente da Bolsa de Valores de Nova York tinha a dizer. Em seguida, ele disse:

— Senhor Thomas, teremos de conversar com o senhor Morgan sobre isso.

Os dois homens, para tentar evitar o pânico mais desastroso de nossa história financeira, foram juntos ao escritório da J.P. Morgan & Co. e falaram com o senhor Morgan. O senhor Thomas apresentou o caso a ele. No momento em que ele terminou de falar, o senhor Morgan disse:

— Volte para a bolsa e diga a eles que haverá dinheiro para todos.

— Onde?

— Nos bancos!

Era tão forte a fé de todo mundo no senhor Morgan naqueles tempos críticos que Thomas nem esperou mais detalhes. Correu de volta para o pregão da bolsa para anunciar a salvação de seus membros condenados à morte.

---

50. Ransom H. Thomas (1852-1922) foi banqueiro e atuou como presidente da Bolsa de Valores de Nova York durante o pânico de 1907. (N.T.)

51. James Stillman (1850-1918) foi empresário e fazia investimentos em imóveis, bancos e ferrovias. Também foi presidente do National City Bank. (N.T.)

52. Fundado com o nome de City Bank of New York em 1812, o National City Bank se tornou um dos maiores bancos dos Estados Unidos. Hoje opera sob o nome de Citibank e faz parte da multinacional Citigroup. (N.T.)

Então, antes das 14h15, J.P. Morgan enviou John T. Atterbury, da Van Emburgh & Atterbury, que era conhecido por manter relações estreitas com a J.P. Morgan & Co., para onde estava a turma do dinheiro. Meu amigo disse que o corretor idoso se dirigiu imediatamente ao balcão de dinheiro. Ele ergueu a mão como um pregador em uma cerimônia religiosa. A multidão, que a princípio se acalmara um pouco com o anúncio do presidente Thomas, começou a temer que os planos de ajuda tivessem fracassado e que o pior ainda estivesse por vir. Mas, quando eles olharam para o rosto do senhor Atterbury e o viram levantar a mão, ficaram petrificados na hora.

No silêncio absoluto que se seguiu, o senhor Atterbury disse:

— Estou autorizado a emprestar 10 milhões de dólares. Mas calma! Vai ter dinheiro suficiente para todo mundo!

Então ele começou. Em vez de dar a cada tomador de empréstimo o nome do credor, ele simplesmente anotava o nome do tomador e o valor do empréstimo e dizia ao tomador:

— Você receberá informações sobre onde está o seu dinheiro.

Ele se referia ao nome do banco do qual o devedor obteria o dinheiro mais tarde.

Um ou dois dias depois, ouvi dizer que o senhor Morgan simplesmente mandou um recado aos banqueiros amedrontados de Nova York informando que eles deveriam fornecer o dinheiro de que a bolsa de valores precisava.

— Mas não temos nenhum. Contratamos o volume máximo de empréstimos possível — protestaram os bancos.

— Vocês têm suas reservas — retrucou J.P.

— Mas já estamos abaixo do limite legal — gritavam eles.

— Usem-nas! É para isso que servem as reservas!

Os bancos lhe obedeceram e saquearam as reservas em cerca de 20 milhões de dólares. Isso salvou o mercado de ações. O pânico do setor bancário só começou na semana seguinte. J.P. Morgan era um homem e tanto. Não é todo dia que aparece uma pessoa com sua grandeza.

Esse foi o dia de que me lembro mais nitidamente de todos em minha vida como operador de ações. Foi o dia em que meus ganhos ultrapassaram 1 milhão de dólares. Isso marcou o final bem-sucedido de minha primeira campanha de negociação deliberadamente planejada. O que eu previra havia se tornado realidade. No entanto, mais do que todas essas coisas, havia isto: meu sonho louco havia se realizado. Fui rei por um dia!

Vou explicar, é claro. Depois de alguns anos em Nova York, comecei a tentar descobrir a razão exata pela qual eu não conseguia vencer em uma corretora da Bolsa de Valores de Nova York o jogo que costumava vencer em uma *bucket shop* em Boston aos 15 anos. Eu sabia que um dia descobriria o que estava errado e deixaria de estar errado. Não teria, então, apenas a vontade de estar certo, mas o conhecimento para garantir que eu estava certo. E isso significava poder.

Por favor, não me entenda mal. Não foi um sonho deliberado de grandeza ou um desejo fútil nascido da vaidade arrogante. Era uma espécie de sensação de que o mesmo velho mercado de ações, que tanto me deixara perplexo nos escritórios da Fullerton e da Harding, um dia comeria na minha mão. Eu tinha certeza de que esse dia chegaria. E assim foi — 24 de outubro de 1907.

A razão para eu dizer isso é a seguinte: naquela manhã, um corretor que tinha feito muitos negócios para meus corretores e sabia que eu estava especulando no lado vendedor desceu no elevador acompanhado de um dos sócios da principal casa bancária de Wall Street. Meu amigo disse ao banqueiro como eu estava negociando pesado, pois, com certeza, abusei de minha sorte. De que adianta estar certo, a menos que você obtenha todos os benefícios possíveis disso?

Talvez o corretor tenha exagerado para fazer sua história parecer importante. Talvez eu tivesse mais seguidores do que imaginava. Talvez o banqueiro soubesse mais do que eu como a situação era crítica. Em todo caso, meu amigo me disse:

— Ele ouviu com grande interesse aquilo que eu lhe disse a respeito do que você dissera sobre o que o mercado faria quando as vendas começassem para valer, depois de mais um ou dois empurrões. Quando terminei, ele disse que talvez tivesse algo para eu fazer no final do dia.

Quando as corretoras descobriram que não havia um centavo a qualquer preço, eu sabia que havia chegado a hora. Enviei corretores para os vários grupos de negociação de ações. Ora, em um certo momento não havia um único lance para comprar a Union Pacific. A nenhum preço! Já pensou? E com outras ações ocorria a mesma coisa. Nada de dinheiro para manter ações em carteira e ninguém para comprá-las.

Eu tinha enormes lucros no papel e a certeza de que tudo o que precisava fazer para quebrar ainda mais os preços era enviar ordens para vender a Union Pacific, 10 mil ações cada, e meia dúzia de outras boas ações pagadoras de dividendos, e o que se seguiria seria simplesmente catastrófico. Pareceu-me que o pânico resultante seria de tal intensidade e natureza que o conselho de governadores consideraria oportuno fechar a bolsa, como foi feito em agosto de 1914, quando estourou a Primeira Guerra Mundial.

Isso significaria um grande aumento de meus lucros no papel. Poderia significar também a incapacidade de converter esses lucros em dinheiro vivo. Mas havia outras coisas a considerar, e uma delas era que uma nova pausa retardaria a recuperação que eu começava a prever, a subida compensatória depois de todo aquele derramamento de sangue. Um pânico como aquele causaria muito dano ao país em geral.

Decidi que, uma vez que era insensato e desagradável continuar ativamente baixista, seria ilógico ficar vendido. Então mudei de rumo e comecei a comprar.

Não demorou muito para que meus corretores começassem a comprar para mim — e, a propósito, consegui preços no fundo do poço — e o banqueiro mandou buscar meu amigo.

— Mandei chamá-lo — disse ele — porque quero que vá imediatamente até o seu amigo Livingston e diga a ele que esperamos que ele não venda mais ações hoje. O mercado não aguenta muito mais pressão. Do jeito que está, será uma tarefa imensamente difícil evitar um pânico devastador. Apele para o patriotismo de seu amigo. Esse é um caso em que um deve trabalhar em benefício de todos. Quero saber, o mais rápido possível, o que ele falou.

Imediatamente, meu amigo veio até mim e me contou. Ele foi muito diplomático. Acho que pensou que, ao ter planejado arrasar com o mercado, eu consideraria o seu pedido como equivalente a jogar fora a chance de ganhar cerca de 10 milhões de dólares. Ele sabia que eu andava ressentido com alguns dos grandes operadores pela maneira como eles agiram ao tentar empurrar para cima do público um monte de ações quando sabiam tão bem quanto eu o que estava por vir.

Na verdade, os grandes eram grandes perdedores e muitas das ações que comprei no fundo do poço pertenciam a nomes famosos no mercado financeiro. Eu não sabia disso na época, mas não importava. Tinha praticamente coberto todas as minhas posições vendidas e parecia-me que havia uma chance de comprar ações baratas e, ao mesmo tempo, ajudar a necessária recuperação dos preços — se ninguém saísse batendo no mercado.

Portanto, disse ao meu amigo:

— Volte e diga ao senhor Fulano de Tal que concordo com ele e que já tinha percebido claramente a gravidade da situação antes mesmo de ele mandar chamá-lo. Não só não vou vender mais ações hoje como vou entrar e comprar o máximo que puder. — E eu mantive minha palavra. Adquiri 100 mil ações naquele dia, para a conta das compras. Não vendi outra ação a descoberto por nove meses.

Por isso, disse aos amigos que meu sonho havia se tornado realidade e que eu tinha sido rei por um momento. Naquele dia, o mercado de ações certamente estava à mercê de qualquer um que quisesse golpeá-lo. Não sofro de delírios de grandeza; na verdade, já se sabe como me sinto ao ser acusado de atacar o mercado e como minhas operações são exageradas pelas fofocas de Wall Street.

Saí em grande estilo. Os jornais diziam que Larry Livingston, o Garoto Especulador, ganhara vários milhões. Bem, eu valia mais de 1 milhão de dólares após o fechamento do mercado naquele dia. Mas meus maiores ganhos não foram em dólares, e, sim, em bens intangíveis; eu havia aprendido o que se deve fazer para ganhar muito dinheiro; eu havia deixado para sempre a categoria dos apostadores; tinha finalmente aprendido a operar com inteligência e em grande estilo. Foi um grande dia para mim.

CAPÍTULO 10

O reconhecimento de nossos erros não deveria nos beneficiar mais do que a análise de nossos sucessos. Mas existe uma tendência natural, em todas as pessoas, de evitar o castigo. Quando você associa determinados erros a um revés, não anseia por uma segunda dose, e, é claro, todos os erros do mercado de ações o ferem em dois pontos sensíveis — sua carteira e sua vaidade. Mas vou lhes contar uma curiosidade: às vezes, um especulador de ações comete erros e tem consciência de que os está cometendo. E, depois que os cometeu, se pergunta por que fez aquilo; e, depois de pensar sobre isso com sangue-frio por muito tempo, depois que a dor da punição passa, ele pode entender como veio a cometê-los, quando e em que ponto específico de suas operações, mas não o porquê. E, então, simplesmente se autodeprecia e deixa por isso mesmo.

Claro, se alguém for sábio e sortudo, não cometerá o mesmo erro duas vezes. Mas cometerá qualquer um dos 10 mil irmãos ou primos do erro original. A família Erros é tão grande que sempre há um parente por perto quando se quer testar o que se pode fazer em matéria de tolices.

Para falar sobre o primeiro dos meus erros de 1 milhão de dólares terei de voltar à época em que me tornei milionário, logo após a grande quebra de outubro de 1907. No que diz respeito às minhas operações no mercado, ter 1 milhão apenas significava mais reservas. O dinheiro não dá mais conforto ao operador, pois, rico ou pobre, ele pode cometer erros, e nunca é confortável errar. E, quando um milionário está certo, seu dinheiro é apenas um de seus vários servos. Perder dinheiro é o menor dos meus problemas. Uma perda nunca me incomoda depois de sofrida. Eu me esqueço dela na manhã seguinte. Mas estar errado — e não registrar uma perda — é o que causa danos à carteira e à alma. É como na história de Dickson G. Watts[53] sobre um homem que estava tão nervoso que um amigo perguntou o que ele tinha.

---

53. Dickson G. Watts (1845-1902) foi financista, duas vezes presidente da Bolsa de Algodão e autor de *Speculation as a Fine Art and Thoughts on Life* (Especulação como arte e reflexões sobre a vida). (N.T.)

— Não consigo dormir — respondeu o homem nervoso.

— Por que não? — perguntou o amigo.

— Estou carregando uma posição de algodão tão grande que não consigo dormir pensando nisso. Estou esgotado. O que posso fazer?

— Vá vendendo até chegar a um ponto em que consiga dormir — respondeu o amigo.

Via de regra, a pessoa se adapta às condições tão rapidamente que perde a perspectiva. Ela não sente muito a diferença — isto é, não se lembra vividamente de como era não ser um milionário. Apenas se lembra de que havia coisas que não podia fazer e que pode fazer agora. Não demora muito para alguém razoavelmente jovem e normal perder o hábito de ser pobre. Demora um pouco mais para se esquecer de que era rico. Suponho que seja porque o dinheiro cria necessidades ou incentiva sua multiplicação. Quero dizer que, quando alguém ganha dinheiro no mercado de ações, rapidamente perde o hábito de economizar. Mas, depois que perde dinheiro, demora muito para perder o hábito de gastar.

Depois que cobri minhas vendas a descoberto e passei a estar comprado em outubro de 1907, decidi descansar por um tempo. Comprei um iate e planejava fazer um cruzeiro nos mares do sul. Sou louco por pesca, e estava prestes a me divertir para valer. Eu ansiava por isso, esperava por esse dia. Mas não fui. O mercado não permitiu.

Além das ações, sempre negociei com *commodities*. Comecei jovem nas *bucket shops*. Estudei esses mercados durante anos, embora talvez não tão assiduamente quanto estudei o mercado de ações. Na verdade prefiro jogar com *commodities* do que com ações. Não há dúvida sobre sua maior legitimidade, por assim dizer. Têm mais a ver com a natureza de um empreendimento comercial do que a negociação de ações e pode-se abordá-las como se faria com qualquer produto mercantil. É possível usar argumentos fictícios a favor ou contra uma determinada tendência em um mercado de *commodities*, mas o sucesso será apenas temporário, pois, no final, os fatos devem prevalecer, de modo que o negociante lucra com o estudo e a observação, como faz em um negócio normal. Observando-se as condições e pesando-as, sabe-se tanto sobre isso quanto qualquer outra pessoa. Não é preciso se proteger contra panelinhas internas. No mercado de algodão, trigo ou milho, não se deixa de pagar ou se aumentam os dividendos inesperadamente, da noite para o dia. No longo prazo, os preços das *commodities* são regidos por apenas uma lei — a lei econômica da oferta e da procura. O negócio do operador de *commodities* é simplesmente obter fatos sobre a demanda e a oferta presentes e futuras; ele não fica adivinhando uma porção de coisas, como faz com as ações. O comércio de *commodities* sempre me atraiu.

É claro que o mesmo ocorre em todos os mercados especulativos. A mensagem da fita não muda. Isso ficará perfeitamente claro para qualquer pessoa que se dê ao trabalho de pensar. Ela poderá descobrir, se fizer perguntas a si mesma e considerar as condições, que as respostas logo virão à tona. Mas as pessoas nunca se dão ao trabalho de fazer perguntas, muito menos de buscar respostas. O típico americano é do Missouri em todos os lugares e em todos os momentos, exceto quando entra no escritório de uma corretora e olha para a fita, seja de ações, seja de *commodities*. O único jogo de todos os jogos que realmente requer estudo antes de ser jogado é aquele em que se entra sem suas habituais dúvidas preliminares, cautelosas e extremamente inteligentes. Então, arrisca-se metade de sua fortuna no mercado de ações com menos cautela do que se dedica à escolha de um automóvel de preço médio.

Essa questão da leitura da fita não é tão complicada quanto parece. Claro que é preciso experiência, mas é ainda mais importante manter certos fundamentos em mente. Ler a fita não é quiromancia. A fita não diz com exatidão quanto você valerá na próxima quinta-feira, às 13h35. O objetivo da leitura da fita é verificar, primeiro, como e, a seguir, quando negociar — isto é, se é mais sensato comprar do que vender. Funciona exatamente da mesma forma para ações, algodão, trigo, milho ou aveia.

Você observa o mercado — isto é, a evolução dos preços registrados pela fita — com um objetivo: determinar a direção — ou seja, a tendência dos preços. Os preços, nós sabemos, sobem ou descem de acordo com a resistência que encontram. Para entendermos melhor, diremos que os preços, como tudo mais, se deslocam ao longo da linha de menor resistência. Eles farão o que for mais fácil, portanto eles subirão se houver menos resistência a uma subida do que a um declínio; e vice-versa.

Ninguém deve ficar perplexo com relação à direção do mercado, seja para cima ou para baixo, após ele pegar embalo. A tendência é evidente para alguém de mente aberta e visão razoavelmente clara, pois nunca é sábio para um especulador ajustar os fatos às suas teorias. Tal pessoa saberá, ou deveria saber, quando se trata de um mercado altista ou baixista, e saberá se deve comprar ou vender. Portanto, é no início do movimento que alguém precisa saber se deve comprar ou vender.

Digamos, por exemplo, que o mercado, como costuma acontecer nos intervalos entre as oscilações, varia dentro de uma faixa de 10 pontos; até 130 no máximo e até 120 dólares no mínimo. Pode parecer muito fraco na parte inferior; ou, na subida, após uma subida de 8 ou 10 pontos, pode parecer tão forte como nunca. Uma pessoa não deve ser levada a negociar por causa de indicações. Ela deve esperar até que a fita diga que é hora. Na verdade, milhões e milhões de dólares foram perdidos por pessoas que compraram ações porque pareciam baratas ou as venderam porque pareciam caras. O especulador não é um investidor. Seu objetivo não é garantir um retorno estável para seu dinheiro a uma boa taxa de juros, mas lucrar com o aumento ou a queda no preço de qualquer ativo com o qual ele esteja especulando. Portanto, o ponto a determinar é a linha especulativa de menor resistência no momento da transação; e o que ele deve esperar é o momento em que essa linha se define, pois esse é o sinal para entrar em ação.

A leitura da fita apenas permite que ele veja que as vendas foram mais fortes do que as compras a 130 dólares e que foram logicamente seguidas por uma correção no preço. Até o ponto em que as vendas prevaleceram sobre as compras, os estudiosos superficiais da fita poderiam concluir que o preço não ficaria aquém de 150 dólares, e eles compram. Mas, depois que a correção começa, eles mantêm sua posição ou a vendem com um pequeno prejuízo, ou vendem a descoberto e passam a falar num tom pessimista. Mas a 120 dólares há uma resistência mais forte ao declínio. As compras prevalecem sobre as vendas, há um repique e as posições vendidas são cobertas. O público é tão frequentemente empurrado para cima e para baixo que nos espantamos com sua persistência em não aprender a lição.

Eventualmente algo acontece que aumenta o poder da força para cima ou para baixo, e o ponto de maior resistência sobe ou desce — ou seja, as compras a 130 dólares serão, pela primeira vez, mais fortes do que as vendas, ou as vendas a 120 dólares serão mais fortes do que as compras. O preço romperá a velha barreira ou o limite de movimento e continuará caindo ou subindo. Como regra, há sempre uma multidão de operadores que fica vendida a descoberto a 120 dólares porque o mercado parecia muito fraco, ou comprados a 130 dólares porque parecia muito forte, e, quando o mercado vira contra eles, são forçados, depois de um tempo, tanto a mudar de opinião quanto a virar ou a zerar suas posições. Em ambos os casos eles ajudam a definir ainda mais claramente a linha de preço de menor resistência. Assim, o operador inteligente que esperou pacientemente para determinar essa linha contará com o apoio das condições comerciais fundamentais e também com a força da negociação daquela parte da comunidade que, por acaso, adivinhou errado e agora precisa retificar os erros. Essas correções tendem a empurrar os preços ao longo da linha de menor resistência.

Esse é um momento oportuno para dizer que, embora não considere isso como uma certeza matemática ou como um axioma da especulação, minha experiência tem me mostrado que os acidentes — isto é, o inesperado ou imprevisto — sempre me ajudaram na minha posição de mercado sempre que essa última se baseou na minha determinação da linha de menor resistência. Você se lembra daquele episódio da Union Pacific em Saratoga? Bem, eu estava comprado porque deduzi que a linha de menor resistência era para cima. Eu deveria ter continuado na minha posição comprada, em vez de deixar meu corretor me dizer que os *insiders* estavam vendendo ações. Não fazia diferença o que se passava na cabeça dos diretores. Isso era algo que eu não tinha como saber. Mas eu sabia que a fita dizia "Subindo!". E então veio o aumento inesperado da taxa de dividendos e o aumento de 30 pontos na ação. A 164 dólares, os preços pareciam extremamente altos, mas, como eu disse antes, as ações nunca estão altas demais para comprar ou baixas demais para vender. Em si, o preço não tem nada a ver com o estabelecimento de minha linha de menor resistência.

Você descobrirá, na prática, que, se operar como indiquei, qualquer notícia importante divulgada entre o fechamento de um mercado e a abertura de outro estará, em geral, em harmonia com a linha de menor resistência. A tendência foi estabelecida antes de as notícias serem publicadas e, nos mercados ascendentes, os itens baixistas são ignorados e as notícias altistas são exageradas, e vice-versa. Antes do início da guerra, o mercado estava muito debilitado. Então veio a proclamação da política de guerra submarina irrestrita da Alemanha.[54] Eu estava vendido em 150 mil ações, não porque sabia que a notícia estava chegando, mas porque estava seguindo a linha de menor resistência. O que aconteceu veio do nada, no que diz respeito ao meu jogo. É claro que aproveitei a situação e cobri minhas vendas que estavam a descoberto naquele dia.

Parece muito fácil dizer que tudo o que você precisa fazer é monitorar a fita, estabelecer seus pontos de resistência e estar pronto para operar ao longo da linha de menor resistência assim que a determinar. Contudo, na prática, o homem tem que se proteger contra muitas coisas e, acima de tudo, contra si mesmo — isto é, contra a natureza humana. É por isso que digo que alguém que está certo sempre tem duas forças trabalhando a seu favor — as condições básicas e os que estão errados. Em um mercado altista, os fatores baixistas são ignorados. Essa é a natureza humana e, no entanto, os seres humanos se surpreendem com isso. As pessoas dirão que a safra de trigo foi dizimada por causa de intempéries em um ou dois lugares e porque, por isso, alguns fazendeiros ficaram arruinados. Quando a safra inteira é colhida e todos os fazendeiros

---

54. A guerra submarina irrestrita é um tipo de guerra naval na qual submarinos são empregados para atacar forças navais inimigas, sobretudo embarcações cargueiras e navios-tanques, sem restrições de neutralidade e nacionalidade nem aviso prévio. Foi iniciada pela Alemanha durante a Primeira Guerra Mundial em fevereiro de 1917. A revolta popular contra o afundamento de navios estadunidenses acabou sendo um dos fatores decisivos para que os Estados Unidos declarassem guerra contra a Alemanha em abril do mesmo ano. (N.T.)

em todas as áreas de cultivo de trigo começam a levar seu trigo às unidades de processamento, os altistas ficam surpresos com a pequena extensão dos danos. Eles descobrem que simplesmente ajudaram os baixistas.

Quando uma pessoa joga em um mercado de *commodities*, ela não deve ter opiniões imutáveis. Deve ter uma mente aberta e flexível. Não é aconselhável desconsiderar a mensagem da fita, seja qual for sua opinião sobre as condições da safra ou sobre a demanda provável. Lembro-me de como perdi uma grande jogada apenas por tentar antecipar o sinal de início. Eu estava tão seguro das condições que pensei não ser necessário esperar que a linha de menor resistência se definisse. Até pensei que poderia ajudá-la a aparecer, porque parecia que ela precisava apenas de um empurrãozinho.

Eu estava muito otimista com relação ao algodão. Estava oscilando em torno de 12 centavos, subindo e descendo em uma faixa moderada. Estava em um daqueles lugares intermediários, e eu conseguia ver isso. Eu sabia que deveria esperar. Mas comecei a pensar que, se eu desse um pequeno empurrão, ele passaria do ponto de resistência superior.

Comprei 50 mil fardos. Como era de esperar, o preço subiu. E, também como era de esperar, assim que parei de comprar, ele parou de subir. Em seguida, começou a voltar para onde estava quando comecei a comprá-lo. Eu saí e ele parou de cair. Achei que estava agora muito mais perto do sinal de partida e logo pensei em dar o pontapé inicial sozinho. Foi como agi. A mesma coisa aconteceu. Eu fiz o preço subir apenas para vê-lo cair quando parei. Fiz isso quatro ou cinco vezes até finalmente desistir, revoltado. Custou-me cerca de 200 mil dólares. Eu estava farto daquilo. Não demorou muito para começar a subir e nunca parou até chegar a um preço que teria significado uma fortuna para mim — se eu não tivesse tanta pressa para começar.

Essa experiência tem sido igual à experiência de tantos operadores tantas vezes que posso postular esta regra: em um mercado sem grandes variações, quando os preços não estão indo a lugar nenhum, mas se movem dentro de uma faixa estreita, não há sentido em tentar antecipar qual será o próximo grande movimento — para cima ou para baixo. A coisa a fazer é observar o mercado, ler a fita para determinar os limites dos preços que não vão a lugar nenhum e decidir que você não vai se interessar até que o preço ultrapasse o limite em qualquer direção. Um especulador deve se preocupar em ganhar dinheiro com o mercado e não em insistir que a fita concorde com ele. Nunca discuta nem procure razões ou explicações. As autópsias do mercado de ações não pagam dividendos.

Não faz muito tempo, eu estava me divertindo com um grupo de amigos e eles começaram a falar de trigo. Alguns deles eram altistas, e outros, baixistas.

Finalmente eles me perguntaram o que eu achava. Bem, eu já vinha estudando o mercado havia algum tempo e sabia que eles não queriam estatísticas ou análises das condições. Então, eu disse:

— Se vocês quiserem ganhar algum dinheiro com o trigo, posso lhes dizer como fazer.

Eles disseram que queriam me ouvir, e eu falei:

— Se vocês têm certeza de que querem ganhar dinheiro com o trigo, prestem atenção. Esperem. No momento em que seu preço ultrapassar a marca de 1 dólar e 20 centavos, compre-o e você terá feito uma jogada boa e rápida!

— Por que não comprar agora, a 1,14? — um deles perguntou.

— Porque ainda não sei se vai subir.

— Então, por que comprar a 1,20? Parece um preço muito alto.

— Você deseja apostar às cegas na esperança de obter um lucro grande ou deseja especular de forma inteligente e obter um lucro menor, mas muito mais provável?

Eles afirmaram que preferiam o lucro menor, porém mais seguro. Sendo assim, eu disse:

— Então, façam o que estou mandando. Se ultrapassar 1 dólar e 20 centavos, comprem.

Como já disse, acompanhei o mercado de trigo por muito tempo. Por meses, ele foi negociado entre 1,10 e 1,20, sem tomar uma direção clara. Bem, um dia, ele fechou acima de 1,19. Eu me preparei para ele. Como era de esperar, no dia seguinte, ele abriu a 1,20, e eu comprei. Subiu para 1,21, para 1,22, para 1,23, para 1,25, e fui acompanhando.

Bem, eu não saberia lhe dizer naquele momento exatamente o que estava acontecendo. Não recebi nenhuma explicação sobre seu comportamento durante o curso das oscilações limitadas. Eu não sabia dizer se a ultrapassagem do limite seria ao exceder 1,20 ou ao cair abaixo de 1,10, embora suspeitasse que aumentaria porque não havia trigo suficiente no mundo para que ocorresse uma grande quebra de preços.

Na verdade, parece que a Europa vinha comprando discretamente e muitos operadores estavam vendidos a cerca de 1,19 dólar. Devido às compras europeias e a outras causas, muito trigo foi retirado do mercado, de modo que finalmente começou o grande movimento. O preço ultrapassou a marca de 1,20 dólar. Essa era a marca em que eu estava de olho, e era tudo de que eu precisava. Eu sabia que, quando ultrapassasse 1,20, seria porque o movimento altista havia finalmente ganhado força para levá-lo acima do limite e algo teria de acontecer. Em outras palavras, ao cruzar 1,20, foi estabelecida a linha de menor resistência dos preços do trigo. Foi uma história diferente a partir desse ponto.

Lembro que, um dia, era feriado nos Estados Unidos e todos os nossos mercados estavam fechados. Bem, em Winnipeg, o *bushel*[55] de trigo abriu seis centavos mais alto. Quando nosso mercado abriu no dia seguinte, também subiu seis centavos o *bushel*. O preço simplesmente acompanhou a linha de menor resistência.

O que eu disse a vocês lhes dá a essência do meu sistema de negociação com base no estudo da fita. Eu apenas percebo como os preços provavelmente se comportarão. Verifico minhas transações por meio de testes adicionais para determinar o momento psicológico. Faço isso observando a forma como o preço age depois que eu começo.

É surpreendente a quantidade de operadores experientes que parecem incrédulos quando lhes digo que, quando compro ações na esperança de uma alta, gosto de pagar preços altos e, quando vendo, devo vender na baixa ou deixar de vender. Não seria tão difícil ganhar dinheiro se um corretor sempre se mantivesse fiel a seus princípios especulativos — isto é, esperasse que a linha de menor resistência se definisse e começasse a comprar apenas quando a fita indicasse uma alta ou a vender apenas quando indicasse uma baixa. Ele deve estabelecer sua posição durante a subida. Deixe-o comprar um quinto de sua posição completa. Se isso não lhe mostrar lucro, ele não deve aumentar suas compras porque obviamente começou errado; ele está errado temporariamente, e não há lucro em estar errado em nenhum momento. A mesma fita que disse ALTA não mentiu necessariamente apenas porque agora está dizendo que AINDA NÃO.

No algodão, tive muito sucesso em minhas negociações durante muito tempo. Eu tinha minha teoria sobre isso e vivi rigidamente de acordo com ela. Suponha que eu tivesse decidido que minha posição seria de 40 mil a 50 mil fardos. Bem, eu estudaria a fita, como já disse, esperando uma oportunidade de comprar ou vender. Suponha que a linha de menor resistência indique um movimento de alta. Bem, eu compraria 10 mil fardos. Depois de terminar essa compra, se o mercado subisse 10 pontos acima do meu preço de compra inicial, eu compraria mais 10 mil fardos. Mesma coisa. Então, se conseguisse um lucro de 20 pontos, ou um dólar por fardo, adquiriria mais 20 mil. Isso me daria minha posição — a base para minhas transações. Contudo, se, depois de comprar os primeiros 10 mil ou 20 mil fardos, eu tivesse uma perda, iria embora. Eu estaria errado. Pode ser que eu estivesse apenas temporariamente errado. Mas, como eu disse antes, não vale a pena começar errado em coisa alguma.

O que consegui ao insistir em meu sistema foi que sempre tive uma posição em cada movimento substancial do mercado de algodão. No decorrer da

55. Um *bushel* de trigo equivale a 25,4012 kg. (N.T.)

acumulação de toda a minha posição, posso acabar gastando 50 mil ou 60 mil dólares nessas minhas jogadas exploratórias. Parece um teste muito caro, mas não era. Depois que o movimento real começava, quanto tempo levaria para recuperar os 50 mil dólares que gastei para ter certeza de que começaria a operar pesado exatamente no momento certo? Tempo nenhum! Sempre vale a pena estar certo na hora certa.

Como acho que também disse antes, isso descreve o que posso chamar de meu sistema de fazer apostas. É simples aritmética provar que é uma coisa sábia apostar alto apenas quando você ganha; e, quando você perde, perder apenas uma pequena aposta exploratória, por assim dizer. Se uma pessoa operar da maneira que descrevi, sempre estará na posição lucrativa de poder tirar proveito de uma aposta grande.

Os operadores profissionais sempre tiveram um ou outro sistema baseado em sua experiência e orientado por sua atitude em relação à especulação ou por seus desejos. Lembro que conheci um idoso em Palm Beach cujo nome não entendi ou não identifiquei imediatamente. Eu sabia que ele trabalhara na Wall Street durante muitos anos, na época da Guerra da Secessão, e alguém me disse que ele era um velho muito sábio que passara por tantos surtos e pânicos que sempre dizia que não havia nada de novo sob o sol e muito menos no mercado de ações.

O velho me fez muitas perguntas. Quando terminei de contar a ele sobre minha prática usual de negociação, ele acenou com a cabeça e disse:

— Sim! Sim! Você está certo. A maneira como você se estrutura, a maneira como sua mente funciona, torna seu sistema um bom sistema para você. Praticar o que prega é fácil, porque o dinheiro que você aposta é a menor das suas preocupações. Lembro-me de Pat Hearne.[56] Já ouviu falar dele? Bem, ele era um esportista muito conhecido e tinha uma conta conosco. Homem inteligente e nervoso. Ganhava dinheiro com ações, e isso fazia com que as pessoas lhe pedissem conselhos. Ele nunca dava nenhum. Se lhe fosse perguntado à queima-roupa sua opinião sobre o bom senso dos compromissos de alguém, ele usava uma de suas máximas favoritas da pista de corrida: "Você não saberá até apostar". Ele operava em nosso escritório. Comprava cem exemplares de alguma ação ativa e quando, ou se, subisse 1%, comprava mais cem. Se subisse mais um ponto, mais cem ações; e assim por diante. Ele costumava dizer que não estava jogando para ganhar dinheiro para os outros e, portanto, colocava uma ordem automática de venda no caso de o preço descer um ponto abaixo do

56. Patrick L. "Pat" Hearne (falecido em 1859) foi um apostador, esportista e personagem do submundo. Foi a primeira pessoa a abrir cassinos na cidade de Nova York. (N.T.)

preço de sua última compra. Quando o preço continuava subindo, ele simplesmente aumentava esse preço de venda automática. No caso de uma correção de 1%, sua posição era liquidada. Ele declarou que não via sentido em perder mais de um ponto, fosse de sua margem original ou de seus lucros no papel.

— Sabe — ele disse —, um jogador profissional não procura apostas arriscadas, mas, sim, dinheiro certo. Claro que as apostas arriscadas são boas quando dão certo. No mercado de ações, Pat não estava atrás de dicas ou de jogar para conseguir subidas de vinte pontos em uma semana, mas, sim, de dinheiro em quantidade suficiente para lhe dar uma vida boa. De todos os milhares de forasteiros que encontrei na Wall Street, Pat Hearne foi o único que via na especulação com ações apenas um jogo de azar, como o carteado ou a roleta, mas, mesmo assim, teve o bom senso de se ater a um método de aposta relativamente sólido. Após a morte de Hearne, um de nossos clientes que sempre negociou com Pat e usava seu sistema ganhou mais de 100 mil dólares com a Lackawanna.[57] Em seguida, ele mudou para alguma outra ação e, como tinha ganhado uma bolada de dinheiro grande, pensou que não precisava seguir o sistema de Pat. Quando veio a correção, em vez de limitar suas perdas, ele as deixou correrem soltas — como se fossem lucros. Claro, todos os centavos desapareceram. Quando finalmente desistiu, ele nos devia vários milhares de dólares.

— Ele ficou por ali por dois ou três anos — ele continuou. — Manteve o entusiasmo pelo mercado por muito tempo após seu dinheiro ter acabado; mas não objetamos, desde que ele se comportasse. Lembro-me de que ele costumava admitir abertamente que tinha sido um idiota completo por não se ater ao estilo de jogo de Pat Hearne. Bem, um dia, ele me procurou muito animado e me pediu para deixá-lo vender algumas ações a descoberto em nosso escritório. Ele era um cara legal que tinha sido um bom cliente em sua época, e eu disse a ele que, pessoalmente, garantiria sua conta por cem ações. Ele vendeu a descoberto cem ações da Lake Shore.[58] Essa foi a época em que Bill Travers martelou o mercado, em 1875. Meu amigo Roberts vendeu as Lake Shore na hora certa e continuou a vendê-las durante a descida, como costumava fazer nos velhos tempos de sucesso, antes de abandonar o sistema de Pat Hearne e, em vez disso, ouvir os sussurros da esperança. Bem, senhor, após quatro dias de pirâmides bem-sucedidas, a conta de Roberts apresentava um lucro de 15 mil dólares. Observando que ele não havia colocado uma ordem de saída

57. A Delaware, Lackawanna and Western Railroad era uma ferrovia que se estendia desde Buffalo, no norte do estado de Nova York, a Hoboken, no estado de Nova Jersey. Em 1956, se fundiu com a Erie Railroad, que, posteriormente, se tornou parte do sistema Conrail. (N.T.)

58. A Lake Shore and Michigan Southern Railway foi uma ferrovia que operava no norte dos Estados Unidos e que foi absorvida pela New York Central Railroad em 1914. (N.T.)

automática da posição, conversei com ele sobre isso e ele me disse que a quebra mal começara e que ele não seria abalado por nenhum repique momentâneo. Isso foi em agosto. Antes de meados de setembro, ele precisou pegar emprestado dez dólares de mim para comprar um carrinho de bebê, o quarto dele. Ele não seguiu seu sistema comprovado. Esse é o problema da maioria deles! — E o velho acenou com a cabeça para mim.

Ele estava certo. Às vezes, acho que a especulação deve ser um tipo de negócio antinatural, porque acredito que o especulador típico luta contra a própria natureza. As fraquezas a que todas as pessoas estão propensas são fatais para o sucesso na especulação — geralmente aquelas mesmas fraquezas que as tornam simpáticas para seus pares ou das quais elas mesmas se protegem em seus outros empreendimentos, nos quais elas não são tão perigosas como quando se está negociando com ações ou *commodities*.

Os principais inimigos do especulador estão sempre minando-o por dentro. É próprio da natureza humana ter esperança e medo. Na especulação, quando o mercado se movimenta contra você, você espera que todo dia seja o último dia, e perde mais do que deveria se não tivesse dado ouvidos à esperança, essa mesma aliada que contribui tão poderosamente para o sucesso dos construtores de impérios e dos pioneiros, grandes e pequenos. E quando o mercado se movimenta a seu favor, você fica com medo de que o dia seguinte tirará seu lucro — e sai cedo demais. O medo o impede de ganhar tanto dinheiro quanto deveria. O operador de mercado bem-sucedido precisa lutar contra esses dois instintos arraigados. Ele precisa inverter o que você pode chamar de seus impulsos naturais. Em vez de ter esperança, ele deve temer; em vez de temer, ele deve ter esperança. Ele deve temer que sua perda se transforme em uma perda muito maior e torcer para que seu lucro se torne um lucro grande. É absolutamente errado apostar em ações da maneira que a pessoa típica faz.

Estou no jogo da especulação desde os 14 anos. É tudo o que sempre fiz. Acho que sei do que estou falando. E a conclusão a que cheguei depois de quase trinta anos de negociação constante, tanto com pouco dinheiro quanto com milhões de dólares em conta, é esta: uma pessoa pode vencer uma ação ou um grupo em um determinado momento, mas ninguém vivo pode vencer o mercado de ações! Uma pessoa pode ganhar dinheiro com negócios individuais em algodão ou grãos, mas ninguém pode vencer o mercado de algodão ou de grãos. É como as corridas de cavalo. Pode-se vencer uma corrida de cavalo, mas não todas as corridas.

Se eu soubesse como tornar essas declarações mais fortes ou mais enfáticas, certamente o faria. Não faz diferença que alguém diga o contrário. Sei que estou certo ao dizer que essas são afirmações incontestáveis.

CAPÍTULO 11

Vamos retornar a outubro de 1907. Comprei um iate e fiz todos os preparativos para deixar Nova York e fazer um cruzeiro pelos mares do sul. Sou louco por pesca, e pretendia pescar o quanto quisesse em meu próprio iate, indo para onde eu quisesse sempre que tivesse vontade. Tudo estava pronto. Eu tinha ganhado uma fortuna com ações, mas no último momento o milho me segurou.

Devo explicar que, antes do pânico financeiro que me rendeu meu primeiro milhão, andei negociando grãos em Chicago. Eu estava vendido em 10 milhões de *bushels* de trigo e 10 milhões de *bushels* de milho. Eu havia estudado os mercados de grãos por muito tempo e estava tão baixista com relação ao milho e ao trigo quanto com as ações.

Bem, os dois começaram a cair, mas, enquanto o trigo continuava caindo, o maior de todos os operadores de Chicago — vou chamá-lo de Stratton — decidiu fazer um *corner* no milho. Depois de ganhar uma bolada de dinheiro com as ações e estar pronto para rumar para o sul a bordo de meu iate, descobri que o trigo me dera um lucro considerável, mas, no milho, Stratton tinha feito o preço subir, e eu tive um prejuízo grande.

Eu sabia que havia muito mais milho no país do que o preço indicava. A lei da oferta e da procura estava funcionando como sempre. Mas a demanda vinha, sobretudo, de Stratton, e a oferta não vinha de lado nenhum, porque havia um congestionamento agudo na movimentação do milho. Lembro-me de que costumava rezar por uma temporada de frio que congelaria as estradas e as tornaria intransitáveis, e isso impossibilitaria que os fazendeiros transportassem seu milho até o mercado. Mas não tive essa sorte.

Lá estava eu esperando para começar minha pescaria planejada com tanta alegria e aquele prejuízo no milho me segurando. Eu não poderia partir com o mercado como estava. Claro que Stratton ficava de olho nas posições a descoberto. Ele sabia que me colocara em uma posição difícil, e eu estava tão consciente disso quanto ele. Mas, como disse, esperava poder convencer o clima de que ele deveria mudar e me ajudar. Percebendo que nem o clima nem qualquer outro fazedor de milagres amigável se preocupavam com as minhas necessidades, tentei encontrar uma maneira de vencer as dificuldades com meus próprios esforços.

Eu havia encerrado minha posição de trigo com um lucro substancial, mas o problema do milho era infinitamente mais preocupante. Se pudesse cobrir meus 10 milhões de *bushels* aos preços vigentes, eu o teria feito rápido e com satisfação, por maior que fosse o prejuízo. Porém, é claro, no momento em que eu começasse a comprar milho, Stratton começaria a agir como espremedor-chefe, e eu gostava tanto da ideia de aumentar o preço por causa de minhas próprias compras quanto de cortar minha própria garganta com uma faca.

Por mais alto que fosse o preço do milho, meu desejo de pescar era ainda maior, então cabia a mim encontrar uma saída imediatamente. Precisava conduzir uma retirada estratégica. Precisava recomprar os 10 milhões de *bushels* que havia vendido e, ao fazê-lo, limitar minhas perdas o máximo que pudesse.

Acontece que, naquela época, Stratton também estava manipulando a aveia e tinha o mercado daquele produto sob seu controle. Eu havia monitorado todos os mercados de grãos por meio de notícias de safras e fofocas de pregão, e ouvi dizer que os interesses poderosos da Armour[59] não eram amigáveis, do ponto de vista do mercado, a Stratton. É claro que eu sabia que Stratton não me deixaria ficar com o milho de que eu precisava, exceto ao seu próprio preço, mas no instante em que ouvi os rumores sobre a Armour ser contra Stratton, ocorreu-me que poderia pedir ajuda aos comerciantes de Chicago. A única maneira pela qual eles poderiam me ajudar seria me vendendo o milho que a Stratton não venderia. O resto seria fácil.

Primeiro, coloquei ordens de compra de 500 mil *bushels* de milho a cada oitavo de centavo que o mercado baixava. Depois que essas ordens foram colocadas, dei a cada uma de quatro casas uma ordem para vender simultaneamente 50 mil *bushels* de aveia no mercado. Isso, eu imaginei, deveria provocar uma queda rápida no preço da aveia. Sabendo como funcionavam as mentes dos operadores, era certo que pensariam instantaneamente que a Armour estava atacando Stratton. Ao ver a abertura do ataque no mercado de aveia, eles logicamente concluiriam que a próxima quebra seria do milho, e começariam a vendê-lo. Se aquele *corner* no milho fosse liquidado, os lucros seriam fabulosos.

Minha intuição sobre o comportamento dos operadores de Chicago estava absolutamente correta. Quando viram a aveia caindo por causa de vendas

59. A Armour and Company foi uma das cinco maiores processadoras de carne dos Estados Unidos. Foi adquirida pela Greyhound Corporation em 1970. (N.T.)

pulverizadas, prontamente pularam no milho e o venderam com grande entusiasmo. Eu consegui comprar 6 milhões de *bushels* de milho nos dez minutos seguintes. No momento em que descobri que as vendas de milho haviam cessado, simplesmente comprei os outros 4 milhões de *bushels* ao preço de mercado. É claro que isso fez o preço subir novamente, mas o resultado líquido de minha manobra foi que cobri toda a posição de 10 milhões de *bushels* a meio centavo do preço vigente no momento em que comecei a cobrir as vendas dos operadores. Os 200 mil *bushels* de aveia que vendi a descoberto para iniciar a venda de milho pelos operadores foram cobertos com uma perda de apenas 3 mil dólares. Aquela foi uma isca de baixista bem barata. Os lucros que tive com o trigo compensaram uma parcela tão grande do meu prejuízo no milho que meu prejuízo total em todas as minhas transações de grãos naquela época foi de apenas 25 mil dólares. Depois disso, o milho subiu 25 centavos por *bushel*. Stratton, sem dúvida, me tinha à sua mercê. Se eu tivesse começado a comprar meus 10 milhões de *bushels* de milho sem me preocupar com o preço, nem imagino o que acabaria tendo que pagar.

Não se pode passar anos fazendo uma coisa sem que isso vire um hábito, o que é completamente diferente do que acontece com um iniciante típico. Essa diferença separa o profissional do amador. É a maneira como a pessoa enxerga as coisas que faz com que ela ganhe ou perca dinheiro nos mercados especulativos. O público tem um ponto de vista superficial em relação aos seus próprios esforços. O ego se intromete indevidamente e, portanto, o pensamento não é profundo nem exaustivo. O profissional se preocupa em fazer a coisa certa e não em ganhar dinheiro, sabendo que o lucro acaba aparecendo se ele tomar conta das outras coisas. Um operador de bolsa joga o jogo da mesma maneira que um jogador profissional de bilhar — isto é, ele olha muito para a frente em vez de considerar a tacada específica diante de si. Jogar por posição se torna um instinto.

Lembro-me de ouvir uma história sobre Addison Cammack[60] que ilustra muito bem o que desejo enfatizar. Por tudo que ouvi, estou inclinado a pensar que Cammack foi um dos operadores de bolsa mais hábeis que Wall Street já viu. Ele não era um baixista crônico como muitos acreditam, mas gostava mais de negociar do lado da baixa, de utilizar a seu favor estes dois grandes sentimentos humanos: a esperança e o medo. Atribui-se a ele ter cunhado o alerta "Não venda ações quando a seiva estiver subindo pelas árvores!"; e os veteranos me dizem que seus maiores ganhos foram obtidos no lado altista, de

60. Addison Cammack (1827-1901) foi operador de bolsa e especulador, especializado em algodão. Também foi dono de haras. (N.T.)

modo que está claro que ele não jogava com preconceitos, mas com condições. Em todo caso, ele era um operador perfeito. Parece que um dia — isso foi bem no final de um mercado altista — Cammack estava pessimista, e J. Arthur Joseph,[61] o editor financeiro e contador de histórias, sabia disso. O mercado, no entanto, não só estava firme como também subia, em resposta aos estímulos das manchetes altistas e das notícias otimistas dos jornais. Consciente do uso que um operador como Cammack poderia fazer de informações baixistas, Joseph correu para o escritório de Cammack com boas-novas.

— Senhor Cammack, tenho um grande amigo que é um funcionário encarregado das transferências no escritório da St. Paul, e ele acabou de me informar algo que acho que você deveria saber.

— O que é? — perguntou Cammack com indiferença.

— Você mudou, não é? Você está baixista agora? — perguntou Joseph, para ter certeza.

Se Cammack não estivesse interessado, não desperdiçaria munição preciosa.

— Sim. Quais são as informações maravilhosas?

— Fui ao escritório da St. Paul[62] hoje, como costumo fazer em meus giros para coletar notícias duas ou três vezes por semana, e meu amigo me disse: “O Velho está vendendo ações!”. Ele se referia a William Rockefeller.[63] “Ele está mesmo fazendo isso, Jimmy?”, perguntei a ele, e ele respondeu: “Sim; está vendendo 1.500 ações a cada três oitavos de aumento nos preços. Estou transferindo as ações há dois ou três dias.”. Não perdi tempo, vim logo contar a você.

Cammack não se entusiasmava facilmente e, além disso, estava tão acostumado a ter todo tipo de gente entrando às pressas em seu escritório com todo tipo de notícia, fofoca, boato, dica e mentira, que passara a desconfiar de todos eles. Ele disse simplesmente:

— Tem certeza de que ouviu direito, Joseph?

— Se tenho certeza? Claro que tenho certeza! Você acha que sou surdo? — disse Joseph.

— Você confia nesse cara?

— Claro que sim! — exclamou Joseph. — Eu o conheço há anos. Ele nunca mentiu para mim. Ele não faria isso! Não há nenhuma razão para fazer isso! Tenho certeza de que ele é absolutamente confiável e apostaria minha vida no

61. J. Arthur Joseph (1861-1945) foi escritor e editor financeiro do periódico *Town Topics*. (N.T.)

62. A Chicago, Milwaukee, St. Paul and Pacific Railroad foi uma ferrovia que operou no Meio-Oeste e no Nordeste dos Estados Unidos entre 1847 e 1986. (N.T.)

63. William Avery Rockefeller Jr. (1841-1922) era empresário e financista. Foi um dos fundadores da Standard Oil, sócio-proprietário da Anaconda Copper Company, e ajudou a estabelecer o National City Bank of New York (hoje Citibank) como um dos principais bancos dos Estados Unidos. (N.T.)

que ele me diz. Eu o conheço tão bem quanto conheço qualquer pessoa neste mundo... muito melhor do que você parece me conhecer, depois de todos esses anos.

— Você confia nele, não confia? — Cammack olhou novamente para Joseph. Em seguida, ele disse: — Bem, você deve saber.

Cammack ligou para seu corretor, W. B. Wheeler. Joseph esperava ouvi-lo dar uma ordem para vender, pelo menos, 50 mil ações da St. Paul. William Rockefeller estava se desfazendo de suas participações na St. Paul, aproveitando a estabilidade do mercado. Se eram ações de investimento ou participações especulativas, isso era irrelevante. O único fato importante era que o melhor operador de ações da turma da Standard Oil[64] estava se desfazendo da St. Paul. O que uma pessoa comum teria feito se tivesse recebido as notícias de uma fonte confiável? Nem é preciso perguntar.

Mas Cammack, o operador baixista mais hábil de sua época, que estava pessimista com relação ao mercado naquele momento, disse a seu corretor:

— Billy, vá até o quadro e compre 1.500 St. Paul a cada três oitavos de alta.

A ação estava então na casa dos 90 dólares.

— Você não quis dizer "venda!"? — interrompeu Joseph apressadamente. Ele não era um novato em Wall Street, mas pensava no mercado do ponto de vista de um jornalista e, aliás, do público em geral.

O preço certamente deveria cair com as notícias de vendas por *insiders*. E não havia melhor venda de um *insider* do que a do senhor William Rockefeller. A Standard Oil vendendo e Cammack comprando! Não podia ser!

— Não — disse Cammack. — Quis dizer "compre!".

— Você não acredita em mim?

— Acredito!

— Você não acredita na minha informação?

— Acredito.

— Você não está baixista?

— Estou.

— E aí?

— É por isso que estou comprando. Escute: mantenha contato com aquele seu amigo confiável e, no momento em que as vendas escalonadas pararem, me avise. Imediatamente! Você entendeu?

---

64. A Standard Oil Company foi produtora, transportadora, refinadora e comercializadora de petróleo. Fundada em 1870 por John D. Rockefeller e Henry Flagler, foi declarada um monopólio ilegal pela Suprema Corte dos Estados Unidos em 1911. Seus sucessores incluem ExxonMobil, Marathon Petroleum, Amoco e Chevron. (N.T.)

— Sim — disse Joseph, e partiu sem ter certeza de que havia conseguido compreender os motivos de Cammack para comprar as ações de William Rockefeller. Sabia-se que Cammack estava pessimista com relação ao mercado como um todo, o que tornava sua manobra muito difícil de explicar. No entanto, Joseph encontrou com seu amigo, o funcionário de transferência, e disse-lhe que gostaria de ser avisado quando o Velho parasse de vender. Regularmente, duas vezes por dia, Joseph visitava seu amigo para saber das novidades.

Um dia, o funcionário de transferência disse a ele:

— Não há mais ações vindas do Velho.

Joseph agradeceu e correu para o escritório de Cammack com as informações.

Cammack ouviu com atenção, virou-se para Wheeler e perguntou:

— Billy, quantas St. Paul nós temos no escritório?

Wheeler conferiu os registros e disse que haviam acumulado cerca de 60 mil ações.

Cammack, acreditando numa queda, vinha vendendo ações de outras ferrovias do Meio-Oeste, bem como várias outras ações, mesmo antes de começar a comprar a St. Paul. Ele agora estava fortemente vendido no mercado. Então, ele ordenou, de imediato, que Wheeler vendesse as 60 mil ações da St. Paul que haviam comprado e mais algumas. Ele usou sua posição comprada na St. Paul como uma alavanca para deprimir o mercado como um todo e beneficiar muito suas posições vendidas.

A St. Paul não parou de descer até chegar a 44 dólares, e Cammack ganhou uma bolada de dinheiro com aquilo. Ele jogou suas cartas com destreza e obteve um lucro correspondente. O que pretendo destacar é sua atitude habitual em relação às operações no mercado acionário. Ele não teve que refletir. Viu imediatamente o que era muito mais importante para ele do que o lucro com aquela única ação. Viu que, providencialmente, havia recebido uma oportunidade de começar suas operações de vendas pesadas não apenas no momento adequado, mas com um empurrão inicial adequado. A dica da St. Paul o fez comprar em vez de vender porque ele viu imediatamente que isso lhe dava um vasto suprimento da melhor munição possível para sua campanha baixista.

Volto agora a minha própria história. Depois de fechar minha posição de trigo e milho, rumei para o sul em meu iate. Naveguei pelas águas da Flórida me divertindo muito. A pescaria foi ótima. Tudo foi maravilhoso. Eu não tinha nenhuma preocupação no mundo e não estava procurando nenhuma.

Um dia, desembarquei em Palm Beach. Encontrei muitos amigos de Wall Street, além de outros. Todos falavam do especulador de algodão mais pitoresco da época. Um relatório de Nova York dizia que Percy Thomas[65] havia perdido tudo, cada centavo. Não foi uma falência comercial; apenas o boato do segundo Waterloo do operador mundialmente famoso no mercado de algodão.

Sempre tive uma grande admiração por ele. A primeira vez que ouvi falar dele foi nos jornais, na época da falência da corretora da bolsa de valores Sheldon & Thomas, quando Thomas tentara monopolizar o algodão. Sheldon, que não tinha a visão nem a coragem de seu sócio, sentiu medo quando estava à beira do sucesso. Pelo menos era o que diziam na época em Wall Street. Em todo caso, em vez de ganhar uma bolada de dinheiro, eles foram responsáveis por um dos fracassos mais sensacionais dos últimos anos. Esqueci quantos milhões foram. A empresa foi liquidada e Thomas começou a trabalhar sozinho. Ele se dedicou exclusivamente ao algodão e não demorou muito para ficar de pé novamente. Pagou seus credores integralmente com juros — dívidas que ele não era legalmente obrigado a quitar — e, além disso, ficou com 1 milhão de dólares sobrando para si mesmo. Seu retorno ao mercado de algodão foi tão notável quanto a famosa façanha no mercado de ações do diácono S. V. White ao pagar 1 milhão de dólares em um ano. A coragem e o cérebro de Thomas me fizeram admirá-lo imensamente.

Em Palm Beach, todo mundo falava sobre o colapso da transação de Thomas no contrato de algodão para março. Aí a conversa anda — e cresce; e aumenta a quantidade de informação distorcida e exagerada que se ouve. Ora, vi um boato a meu respeito crescer tanto que o sujeito que o iniciou não o reconheceu quando o boato voltou a ele, em menos de 24 horas, pois estava repleto de detalhes novos e pitorescos.

A notícia da última desventura de Percy Thomas desviou meu foco da pesca para o mercado de algodão. Li os artigos das publicações comerciais e os analisei para entender as condições. Quando voltei para Nova York, desisti de estudar o mercado. Todo mundo estava baixista e vendendo o contrato de algodão de julho. Assim que as pessoas são. Suponho que seja o contágio do exemplo que leva alguém a fazer algo porque todos ao seu redor estão fazendo a mesma coisa. Talvez seja alguma fase ou variedade do instinto de rebanho. Em todo caso, na opinião de centenas de operadores, era sensato e correto vender algodão para julho — e muito seguro também! Você não poderia chamar essa venda generalizada de imprudente; a palavra é conservadora demais. Os operadores simplesmente viam apenas um lado do mercado e um grande lucro. Certamente, esperavam um colapso nos preços.

---

65. Percy Thomas foi um especulador conhecido na Wall Street pela alcunha de "Rei do Algodão". (N.T.)

Vi tudo isso, é claro, e me dei conta de que os sujeitos que estavam vendidos a descoberto não dispunham de muito tempo para se cobrir. Quanto mais eu estudava a situação, mais claramente a enxergava, até que finalmente decidi comprar o algodão de julho. Arregacei as mangas e rapidamente comprei 100 mil fardos. Não tive problemas em obtê-los porque vieram de muitos vendedores. Pareceu-me que poderia ter oferecido uma recompensa de 1 milhão de dólares pela captura, vivo ou morto, de um único operador que não estivesse vendendo algodão para julho e ninguém teria aparecido para recebê-la.

Isso aconteceu na segunda quinzena de maio. Continuei comprando mais e eles continuaram vendendo para mim até que peguei todos os contratos disponíveis e fiquei com 120 mil fardos. Alguns dias depois de eu ter comprado o último, o algodão começou a subir. Após começar, o mercado teve a gentileza de continuar subindo muito — ou seja, subiu de 40 a 50 pontos ao dia.

Em um sábado — isso foi cerca de dez dias depois que comecei as operações — o preço começou a subir. Não sabia se havia mais algodão para julho à venda. Dependia de mim descobrir, então esperei até os últimos dez minutos. Àquela altura, eu sabia, era comum que esses sujeitos estivessem vendidos e, se o mercado fechasse em alta no dia, eles estariam em uma posição delicada. Então, enviei quatro ordens diferentes para comprar 5 mil fardos cada, ao preço de mercado, ao mesmo tempo. Isso elevou o preço 30 pontos e os vendidos tentaram fugir de todas as maneiras. O mercado fechou no preço mais alto do dia. Tudo o que fiz, lembre-se, foi comprar os últimos 20 mil fardos.

O dia seguinte era domingo. Mas, na segunda-feira, Liverpool[66] deveria abrir com uma alta de 20 pontos para igualar a subida de Nova York. Em vez disso, abriu 50 pontos mais alto. Isso significava que Liverpool havia superado nossa subida em 100%. Não tive nada a ver com a alta naquele mercado. Isso me mostrou que minhas deduções eram sólidas e que eu estava negociando ao longo da linha de menor resistência. Ao mesmo tempo, eu não perdi de vista o fato de que tinha uma enorme posição para cobrir. Um mercado pode avançar acentuadamente ou subir gradualmente e, ainda assim, não ter o poder para absorver mais do que um certo volume de vendas.

É claro que os telegramas de Liverpool enlouqueceram nosso próprio mercado. Mas notei que, quanto mais alto chegava, mais escasso os contratos de algodão para julho pareciam ser. Eu não estava vendendo nenhum dos meus. No geral, aquela segunda-feira foi um dia emocionante e não muito feliz para os baixistas; mas, apesar de tudo, não pude detectar nenhum sinal da iminência

66. O porto britânico de Liverpool foi sede da maior bolsa de algodão do mundo no final do século XIX e começo do século XX. (N.T.)

de um pânico baixista; nenhum começo de uma debandada cega para cobrir. E eu tinha 140 mil fardos para os quais precisava encontrar compradores.

Na terça-feira de manhã, enquanto caminhava para o meu escritório, encontrei um amigo na entrada do prédio.

— Essa foi uma notícia e tanto no *World*[67] esta manhã — disse ele com um sorriso.

— Que notícia? — perguntei.

— O quê? Não me diga que não viu?

— Eu nunca leio o *World* — respondi. — Qual é a notícia?

— Ora, diz respeito a você. Diz que você fez um *corner* no algodão de julho.

— Eu não vi isso — eu disse a ele e fui embora.

Não sei se ele acreditou em mim ou não. Provavelmente, pensou que era uma grande falta de consideração da minha parte não dizer a ele se aquilo era verdade ou não.

Quando cheguei ao escritório, pedi que me trouxessem um exemplar do jornal. E lá estava a notícia, na primeira página, em grande manchete:

CORNER DE LARRY LIVINGSTON NO ALGODÃO DE JULHO

É claro que eu soube imediatamente que o artigo faria um estrago no mercado. Se eu tivesse estudado deliberadamente os meios e modos de me livrar de meus 140 mil fardos da melhor maneira possível, não poderia ter encontrado um plano melhor. Não teria sido possível encontrar um. Aquele artigo, naquele exato momento, estava sendo lido em todo o país, no *World* ou em outros jornais que o citavam. Ele havia sido telegrafado para a Europa. Isso estava evidente nos preços de Liverpool. Aquele mercado simplesmente enlouquecera, o que não era de admirar graças a essas notícias.

Claro que eu sabia o que aconteceria em Nova York e o que eu deveria fazer. O mercado aqui abriu às dez horas. Dez minutos depois das dez, eu não tinha mais nenhum contrato de algodão. Eu os deixei ficar com cada um dos meus 140 mil fardos. Para a maior parte da minha posição, recebi o que provaram ser os preços mais altos do dia. Os operadores fizeram o mercado para mim. Tudo o que eu realmente fiz foi ver uma oportunidade enviada pelos céus para me livrar do meu algodão. Eu agarrei-a porque não pude evitar. O que mais poderia fazer?

O problema que eu sabia que exigiria muita reflexão para ser resolvido foi, portanto, resolvido a meu favor por um golpe de sorte. Se o *World* não tivesse

67. O *New York World* era um jornal diário publicado em Nova York entre 1860 e 1931. (N.T.)

publicado aquele artigo, eu nunca teria sido capaz de me desfazer de minha posição sem sacrificar a maior parte de meus lucros no papel. Vender 140 mil fardos de algodão para julho sem fazer baixar o preço era um truque que estava além da minha capacidade. Mas a notícia do *World* acabou me favorecendo.

Por que o *World* a publicou, eu não sei dizer. Nunca soube. Suponho que quem escreveu a matéria tenha recebido um aviso de algum amigo do mercado de algodão e pensado que estava publicando um furo jornalístico. Não o conhecia e nem conhecia ninguém do *World*. Só soube disso naquela manhã, depois das nove; e se meu amigo não tivesse chamado minha atenção para aquilo, eu nunca teria descoberto naquele momento.

Sem aquela notícia, eu não teria acesso a um mercado grande o suficiente para descarregar minha posição. Esse é um dos problemas de negociar em grande escala. Não é possível sair de uma posição como acontece quando se é um peixinho. Você nem sempre pode vender quando deseja ou acha que é sábio. Você tem que sair quando puder; quando tiver um mercado capaz de absorver toda a sua posição. Deixar de agarrar a oportunidade de sair pode custar-lhe milhões. Você não pode hesitar. Se o fizer, estará perdido. Também não pode tentar artifícios, como aumentar o preço para cima dos baixistas por meio de compras competitivas, pois, ao fazê-lo, você pode reduzir a capacidade de absorção. E quero lhe dizer que perceber sua oportunidade não é tão fácil quanto parece. Uma pessoa deve estar sempre alerta para perceber quando uma chance surge e agarrá-la.

É claro que nem todo mundo soube da sorte que tive. Em Wall Street e, aliás, em qualquer outro lugar, qualquer acaso que rende muito dinheiro para alguém é visto com suspeita. Quando o acaso não é lucrativo, nunca é considerado um acaso, mas o resultado lógico de sua avareza ou de sua arrogância. Mas, quando há lucro, eles chamam de roubo e dizem que a falta de escrúpulos prevaleceu e que o conservadorismo e a decência foram totalmente esquecidos.

Não foram apenas os vendidos raivosos que sofreram com a punição provocada por sua própria imprudência que me acusaram de ter planejado o golpe deliberadamente. Outras pessoas pensaram a mesma coisa.

Um dos maiores homens do algodão em todo o mundo me encontrou um ou dois dias depois e disse:

— Esse foi certamente o negócio mais astuto que você já fez, Livingston. Fiquei pensando em quanto você perderia na hora de liquidar sua posição. Você sabia que esse mercado não era grande o suficiente para receber mais de 50 mil ou 60 mil fardos sem despencar, e a forma como você se livraria do resto sem perder todos os seus lucros no papel estava começando a atrair meu interesse. Não pensei no seu esquema. Ele foi muito astuto.

— Não tive nada a ver com isso — assegurei-lhe o mais sinceramente que pude.

Mas tudo o que ele fez foi repetir:

— Deveras astuto, meu garoto. Deveras astuto! Não seja tão modesto!

Foi depois dessa transação que alguns jornais se referiram a mim como o Rei do Algodão. Porém, como já disse, eu realmente não tinha direito a essa coroa. Não é preciso dizer que não há dinheiro suficiente nos Estados Unidos para comprar as colunas do *New York World* ou influência pessoal suficiente para conseguir a publicação de uma notícia como aquela. Isso me deu uma reputação totalmente imerecida naquela época.

Mas não contei essa história para dar lição de moral sobre as coroas que, às vezes, são colocadas, injustamente, sobre as cabeças dos operadores ou para enfatizar a necessidade de aproveitar a oportunidade, não importa quando ou como ela venha. Meu objetivo era apenas explicar a grande notoriedade que recebi, nos jornais, como resultado de minhas transações com o algodão de julho. Se não fosse pelos jornais, eu nunca teria conhecido aquele homem notável, Percy Thomas.

CAPÍTULO 12

Pouco depois de encerrar minha posição no contrato de algodão de julho com mais sucesso do que esperava, recebi pelo correio um pedido de entrevista. A carta foi assinada por Percy Thomas. É claro que respondi imediatamente que ficaria feliz em vê-lo em meu escritório a qualquer hora que ele quisesse. No dia seguinte, ele veio.

Eu o admirava havia muito tempo. Seu nome era muito conhecido em qualquer lugar onde houvesse interesse em cultivar, comprar ou vender algodão. Na Europa, assim como em toda a América, as pessoas citavam as opiniões de Percy Thomas para mim. Lembro-me de uma vez, em um *resort* suíço, em que eu conversei com um banqueiro do Cairo que estava interessado no cultivo de algodão no Egito em associação com o falecido sir Ernest Cassel.[68] Quando soube que eu era de Nova York, imediatamente me perguntou sobre Percy Thomas, cujos relatórios de mercado ele recebia e lia com infalível regularidade.

Thomas, sempre acreditei, abordava seus negócios de maneira científica. Ele era um autêntico especulador, um pensador com a visão de um sonhador e a coragem de um lutador — um homem extraordinariamente bem informado, que conhecia a teoria e a prática do comércio de algodão. Ele gostava de ouvir e expressar ideias, teorias e abstrações e, ao mesmo tempo, havia muito pouco, em seu discurso, sobre o lado prático do mercado de algodão ou sobre a mentalidade dos operadores de algodão que ele não conhecesse, pois havia negociado por anos e tinha ganhado e perdido fortunas.

Após o fracasso de sua antiga corretora da Bolsa de Valores, a Sheldon & Thomas, ele seguiu sozinho. Em dois anos se recuperou de forma quase

68. Ernest Cassel (1852-1921) foi banqueiro e capitalista britânico, com interesse especial nos ramos da mineração, infraestrutura e indústria pesada. (N.T.)

espetacular. Lembro-me de ter lido no *The Sun*[69] que a primeira coisa que ele fez após a recuperação financeira foi pagar seus antigos credores na íntegra, e a seguinte foi contratar um especialista para estudar e determinar para ele a melhor forma de investir 1 milhão de dólares. Esse especialista examinou as propriedades e analisou os relatórios de várias empresas e, em seguida, recomendou a compra de ações da Delaware & Hudson.[70]

Bem, depois de ter perdido milhões e ter voltado com mais milhões, Thomas quebrou por causa de suas transações com o contrato de algodão de março. Pouco tempo depois, ele veio me visitar. Propôs que formássemos uma parceria de trabalho. Ele passaria qualquer informação que obtivesse para mim antes de repassá-la ao público. Minha parte seria fazer a negociação propriamente dita, para a qual ele disse que eu tinha uma habilidade especial, e ele não.

Aquilo não me atraiu por uma série de razões. Eu disse a ele com franqueza que não achava que poderia trabalhar em dupla e que não estava muito interessado em tentar aprender. Mas ele insistiu que seria uma combinação ideal até que eu disse categoricamente que não pretendia induzir outras pessoas a negociar.

— Se eu me enganar — eu disse —, só eu sofrerei e pagarei a conta na hora. Não existem pagamentos prolongados ou aborrecimentos inesperados. Eu jogo sozinho por escolha e também porque é a maneira mais sábia e barata de negociar. Meu prazer é confrontar minha inteligência com a de outros operadores... pessoas que nunca vi e com quem nunca conversei e a quem nunca aconselhei comprar ou vender e nunca espero encontrar ou conhecer. Quando ganho dinheiro, faço isso seguindo minhas opiniões. Eu não as vendo ou as capitalizo. Se ganhasse dinheiro de qualquer outra forma, acharia que não havia merecido. Sua proposta não me interessa porque estou interessado em jogar apenas da maneira que jogo por minha conta e do meu jeito.

Ele disse que lamentava que eu me sentisse assim e tentou me convencer de que eu estava errado ao rejeitar seu plano. Mas eu me mantive firme. O resto foi uma conversa agradável. Disse-lhe que sabia que ele "daria a volta por cima" e que consideraria um privilégio se ele me permitisse ajudá-lo financeiramente. Mas ele disse que não podia aceitar nenhum empréstimo meu. Então

---

69. *The Sun* era um jornal diário publicado em Nova York entre 1833 e 1950. (N.T.)

70. A Delaware and Hudson Railway era uma ferrovia que operava no nordeste dos Estados Unidos. Suas origens remontam a 1823. Em 1991, foi adquirida pela Canadian Pacific por meio de sua subsidiária Soo Line Corporation. (N.T.)

me perguntou sobre meu negócio com o contrato de julho e eu lhe contei tudo; como eu tinha investido, quanto algodão comprei, o preço e outros detalhes. Conversamos um pouco mais e ele foi embora.

Quando disse, há algum tempo, que um especulador tem uma multidão de inimigos e que muitos dos quais logram miná-lo por dentro, eu tinha em mente meus numerosos erros. Aprendi que uma pessoa pode ter uma mente original e um hábito vitalício de pensamento independente e, ainda assim, ser vulnerável a ataques de uma personalidade persuasiva. Sou bastante imune às doenças especulativas mais comuns, como ganância, medo e esperança. Contudo, por ser um homem comum, descobri que tenho grande facilidade para errar.

Eu deveria ter estado alerta nesse momento específico, porque não muito antes disso eu tive uma experiência que provara o quanto é fácil para alguém ser convencido a fazer algo contra seu melhor juízo e até contra sua vontade. Aconteceu no escritório da Harding. Eu tinha uma espécie de escritório particular — uma sala que eles me deixavam ocupar sozinho — e ninguém deveria entrar lá sem meu consentimento durante o horário do mercado. Não queria ser incomodado e, como estava negociando em uma escala muito grande e minha conta era bastante lucrativa, eu era muito bem protegido.

Um dia, logo após o fechamento do mercado, ouvi alguém dizer:

— Boa tarde, senhor Livingston.

Virei-me e vi um completo estranho — um sujeito de cerca de 30 ou 35 anos. Eu não conseguia entender como ele havia entrado, mas lá estava ele. Concluí que ele havia sido autorizado a entrar por causa de seus negócios comigo. Mas eu não disse nada. Apenas olhei para ele e logo ele disse:

— Eu vim falar com você sobre aquele Walter Scott[71] — e ele disparou a falar.

Ele era um vendedor de livros. Veja bem, ele não tinha maneiras muito agradáveis e nem habilidade para falar. Sua aparência também não era muito atraente. Mas certamente tinha personalidade. Ele falou, e eu achei que ouvi. Mas não sei o que ele disse. Acho que nunca soube, nem mesmo na época. Quando terminou seu monólogo, ele me entregou primeiro uma caneta-tinteiro e depois um formulário em branco, que eu assinei. Era um contrato para comprar um conjunto das obras de Scott por quinhentos dólares.

No momento em que assinei, me dei conta do que tinha acontecido. Mas ele tinha o contrato seguro em seu bolso. Eu não queria os livros. Não tinha lugar

---

71. *Sir* Walter Scott (1771-1832) foi um renomado autor de romances históricos, poeta, dramaturgo e historiador escocês. (N.T.)

para eles. Não seriam de nenhuma utilidade para mim. Eu não tinha ninguém a quem dá-los. Mesmo assim, concordei em comprá-los por quinhentos dólares.

Estou tão acostumado a perder dinheiro que nunca penso nessa fase inicial dos meus erros. A motivação é sempre a própria jogada. Em primeiro lugar, desejo conhecer minhas próprias limitações e meu jeito de pensar. Outra razão é que não desejo cometer o mesmo erro de novo. Um homem só pode desculpar-se por seus erros ao capitalizá-los a seu favor no futuro.

Bem, tendo cometido um erro de quinhentos dólares, mas ainda não tendo localizado o problema, eu apenas olhei para o sujeito a fim de avaliá-lo, como um primeiro passo. Não é que ele sorriu para mim? Um sorrisinho compreensivo! Ele parecia ler meus pensamentos. De alguma forma, eu sabia que não precisava explicar nada a ele; ele já sabia sem que eu lhe tivesse dito. Então, pulei as explicações e as preliminares e perguntei:

— Qual é o valor da comissão que você receberá por esse pedido de quinhentos dólares?

Ele balançou a cabeça imediatamente e disse:

— Não posso fazer isso! Desculpe-me!

— Quanto você ganha? — eu insisti.

— Um terço. Mas eu não posso fazer isso! — ele disse.

— Um terço de quinhentos dólares é 166 dólares e 66 centavos. Vou dar duzentos dólares em dinheiro a você se me devolver o contrato assinado.

E para provar isso saquei o dinheiro do bolso.

— Eu já falei que não posso — disse ele.

— Todos os seus clientes fazem essa mesma oferta para você? — perguntei.

— Não — respondeu ele.

— Então por que você tinha tanta certeza de que eu conseguiria fazer?

— É o que o seu tipo de jogador faria. Você é um perdedor de primeira classe, e isso o torna um homem de negócios de primeira classe. Estou muito grato a você, mas não posso fazer isso.

— Agora me diga por que você não deseja ganhar mais do que sua comissão?

— Não é exatamente isso — disse ele. — Não estou trabalhando apenas pela comissão.

— Para que você está trabalhando, então?

— Pela comissão e pelo recorde — respondeu ele.

— Que recorde?

— O meu.

— O que você está insinuando?

— Você trabalha só por dinheiro? — ele me perguntou.

— Sim — respondi.

— Não. — E ele acenou negativamente com a cabeça. — Não, não é assim que você funciona. Você não se divertiria o suficiente com isso. Você certamente não trabalha apenas para adicionar mais alguns dólares à sua conta bancária e não está em Wall Street porque gosta de dinheiro fácil. Você se diverte de outra maneira. Bem, eu também.

Eu não o contradisse, mas perguntei:

— E como você se diverte?

— Bem, todos nós temos um ponto fraco — ele confessou.

— E qual é o seu?

— Vaidade — ele respondeu.

— Olha, você conseguiu minha assinatura — eu disse a ele. — Agora, quero desfazer o negócio e estou pagando a você duzentos dólares por dez minutos de trabalho. Isso não é suficiente para o seu orgulho?

— Não — respondeu ele. — Veja, todo o resto do grupo vem trabalhando na Wall Street há meses e não conseguiu recuperar o dinheiro gasto com as despesas. Alegaram que a culpa era das mercadorias e do território. Então, o escritório me chamou para provar que a culpa era dos vendedores e não dos livros ou do local. Eles estavam trabalhando com uma comissão de 25%. Eu estava em Cleveland, onde vendi 82 coleções em duas semanas. Estou aqui para vender um certo número de coleções não apenas para pessoas que não compraram de outros vendedores, mas para pessoas que eles nem conseguiram ver. É por isso que eles me dão 33%.

— Não consigo entender como você me vendeu aquela coleção.

— Ora, eu vendi uma coleção para o J.P. Morgan — ele disse em tom de consolo.

— Não! Você não conseguiu fazer isso... — eu disse.

Ele não ficou zangado. Ele simplesmente falou:

— Verdade, eu consegui!

— Uma coleção de Walter Scott para J.P. Morgan, que não só tem algumas edições excelentes, mas provavelmente os manuscritos originais de alguns dos romances também?

— Bem, aqui está a assinatura dele. — E ele prontamente me mostrou um contrato assinado pelo próprio J.P. Morgan.

Talvez não fosse a assinatura do senhor Morgan, mas não me ocorreu duvidar disso na época. Ele não estava com a minha assinatura em seu bolso? Tudo o que senti foi curiosidade. Então, perguntei:

— Como você passou pelo recepcionista?

— Eu não vi nenhum recepcionista. Eu vi o próprio Velho. Em seu escritório.

— Isso é demais! — eu disse.

Todo mundo sabia que era muito mais difícil entrar no escritório particular do senhor Morgan de mãos vazias do que na Casa Branca com um pacote que fizesse tique-taque, como um despertador.

Contudo, ele declarou:

— Consegui.

— Mas como você entrou no escritório dele?

— Como é que entrei no seu? — ele retrucou.

— Não sei. Você me conta — eu disse.

— Bem, a forma como entrei no escritório de Morgan e a forma como entrei no seu são iguais. Apenas falei com o sujeito na porta cujo negócio era não me deixar entrar. E a estratégia que usei para convencer Morgan a assinar foi a mesma que usei com você. Você não estava assinando uma coleção para um conjunto de livros. Você simplesmente pegou a caneta-tinteiro que lhe dei e fez o que pedi para fazer com ela. Nenhuma diferença. Igual ao que aconteceu com você.

— E essa é realmente a assinatura de Morgan? — eu perguntei a ele, cerca de três minutos depois, ainda cético.

— É mesmo! Ele aprendeu a escrever o nome dele quando era menino.

— E isso é tudo?

— Isso é tudo — respondeu ele. — Eu sei exatamente o que estou fazendo. Esse é todo o segredo que existe. Estou muito agradecido a você. Bom dia, senhor Livingston.

Ele se virou e já estava saindo quando eu disse:

— Espere aí! Faço questão que você ganhe 200 dólares de mim. — E entreguei a ele 35 dólares.

Ele acenou com a cabeça, negando, e disse:

— Não! Eu não posso aceitar. Mas posso fazer isto! — Ele tirou o contrato do bolso, rasgou-o em dois pedaços e me devolveu rasgado.

Contei duzentos dólares e segurei o dinheiro diante dele, mas ele fez que não com a cabeça novamente.

— Não foi isso que você quis fazer? — perguntei.

— Não.

— Então, por que você rasgou o contrato?

— Porque você não reclamou, mas fez o mesmo que eu teria feito se estivesse em seu lugar.

— Mas eu ofereci a você os duzentos dólares por iniciativa própria — eu disse.

— Eu sei! Mas o dinheiro não é tudo.

Algo em sua voz me fez dizer:

— Você está certo. Não é mesmo. E, agora, o que você realmente quer que eu faça por você?

— Você é esperto, não é? — ele disse. — Você realmente quer fazer algo por mim?

— Sim — respondi —, eu quero. Mas se vou fazer ou não, depende do que você tem em mente.

— Leve-me ao escritório do senhor Ed Harding e peça a ele para me deixar falar com ele por três minutos cravados. Depois, me deixe sozinho com ele.

Eu não aceitei; então, ele disse:

— Ele é meu amigo, e é um bom amigo.

Olhei para ele reflexivo sem dizer nada.

— Ele tem 50 anos e é corretor da bolsa — disse o vendedor de livros.

Isso era a mais pura verdade, então eu o levei ao escritório de Ed. Não ouvi mais nada daquele vendedor de livros ou sobre ele. Mas, certa noite, algumas semanas depois, quando eu estava indo para a parte alta da cidade, cruzei com ele no trem L da Sexta Avenida. Ele ergueu o chapéu muito educadamente, e eu acenei de volta. Ele se aproximou de mim e me perguntou:

— Como vai, senhor Livingston? E como está o senhor Harding?

— Ele está bem. Por que você pergunta?

Eu senti que ele estava querendo me contar uma história.

— Eu vendi a ele 2 mil dólares em livros naquele dia em que você me levou ao escritório dele.

— Ele nunca me disse uma palavra sobre isso — eu falei.

— Não. Esse tipo de homem não fala sobre essas coisas.

— Que tipo não fala?

— O tipo que nunca comete erros por ser um péssimo negócio cometê-los. Esse tipo sempre sabe o que quer e ninguém pode dizer a ele outra coisa. Esse é o tipo que educa meus filhos e mantém minha esposa de bom humor. Você me ajudou, senhor Livingston. Eu esperava isso quando desisti dos duzentos dólares que você estava tão ansioso para me dar.

— E se o senhor Harding não tivesse comprado nada?

— Ah, mas eu sabia que ele compraria. Eu tinha descoberto o tipo de homem que ele era. Ele foi muito fácil.

— Sim. Mas e se ele não tivesse comprado nenhum livro? — insisti.

— Eu teria voltado para você e vendido algo. Bom dia, senhor Livingston. Vou ver o prefeito. — Ele se levantou quando paramos na estação de Park Place.

— Espero que você venda dez coleções para ele — eu disse. — Sua Excelência era um homem da Tammany.[72]

72. A Tammany Hall era uma associação ligada ao partido democrata que usava sua influência para controlar a vida política da cidade de Nova York entre o final do século XVIII e meados do século XX. (N.T.)

— E olha que sou republicano — disse ele, e saiu, sem pressa, lentamente, confiante de que o trem esperaria. E assim foi.

Contei essa história com tantos detalhes porque dizia respeito a um homem notável que me fez comprar o que eu não queria. Ele foi o primeiro homem que fez isso comigo. Nunca deveria ter havido um segundo, mas houve. Você nunca pode confiar na existência de apenas um vendedor notável no mundo ou na imunização completa contra a influência da personalidade.

Quando Percy Thomas deixou meu escritório, depois que recusei entrar em uma parceria profissional com ele de forma amistosa, porém definitiva, eu podia jurar que nossos caminhos no mundo dos negócios nunca mais se cruzariam. Eu não tinha certeza de que algum dia o veria novamente. Porém, no dia seguinte, ele me escreveu uma carta agradecendo minha oferta de ajuda e convidando-me a ir vê-lo. Respondi que iria. Ele escreveu novamente. Fui visitá-lo.

Acabei tendo muito contato com ele. Sempre foi um prazer ouvi-lo, ele sabia muito e expressava seus conhecimentos de uma maneira bem interessante. Acho que ele é o homem mais carismático que já conheci.

Conversamos sobre muitas coisas, pois ele é um homem muito culto, com um domínio surpreendente de muitos assuntos e um dom notável para generalizações interessantes. A sabedoria de seu discurso é impressionante; e quanto à plausibilidade, não tem igual. Já ouvi muitas pessoas acusarem Percy Thomas de muitas coisas, inclusive de falta de sinceridade, mas às vezes me pergunto se sua plausibilidade notável não vem do fato de que ele primeiro se convence de forma tão completa a ponto de adquirir um poder muito maior para convencer os outros.

É claro que conversamos longamente sobre questões de mercado. Eu não estava otimista com o algodão, mas ele estava. Eu não conseguia ver o lado altista, mas ele conseguia. Ele mencionou tantos fatos e números que eu deveria ter ficado impressionado, mas não fiquei. Não pude refutá-los porque não podia negar sua autenticidade, mas eles não abalaram minha crença no que havia lido por conta própria. Entretanto ele continuou até que eu não tivesse mais certeza de minhas próprias informações, coletadas nos periódicos comerciais e nos jornais diários. Aquilo significava que eu não podia ver o mercado com meus próprios olhos. Um homem não pode ser convencido a ficar contra as próprias convicções, mas pode ser levado a um estado de incerteza e indecisão, o que é ainda pior, pois isso significa que ele não pode negociar com confiança e conforto.

Não posso dizer exatamente que fiquei confuso, mas perdi o equilíbrio; ou melhor, parei de pensar por conta própria. Não consigo explicar em detalhes os vários passos por meio dos quais alcancei o estado de espírito que acabaria me custando tão caro. Acho que era a garantia da exatidão de seus cálculos, que eram exclusivamente dele, e a falta de confiabilidade nos meus, que não eram exclusivamente meus, mas de propriedade pública. Ele insistiu na confiabilidade absoluta, conforme comprovado repetidas vezes, em todos os seus 10 mil correspondentes espalhados pelo sul do país. No final, passei a ler as condições como ele próprio fazia —porque ambos estávamos lendo a mesma página do mesmo livro, segurada por ele diante dos meus olhos. Ele é muito lógico. Assim que aceitei seus fatos, tive certeza de que minhas próprias conclusões, derivadas de seus fatos, concordariam com as dele.

Quando ele começou a conversar comigo sobre a situação do algodão, eu não apenas estava pessimista como também estava vendido no mercado. Pouco a pouco, à medida que comecei a aceitar seus fatos e números, comecei a temer que estivesse baseando minha posição anterior em desinformação. Claro que eu não poderia me sentir assim e deixar de cobrir minha posição. E depois de ter coberto porque Thomas me fez pensar que eu estava errado, simplesmente tive que passar para o lado comprado. É assim que minha mente funciona. Você sabe, eu não fiz nada na minha vida a não ser negociar ações e mercadorias. Naturalmente, acho que, se é errado acreditar na baixa, deve ser certo acreditar na alta. E, se for certo ser altista, é imperativo comprar. Como meu velho amigo de Palm Beach disse que Pat Hearne costumava dizer: "Você não saberá até apostar!". Preciso provar que minha opinião do mercado está certa ou não; e as provas só podem ser encontradas nos relatórios de meus corretores no final do mês.

Comecei a comprar algodão e, em um instante, acumulei minha posição costumeira, cerca de 60 mil fardos. Foi a transação mais idiota da minha carreira. Em vez de tentar ganhar ou perder com base em minhas próprias observações e deduções, eu estava apenas jogando o jogo de outra pessoa. Era mais do que apropriado que minhas jogadas bobas não terminassem assim. Não apenas comprei quando não tinha razão para ser otimista como também não acumulei uma posição de acordo com os estímulos da experiência. Eu não estava negociando direito. Por ter ouvido conselhos, me perdi.

O mercado não se movimentava a meu favor. Nunca fico com medo ou impaciente quando tenho certeza da minha posição. Mas o mercado não agiu da maneira como deveria ter agido se Thomas estivesse certo. Tendo dado o primeiro passo errado, dei o segundo e o terceiro, e é claro que isso me deixou todo confuso. Eu me permiti ser convencido não apenas a deixar de assumir minhas perdas, mas a sustentar o mercado. Esse é um estilo de jogo contrário à minha natureza e a meus princípios e minhas teorias comerciais. Mesmo quando menino nas *bucket shops*, eu sabia que essa não era a maneira certa de negociar no mercado. Mas nesse momento eu não era eu mesmo. Eu era outro homem — uma pessoa influenciada por Thomas.

Eu não apenas comprava algodão como carregava uma posição pesada de trigo. Ela estava indo muito bem e apresentava um lucro considerável. Meus esforços idiotas para sustentar o algodão aumentaram minha posição para cerca de 150 mil fardos. Posso dizer-lhes que, naquela época, eu não me sentia muito bem. Não digo isso a fim de obter uma desculpa para meus erros, mas apenas para declarar um fato pertinente. Lembro-me de que fui para Bay Shore[73] descansar.

Enquanto estava lá, pensei um pouco. Pareceu-me que minhas posições especulativas eram excessivamente grandes. Via de regra, não sou tímido, mas comecei a ficar nervoso e isso me fez decidir diminuir o tamanho de minha exposição. Para fazer isso, precisava sair do algodão ou do trigo.

Parece incrível que, conhecendo o jogo tão bem quanto conhecia e com uma experiência de doze ou catorze anos especulando em ações e *commodities*, eu tenha feito exatamente a coisa errada. O algodão me mostrava um prejuízo e eu o mantive. O trigo me dava lucro e eu o vendi. Foi uma jogada totalmente idiota, mas tudo o que posso dizer em minha defesa é que não era realmente o meu negócio, mas o de Thomas. De todos os erros especulativos, há poucos maiores do que tentar recuperar uma jogada perdedora. Meu negócio de algodão provou isso de forma taxativa um pouco mais tarde. Sempre venda aquilo que apresenta uma perda e mantenha aquilo que apresenta um lucro. Essa era obviamente a coisa mais sábia a fazer e era tão bem conhecida por mim que até hoje fico maravilhado por ter feito o contrário.

E, assim, eu vendi meu trigo, deliberadamente limitando meu lucro no produto. Depois que saí, o preço do *bushel* subiu vinte centavos sem pausa. Se eu tivesse mantido minha posição, teria obtido um lucro de cerca de 8 milhões de dólares. E tendo decidido continuar com a proposta perdedora, comprei mais algodão!

Lembro-me muito bem de como todos os dias comprava algodão, mais algodão. E por que você acha que eu comprei? Para evitar que o preço caísse! Se essa não é uma jogada estúpida, o que será? Eu simplesmente continuei colocando mais e mais dinheiro — mais dinheiro a ser perdido mais tarde. Meus corretores e amigos íntimos não conseguiam entender; e não conseguem até hoje. Claro, se o negócio tivesse gerado outro resultado, eu teria sido um fenômeno. Mais de uma vez fui aconselhado a não confiar demais nas análises brilhantes de Percy Thomas. Não dei atenção a isso, mas continuei comprando

73. Bay Shore é um vilarejo de veraneio no litoral sul de Long Island. (N.T.)

algodão para evitar que afundasse. Eu estava comprando até em Liverpool. Acumulei 440 mil fardos antes de perceber o que estava fazendo. E então já era tarde demais. Aí eu vendi minha posição.

Perdi quase tudo o que havia ganhado com todos os meus outros negócios em ações e *commodities*. Eu não estava completamente quebrado, mas com menos centenas de milhares de dólares do que os milhões que tinha antes de conhecer meu brilhante amigo Percy Thomas. O fato de eu, entre todos os homens, ter violado todas as leis que a experiência me ensinara a cumprir a fim de prosperar foi mais do que uma grande asneira.

Aprender que alguém pode fazer jogadas tolas sem qualquer motivo foi uma lição valiosa. Custou-me milhões aprender que outro inimigo perigoso para um operador é sua suscetibilidade aos rompantes de uma personalidade carismática quando expressos de maneira plausível por uma mente brilhante. Sempre me pareceu, entretanto, que eu poderia ter aprendido minha lição muito bem se o custo tivesse sido de apenas um milhão. Mas o destino nem sempre permite que se estabeleça o custo da lição. Ele desfere o golpe educacional e apresenta a conta, sabendo que você tem de pagar, seja qual for o valor. Tendo aprendido o tamanho da tolice que eu era capaz de fazer, encerrei aquele incidente em particular. Percy Thomas saiu da minha vida.

Lá estava eu, com mais de nove décimos de minha bolada de dinheiro, como Jim Fisk costumava dizer, no lugar onde o sol não alcança — ralo abaixo. Eu virara milionário havia menos de um ano; com os milhões que ganhei usando meu cérebro e ajudado pela sorte. Eu os havia perdido ao reverter o processo. Vendi meus dois iates, e meu estilo de vida se tornou, decididamente, menos extravagante.

Mas não bastou aquele golpe. A sorte estava contra mim. Enfrentei uma doença e depois a necessidade urgente de conseguir 200 mil dólares em dinheiro. Poucos meses antes, essa soma seria insignificante, mas agora representava quase todo o resto da minha fortuna fugaz. Eu precisava do dinheiro, e a pergunta era: onde poderia consegui-lo? Eu não queria retirá-lo do saldo que mantinha com meus corretores porque, se o fizesse, não teria muita margem sobrando para minhas próprias transações; e eu precisava de meios para negociar mais do que nunca se quisesse reconquistar meus milhões rapidamente. Só enxergava um caminho: conseguir dinheiro no mercado de ações!

Pense nisso! Se você conhece bem o cliente típico de uma corretora comum, concordará comigo que a esperança de fazer o mercado de ações pagar suas contas é uma das fontes mais prolíficas de perdas em Wall Street. Você perderá tudo o que possui se for determinado demais.

Ora, no escritório da Harding, em um determinado inverno, um pequeno grupo de fanfarrões gastou 30 mil ou 40 mil dólares comprando um sobretudo — e nenhum deles sobreviveu para vesti-lo. Acontece que um conhecido operador de pregão — que desde então se tornou mundialmente famoso como um dos homens de um dólar ao ano[74] — foi à bolsa vestindo um casaco forrado de pele de lontra-marinha. Naquela época, antes que o preço das peles disparasse, aquele casaco estava avaliado em apenas 10 mil dólares. Bem, um dos caras do escritório de Harding, Bob Keown, decidiu comprar um casaco forrado com pele de zibelina russa. Ele verificou o preço num bairro elegante. O custo era quase igual, 10 mil dólares.

— É muito dinheiro — objetou um dos companheiros.

— Ah, é verdade! É verdade! — admitiu Bob Keown amavelmente. — Cerca de uma semana de salário, a menos que vocês prometam me dar de presente como uma demonstração pequena, porém sincera, da estima que vocês têm pelo homem mais legal do escritório. Eu ouço o discurso de entrega do presente? Não? Muito bem. Vou deixar o mercado de ações comprá-lo para mim!

— Por que você deseja um casaco de zibelina? — perguntou Ed Harding.

— Ficaria muito bem em um homem da minha altura — respondeu Bob, esticando-se.

— E como você disse que pagaria por isso? — perguntou Jim Murphy, que era o maior caçador de dicas do escritório.

— Por meio de um investimento judicioso de natureza temporária, James. É assim — respondeu Bob, que sabia que Murphy queria apenas uma dica.

Dito e feito, Jimmy perguntou:

— Que ações você vai comprar?

— Errado como sempre, amigo. Não é hora de comprar nada. Proponho vender 5 mil Steel. Deve cair 10 pontos, no mínimo. Ficarei satisfeito com apenas 2,5 pontos líquidos. Isso é conservador, não é?

— O que você ouviu sobre isso? — perguntou Murphy, ansioso.

Murphy era um homem alto e magro com cabelos pretos e uma aparência faminta, porque nunca saía para almoçar, por medo de perder algo na fita.

— Ouvi dizer que esse casaco é o mais bonito que já pensei em comprar. — Então, ele se virou para Harding e disse: — Ed, venda 5 mil ordinárias da U.S. Steel ao preço de mercado. Hoje, meu caro!

---

74. Os "homens de um dólar ao ano" eram executivos que trabalhavam voluntariamente para o governo federal em troca de um salário nominal em tempos de crise, como na Primeira e na Segunda Guerra Mundial, uma vez que a legislação proibia que trabalhassem gratuitamente. A maioria deles continuava a receber um salário de seus antigos empregadores. (N.T.)

Bob era um especulador e gostava de uma piada. Era sua forma de deixar o mundo saber que ele tinha nervos de aço. Ele vendeu 5 mil Steel, e a ação imediatamente subiu. Por não ser tão burro quanto parecia quando falava, ele cobriu sua posição com uma perda de um ponto e meio e confidenciou ao escritório que o clima de Nova York era quente demais para casacos de pele. Eles eram insalubres e ostentosos. A turma zombou dele. Mas não demorou muito para que um deles comprasse algumas Union Pacific para pagar o casaco. Ele perdeu 1.800 dólares e disse que as zibelinas eram boas para o lado exterior de um casaco de mulher, mas não para o interior de uma vestimenta destinada a ser usada por um homem modesto e inteligente.

Depois disso, um após o outro, os companheiros tentaram persuadir o mercado a pagar aquele casaco. Um dia eu disse que compraria para evitar que o escritório quebrasse, mas todos eles disseram que isso não seria justo, que, se eu quisesse o casaco para mim, deveria deixar que o mercado me desse. Mas Ed Harding aprovou com veemência a minha intenção e, naquela mesma tarde, fui à loja para comprá-lo. Descobri que um homem de Chicago o comprara na semana anterior.

Esse foi apenas um caso. Não existe uma pessoa em Wall Street que não tenha perdido dinheiro ao tentar fazer o mercado pagar um automóvel, uma pulseira, uma lancha motorizada ou uma pintura. Eu poderia construir um hospital enorme com os presentes de aniversário que o mercado de ações mesquinho se recusou a pagar. Na verdade, de todas as magias de Wall Street, acho que a vontade de induzir o mercado de ações a agir como uma fada madrinha é a mais frequente e constante.

Como toda autêntica magia, isso tem sua razão de ser. O que fazer quando se decide que o mercado de ações deve pagar por uma necessidade repentina? Ora, apenas esperar. Aposta-se. Portanto, corremos riscos muito maiores do que correríamos se estivéssemos especulando de forma inteligente, de acordo com opiniões ou crenças logicamente derivadas após o estudo imparcial das condições subjacentes. Para começar, estamos atrás de um lucro imediato. Não podemos nos dar ao luxo de esperar. O mercado deve ser bondoso conosco imediatamente. Nós nos gabamos por fazer uma aposta com apenas 50% de chances de sairmos vitoriosos. Uma vez que estamos preparados para abandonar a posição rapidamente — digamos, limitar a perda a 2 pontos quando tudo o que se espera são 2 pontos de lucro —, abraçamos a falácia de que as probabilidades são de apenas 50% de vencer e 50% de perder. Ora, conheço homens que perderam milhares de dólares nessas transações, sobretudo em compras feitas no pico de uma alta do mercado, pouco antes de uma correção moderada. Certamente essa não é a maneira correta de negociar. Bem, aquela loucura sem precedentes de minha carreira como operador de bolsa foi a gota d'água. Aquilo me derrotou. Perdi o pouco que havia sobrado da minha transação com o algodão. Isso me prejudicou ainda mais, pois continuei negociando — e perdendo. Persisti com a ideia de que o mercado de ações deveria, obrigatoriamente, ganhar dinheiro para mim no final das contas. Mas o único fim à vista era o fim dos meus recursos. Contraí dívidas não apenas com meus corretores principais, mas também com outras casas que aceitaram fazer negócios comigo sem que eu colocasse uma margem adequada. Além de ficar assim, continuei assim daquele momento em diante.

CAPÍTULO 13

Lá estava eu, mais uma vez quebrado, o que era ruim, e totalmente equivocado em minhas operações, o que era um pouco pior. Eu estava doente, nervoso, chateado e me sentia incapaz de raciocinar com calma. Ou seja, me encontrava num estado de espírito em que nenhum especulador deveria ficar quando está atuando. Tudo deu errado. Na verdade, comecei a pensar que jamais conseguiria recuperar meu senso de proporção perdido. Tendo me acostumado a negociar com posições grandes — digamos, acima de 100 mil ações —, temia ser incapaz de demonstrar bom senso ao negociar quantidades pequenas. Ao que me parecia, não valia a pena estar certo quando tudo o que você carregava eram cem ações. Depois de ter adquirido o hábito de obter um alto lucro em uma posição elevada, eu não sabia se iria conseguir realizar meu lucro em uma posição menor. Não consigo descrever quão impotente me sentia.

Quebrado novamente e incapaz de assumir a ofensiva com vigor. Endividado e equivocado! Depois de todos aqueles vários anos de sucessos, atenuados por erros que realmente serviram para me deixar preparado para alcançar sucessos ainda maiores, eu agora estava em uma situação pior do que quando comecei nas *bucket shops*. Eu havia aprendido muito sobre o jogo da especulação com ações, mas não havia aprendido tanto sobre o jogo das fraquezas humanas. Não existe mente tão mecânica cujo funcionamento seja eficiente em todos os momentos. Então, aprendi que não podia confiar em mim mesmo para permanecer igualmente indiferente às pessoas e aos infortúnios o tempo todo.

As perdas de dinheiro nunca me preocuparam nem um pouco. Mas outros problemas conseguiam me preocupar e me afetavam. Estudei a derrocada detalhadamente e, é claro, não tive dificuldade em ver exatamente onde tinha sido tolo. Localizei a hora e o lugar exatos. Devemos nos conhecer bem se quisermos fazer um bom trabalho negociando em mercados especulativos. Saber do que eu era capaz em termos de tolice foi um grande passo na minha educação no mercado. Às vezes, penso que nenhum preço é alto demais para um especulador pagar a fim de aprender o que o impedirá de ter dor de cabeça. A ruína de muitas pessoas brilhantes pode ser atribuída diretamente a esse peso — uma doença cara em qualquer lugar, para qualquer um, mas sobretudo para um especulador na Wall Street.

Eu não estava feliz em Nova York sentindo-me como me sentia. Não queria negociar porque não estava em boa forma para negociar. Decidi ir embora e procurar ganhar uma bolada de dinheiro em outro lugar. A mudança de cenário poderia me ajudar a me reencontrar, pensei. Então, mais uma vez, deixei Nova York vencido pelo jogo da especulação. Eu estava mais que quebrado, pois devia mais de 100 mil dólares a vários corretores.

Fui para Chicago e lá encontrei uma bolada de dinheiro. Não era uma bolada muito substancial, mas isso apenas significava que eu precisaria de um pouco mais de tempo para reconquistar minha fortuna. Uma corretora com a qual eu havia feito negócios tinha fé em minha habilidade como operador e estava disposta a me deixar provar isso, permitindo que eu fizesse algumas operações pequenas em seu escritório.

Comecei de forma muito conservadora. Não sei como teria me saído se tivesse ficado lá. Contudo uma das experiências mais marcantes em minha carreira interrompeu minha estada em Chicago. Essa é uma história quase incrível.

Certo dia, recebi um telegrama de Lucius Tucker. Eu o conhecera quando ele era o gerente administrativo de uma corretora da bolsa de valores com a qual eu, às vezes, operara, mas eu o havia perdido de vista. O telegrama dizia:

> *Venha para Nova York imediatamente.*
> L. Tucker

Eu sabia que ele estava a par da minha situação por intermédio de conversas com amigos em comum, e, portanto, tinha certeza de que ele tinha algo na manga. Ao mesmo tempo, eu não tinha dinheiro para desperdiçar em uma viagem desnecessária a Nova York; então, em vez de fazer o que ele me pediu para fazer, eu liguei para ele.

— Recebi o seu telegrama. O que significa isso? — eu disse.

— Significa que um grande banqueiro de Nova York quer ver você — respondeu ele.

— Quem é? — perguntei.

Eu não conseguia imaginar quem poderia ser.

— Eu direi quando você chegar a Nova York. Não faz sentido se você não vier — ele respondeu.

— Você acha que ele quer conversar comigo?

— Ele quer.

— A respeito de quê?

— Ele vai lhe dizer isso pessoalmente, se você lhe der uma chance — disse Lucius.

— Você não pode me escrever?

— Não.

— Então me explique melhor — eu disse.

— Não quero.

— Olhe aqui, Lucius — eu falei —, me diga apenas uma coisa: esta viagem não será inútil?

— Claro que não. Será bom para você.

— Você não pode me dar uma ideia do que é?

— Não — ele respondeu. — Não seria justo com ele. Além disso, não sei o quanto você receberá. Mas siga meu conselho. Venha, e venha rápido.

— Tem certeza de que é a mim que ele quer ver?

— Ninguém mais, só você serve. É melhor vir, eu estou dizendo. Avise em que trem virá, e eu o encontrarei na estação.

— Muito bem — respondi e desliguei.

Eu não gostava de tanto mistério, mas sabia que Lucius era um amigo e que devia ter um bom motivo para falar daquele jeito. Eu não estava me saindo tão maravilhosamente bem em Chicago a ponto de partir meu coração ter de deixar aquela cidade. No ritmo em que eu negociava, levaria muito tempo até poder juntar dinheiro suficiente para operar na escala antiga.

Voltei para Nova York sem saber o que iria acontecer. Na verdade, mais de uma vez durante a viagem temi que nada viesse a acontecer e que eu pudesse perder o dinheiro da minha passagem de trem e meu tempo. Não conseguia imaginar que estava prestes a ter a experiência mais curiosa de toda a minha vida.

Lucius foi me encontrar na estação e não perdeu tempo em me dizer que havia me procurado a pedido urgente do senhor Daniel Williamson, da conhecida corretora da bolsa de valores Williamson & Brown. O senhor Williamson disse a Lucius para me informar sobre uma proposta comercial que tinha a me fazer, que ele tinha certeza de que eu aceitaria, pois seria muito lucrativa para mim. Lucius jurou que não sabia qual era a proposta. A boa reputação da firma era uma garantia de que não exigiriam que eu fizesse algo.

Dan Williamson era o sócio mais graduado da empresa, fundada por Egbert Williamson nos anos 1870. Brown não existia mais e deixara de ser sócio da empresa havia anos. A casa tinha sido muito importante na época do pai de Dan, que herdou uma fortuna considerável e não procurava muitos negócios externos. Eles tinham um cliente, Alvin Marquand, que valia por cem clientes de porte médio. Ele era cunhado de Williamson, além de ser diretor de uma dúzia de bancos e fideicomissos, e também presidente do grande sistema Chesapeake and Atlantic Railroad. Ele era a personalidade mais pitoresca do setor ferroviário depois de James J. Hill,[75] e era o porta-voz e membro dominante do poderoso círculo de banqueiros conhecido como a turma de Fort Dawson. Marquand valia entre 50 milhões e 500 milhões de dólares, a estimativa dependia do estado de espírito do locutor. Quando ele morreu, descobriram que valia 250 milhões de dólares, todos ganhos na Wall Street. Dá para ver que ele era um cliente importante.

Lucius me informou que tinha acabado de aceitar um cargo na Williamson & Brown — que era a cara dele. Ele deveria ser uma espécie de gerente de captação de novos negócios circulantes. A empresa estava atrás de negócios de comissão geral, e Lucius havia convencido o senhor Williamson a abrir duas filiais, uma em um dos grandes hotéis na parte chique da cidade e a outra em Chicago. Deduzi que me seria oferecido um cargo em Chicago, talvez como gerente do escritório, o que eu não aceitaria. Não reclamei com Lucius porque achava melhor esperar até que a oferta fosse feita antes de recusá-la.

Lucius me levou ao escritório do senhor Williamson, me apresentou ao seu chefe e saiu apressado da sala, como se quisesse evitar ser chamado como testemunha em um processo em que conhecia as duas partes. Eu me preparei para ouvir e depois dizer não.

O senhor Williamson foi muito agradável. Ele era um verdadeiro cavalheiro, com modos polidos e um sorriso gentil. Pude ver que ele fazia amigos com facilidade e os mantinha. Por que não? Era saudável e bem-humorado. Ele tinha muito dinheiro e, portanto, não podia ser suspeito de abrigar motivos sórdidos. Essas coisas, junto a sua educação e seu preparo social, tornavam fácil para ele ser não apenas educado como também amigável e prestativo.

Eu não disse nada. Não tinha nada a dizer e, além disso, sempre deixo a outra pessoa falar tudo antes de dizer qualquer coisa. Alguém me disse que o falecido James Stillman, presidente do National City Bank — que, aliás, era um amigo íntimo de Williamson —, costumava ouvir em silêncio, com uma expressão impassível, qualquer pessoa que trouxesse uma proposta para ele. Depois que a pessoa acabava, o senhor Stillman continuava a olhar para ela, como se a pessoa ainda não tivesse terminado. Então, sentindo-se impelida a

---

75. James J. Hill (1838-1916) era um executivo do ramo ferroviário, tendo administrado as ferrovias Great Northern e Northern Pacific, e foi também filantropo. (N.T.)

dizer mais alguma coisa, ela o fazia. O simples fato de olhar para Stillman e lhe ouvir costumava fazer com que a pessoa oferecesse condições muito mais vantajosas para o banco do que pretendia quando começara a falar.

Não fico calado apenas para levar as pessoas a propor condições melhores, mas porque gosto de conhecer todos os fatos do caso. Ao permitir que uma pessoa diga tudo o que quer, você é capaz de tomar uma decisão rapidamente. É uma grande economia de tempo. Isso evita discussões e debates prolongados que não levam a lugar algum. Quase todas as propostas de negócios que me são apresentadas podem ser resolvidas, no que diz respeito à minha participação, se eu disser sim ou não. Mas não posso dizer sim ou não imediatamente a menos que tenha a proposta completa em mãos.

Dan Williamson falou e eu escutei. Ele me disse que ouvira falar muito sobre minhas operações no mercado de ações e que lamentava que eu tivesse saído da minha área de atuação e perdido dinheiro com o algodão. No entanto, graças ao meu infortúnio, ele tinha o prazer de realizar aquela entrevista comigo. Ele achava que meu forte era a bolsa de valores, que eu havia nascido para ela e que não devia fugir dela.

— E essa é a razão, senhor Livingston — ele concluiu num tom agradável —, por que queremos fazer negócios com você.

— Fazer negócios? Como assim? — perguntei.

— Queremos ser seus corretores — ele disse. — Minha empresa gostaria de tomar conta de suas operações com ações.

— Eu gostaria de trabalhar com vocês — eu disse —, mas não posso.

— Por que não? — ele perguntou.

— Não tenho dinheiro — respondi.

— Isso não é problema — ele disse com um sorriso amigável. — Eu fornecerei o dinheiro.

Ele sacou um talão do bolso, preencheu um cheque de 25 mil dólares em meu nome e me entregou.

— Para que serve isso? — perguntei.

— Para você depositar em sua conta. Você vai sacar seus próprios cheques. Quero que você faça suas transações em nosso escritório. Eu não me importo se você ganha ou perde. Se esse dinheiro desaparecer, darei a você outro cheque. Portanto, você não precisa ser muito cuidadoso com este. Entende?

Eu sabia que a empresa era rica e muito próspera a ponto de não precisar dos negócios de qualquer pessoa, muito menos de entregar dinheiro a um sujeito para que este o usasse como margem. No entanto, ele foi muito simpático ao fazê-lo! Em vez de me abrir uma linha de crédito com a casa, ele me deu dinheiro vivo, para que só ele soubesse de onde vinha; a única ressalva era que qualquer operação que eu fizesse teria de ser feita pela sua firma. E também havia a promessa de que teria mais dinheiro se aquele acabasse! Ainda assim, deveria haver uma razão.

— Qual é a ideia? — perguntei a ele.

— A ideia é simplesmente termos um cliente, neste escritório, que seja conhecido como um grande operador ativo. Todo mundo sabe que você prefere apostar na baixa, que é a qualidade que eu, particularmente, admiro em você. Você é conhecido como um especulador.

— Ainda não entendi — eu disse.

— Vou ser franco com você, senhor Livingston. Temos dois ou três clientes muito ricos que compram e vendem ações em grande estilo. Eu não quero que Wall Street suspeite que eles estão vendendo suas posições compradas cada vez que vendemos 10 mil ou 20 mil ações de qualquer empresa. Se Wall Street descobrir que você está negociando em nosso escritório, não saberá se é uma venda a descoberto sua ou se são ações compradas por outros clientes que estão sendo colocadas no mercado.

Eu entendi imediatamente. Ele queria encobrir as operações de seu cunhado com minha reputação de especulador baixista! Acontece que eu tinha auferido meu maior lucro no lado baixista um ano e meio antes, e, claro, os fofoqueiros de Wall Street e os espalhadores de rumor ignorantes tinham adquirido o hábito de me culpar por toda queda de preços. Até hoje, quando o mercado está muito fraco, dizem que estou atacando.

Não precisei pensar muito. De relance, vi que Dan Williamson estava me oferecendo a chance de me recuperar, e rapidamente. Peguei o cheque, depositei no banco, abri uma conta na firma dele e comecei a negociar. Era um mercado bem ativo, amplo o suficiente para que eu não tivesse de me limitar a uma ou duas ações especiais. Comecei a temer, como já disse, que houvesse perdido o faro para o mercado. Mas parecia que não. Em três semanas obtive um lucro de 112 mil dólares com os 25 mil que Dan Williamson me emprestara.

Fui até ele e disse:

— Estou aqui para lhe pagar aqueles 25 mil dólares.

— Não, não! — ele disse acenando com a mão como se eu tivesse lhe oferecido um coquetel de óleo de rícino. — Não, não, meu garoto. Espere até que sua conta valha alguma coisa. Não pense nisso agora. Você ainda tem uma ninharia lá.

Foi aí que cometi o erro do qual me arrependo mais do que qualquer outro que cometi em minha carreira em Wall Street. Ele foi responsável por longos e tristes anos de sofrimento. Eu deveria ter insistido para que ele aceitasse o dinheiro. Eu estava a caminho de conseguir fazer uma fortuna maior do que a que eu perdera e caminhava a passos largos. Durante três semanas, meu lucro médio foi de 150% por semana. A partir de então, minhas operações teriam uma escala cada vez maior. Contudo, em vez de me livrar de todas as obrigações, deixei que ele fizesse o que queria e não o forcei a aceitar os 25 mil dólares. Claro, como ele não sacou os 25 mil dólares que havia adiantado para mim, achei que eu não poderia sacar meu lucro. Fiquei muito grato a ele, mas minha formação é tal que não gosto de dever dinheiro ou favores. Posso pagar dinheiro com dinheiro, mas favores e gentilezas precisam ser retribuídos na mesma moeda — e essas obrigações morais, às vezes, custam muito caro. Além disso, elas não caducam.

Deixei o dinheiro intacto e retomei minhas negociações. Eu estava me dando muito bem; recuperara meu equilíbrio e tinha certeza de que não demoraria muito a voltar para onde estava em 1907. Depois disso, tudo o que eu pedia era que o mercado continuasse como estava por um tempinho, e eu mais do que compensaria minhas perdas. Mas ganhar ou não ganhar dinheiro não estava me incomodando muito. O que me deixava feliz é que eu estava perdendo o hábito de estar errado, de não ser eu mesmo. Isso vinha me fazendo mal havia meses, mas eu tinha aprendido a lição.

Mais ou menos nessa época, virei baixista e comecei a vender a descoberto várias ações de ferrovias. Entre elas estava a Chesapeake & Atlantic. Acho que acumulei uma pequena posição nela, cerca de 8 mil ações.

Certa manhã, quando cheguei ao centro da cidade, Dan Williamson chamou-me em seu escritório, antes da abertura do mercado, e me disse:

— Larry, não faça nenhuma transação com a Chesapeake & Atlantic neste momento. Essa foi uma jogada ruim de sua parte, vendendo 8 mil a descoberto. Eu cobri para você esta manhã em Londres e abri uma posição comprada.

Eu tinha certeza de que a Chesapeake & Atlantic despencaria. A fita me dizia isso claramente; e, além disso, eu estava me sentindo baixista com relação ao mercado como um todo, não violenta ou insanamente baixista, mas o suficiente para me sentir confortável com uma posição vendida de tamanho moderado. Eu disse a Williamson:

— Por que você fez isso? Estou baixista com relação ao mercado como um todo, e todas as ações vão cair.

Mas ele apenas fez que não com a cabeça e disse:

— Fiz isso porque, por acaso, sei algo sobre a Chesapeake & Atlantic que você não sabe. Meu conselho para você é não vender essas ações a descoberto até que eu diga que é seguro fazê-lo.

O que eu poderia fazer? Essa não era uma dica estúpida. Era um conselho vindo do cunhado do presidente do conselho de administração. Dan não era apenas o melhor amigo de Alvin Marquand, mas também havia sido gentil e generoso comigo. Ele havia demonstrado fé em mim e confiança em minha palavra. Tudo que eu poderia fazer era agradecer a ele. E então meus sentimentos novamente venceram meu julgamento e eu cedi. Subordinar meu julgamento aos desejos dele foi a minha ruína. Gratidão é algo que uma pessoa decente não pode deixar de sentir, mas é preciso evitar que isso a imobilize completamente. A primeira coisa que soube foi que não apenas havia perdido todo o meu lucro como também devia 150 mil dólares à corretora. Eu me senti muito mal com isso, mas Dan me disse para não me preocupar.

— Vou tirar você desse buraco — ele prometeu. — Sei que vou. Mas só posso fazer isso se você permitir. Você precisará deixar de fazer negócios por conta própria. Não adianta eu trabalhar em seu benefício e, depois, você desfazer completamente todo o meu trabalho a seu favor. Basta você sair do mercado e me dar a chance de ganhar algum dinheiro para você. Pode ser assim, Larry?

Novamente eu pergunto: o que eu poderia fazer? Pensei em sua bondade e concluí que não poderia fazer nada que pudesse ser interpretado como falta de apreço. Eu começara a gostar dele. Ele era muito agradável e amigável. Lembro-me de que tudo que recebi dele foi encorajamento; ele continuou me garantindo que tudo sairia bem. Um dia, talvez seis meses depois, ele veio até mim com um sorriso satisfeito e me entregou alguns comprovantes de crédito.

— Eu disse que iria tirar você daquele buraco — ele falou —, e o fiz.

E então descobri que ele não apenas havia liquidado totalmente a dívida, eu também tinha um pequeno saldo credor.

Acho que poderia ter obtido um lucro com aquele montante sem grandes problemas, pois o mercado se comportava de modo favorável, mas ele me disse:

— Comprei para você 10 mil ações da Southern Atlantic.

Essa era mais uma ferrovia controlada pelo cunhado dele, Alvin Marquand, que também ditava os destinos de suas ações no mercado.

Quando alguém faz por você o que Dan Williamson fez por mim, você não pode dizer nada além de "obrigado" — não importa quais sejam as suas opiniões sobre o mercado. Você pode ter certeza de que está correto, mas, como Pat Hearne costumava dizer, "Você não saberá até apostar!". E Dan Williamson apostou por mim — com seu dinheiro.

Bem, a Southern Atlantic caiu e continuou caindo, e eu perdi, não me lembro quanto, em minhas 10 mil ações antes de Dan vendê-las por mim. Eu devia a ele mais do que nunca. Mas você nunca viu um credor tão bom ou menos importuno em sua vida. Nunca ouvi um gemido da parte dele. Em vez disso, palavras e conselhos encorajadores para eu não me preocupar com nada. No final, minha perda foi compensada da mesma maneira generosa, porém misteriosa.

Ele não deu detalhes. Eram todas contas numeradas. Dan Williamson apenas me disse:

— Compensamos seu prejuízo na Southern Atlantic com os lucros dessa outra operação — e ele me contou como vendeu 7.500 ações de alguma outra ação e ganhou um bom lucro com aquilo.

Posso dizer com sinceridade que nunca soube nada sobre esses meus negócios até me dizerem que minha dívida havia sido liquidada.

Depois de isso acontecer várias vezes, comecei a pensar e a enxergar meu caso de um ângulo diferente. Finalmente entendi o que estava acontecendo. Estava claro que eu havia sido usado por Dan Williamson. Fiquei zangado ao pensar nisso, mas ainda mais zangado por não ter percebido isso mais rapidamente. Assim que reavaliei tudo, procurei Dan Williamson, disse-lhe que não trabalharia mais com a empresa e larguei o escritório da Williamson & Brown. Não bati boca com ele nem com nenhum de seus parceiros. De que adiantaria isso? Mas devo admitir que estava magoado — comigo mesmo tanto quanto com a Williamson & Brown.

A perda do dinheiro não me incomodava. Todas as vezes em que perdi dinheiro na bolsa de valores sempre considerei que aprendi alguma coisa; que, se perdi dinheiro, ganhei experiência, de modo que o dinheiro na verdade era como se fosse o pagamento de uma mensalidade escolar. Uma pessoa precisa adquirir experiência e precisa pagar por ela. Mas houve algo que doeu muito naquela minha experiência no escritório de Dan Williamson: a perda de uma grande oportunidade. O dinheiro que uma pessoa perde não é nada; ela pode recuperá-lo. Mas oportunidades como as que tive não surgem todos os dias.

O mercado tinha sido um bom mercado para se negociar. Eu estava certo; quer dizer, eu estava lendo-o com precisão. A oportunidade de ganhar milhões estava lá. Mas permiti que minha gratidão interferisse em meu jogo. Amarrei minhas próprias mãos. Tive que fazer o que Dan Williamson, em sua bondade, desejava que fosse feito. No cômputo geral, foi mais insatisfatório do que fazer negócios com um parente. Maus negócios!

E aquilo não foi o pior. Depois disso, praticamente não tive oportunidade de ganhar muito dinheiro. O mercado se estabilizou. As coisas foram de mal a pior. Não apenas perdi tudo o que tinha como fiquei novamente endividado — mais do que nunca. Aqueles foram longos anos magros, 1911, 1912, 1913 e 1914. Não havia dinheiro a ganhar. As oportunidades simplesmente não existiam e eu estava na pior situação que já estivera.

Não é desconfortável perder quando a perda não é acompanhada por uma visão entristecedora daquilo que poderia ter sido. Era exatamente nisso que eu não conseguia evitar continuar a pensar, e é claro que fiquei ainda mais perturbado. Aprendi que as fraquezas de um especulador são quase incontáveis. Era apropriado para mim, como homem, agir da maneira que agi no escritório de Dan Williamson, mas era impróprio e insensato, como especulador, permitir-me ser influenciado por qualquer proposição para agir contra meu próprio julgamento. A nobreza gera obrigações, mas não no mercado de ações, pois a fita não é cavalheiresca e, além disso, não recompensa a lealdade. Percebo que não poderia ter agido de maneira diferente. Não consegui mudar meu jeito de ser apenas porque queria operar no mercado de ações. Mas negócios são sempre negócios, e meu negócio como especulador é sempre me guiar por meu próprio julgamento.

Foi uma experiência muito curiosa. Preciso dizer o que acho que aconteceu. Dan Williamson foi muito sincero no que me disse quando me viu pela primeira vez. Cada vez que sua empresa negociava alguns milhares de ações em qualquer uma das ações, a Wall Street concluía que Alvin Marquand estava comprando ou vendendo. Ele era o grande operador da corretora, com certeza, e dava àquela firma todos os seus negócios; e ele foi um dos melhores e maiores operadores que a Wall Street já vira. Bem, eu seria usado como uma cortina de fumaça, sobretudo para as vendas de Marquand.

Alvin Marquand adoeceu pouco depois de eu entrar. Sua doença foi logo diagnosticada como incurável, e Dan Williamson, é claro, soube disso muito antes do que o próprio Marquand. Foi por isso que Dan cobriu minhas ações da Chesapeake & Atlantic. Ele começara a liquidar algumas das posições especulativas de seu cunhado nessa e em outras ações.

É claro que, quando Marquand morreu, o espólio precisou liquidar suas posições especulativas e semiespeculativas e, nessa época, já havíamos entrado em um mercado baixista. Ao me amarrar do jeito que fez, Dan estava ajudando muito o espólio. Não me orgulho quando digo que fui um operador muito pesado e que estava absolutamente certo em minhas opiniões sobre o mercado de ações. Sei que Williamson se lembrava de minhas operações bem-sucedidas no mercado baixista de 1907 e ele não podia correr o risco de me deixar solto no mercado. Ora, se eu continuasse no caminho que estava indo, teria ganhado tanto dinheiro que, quando ele tentasse liquidar parte do espólio de Alvin Marquand, eu estaria negociando centenas de milhares de ações. Como um baixista ativo, eu teria causado um estrago na casa dos milhões de dólares aos herdeiros de Marquand, pois Alvin deixou apenas pouco mais de algumas centenas de milhões de dólares.

Era muito mais barato para eles deixarem eu me endividar e depois saldarem a dívida do que me deixar em algum outro escritório operando ativamente no lado baixista. Isso é precisamente o que eu estaria fazendo, não fosse por meu sentimento de que eu não deveria ser superado no requisito decência por Dan Williamson.

Sempre considerei essa a mais interessante e infeliz de todas as minhas experiências como especulador no mercado de ações. Como lição, ela me cobrou um preço desproporcionalmente alto e adiou o tempo de minha recuperação por vários anos. Eu era bastante jovem para esperar com paciência a volta dos milhões perdidos. Mas cinco anos é muito tempo para uma pessoa ser pobre. Jovem ou velho, não há como gostar disso. Eu poderia viver sem os iates muito mais facilmente do que sem um mercado para servir de palco para minha recuperação. A maior oportunidade de minha vida colocava embaixo do meu nariz o dinheiro que eu havia perdido. Não consegui estender minha mão e pegá-lo. Um tipo muito astuto aquele Dan Williamson; um espertalhão de marca maior; previdente, engenhoso, ousado. Ele é um pensador, tem imaginação, detecta o ponto vulnerável em qualquer pessoa e é capaz de planejar a sangue-frio como tirar proveito dela. Ele avaliou e logo entendeu o que fazer comigo para me reduzir à inocuidade total no mercado. Na verdade, ele não tirou dinheiro de mim. Pelo contrário, ele foi, aparentemente, extremamente generoso. Ele amava sua irmã, a senhora Marquand, e cumpriu seu dever com ela da forma como ele o entendia.

CAPÍTULO 14

Depois que deixei o escritório da Williamson & Brown, o fato de o mercado ter deixado de ser ativo passou a me incomodar. Entramos em um longo período sem dinheiro; quatro anos de seca. Não havia como ganhar um centavo sequer. Como Billy Henriquez disse certa vez: "Era o tipo de mercado em que nem mesmo um gambá conseguiria exalar odor".

Eu parecia estar de mal com o destino. Pode ter sido um plano da Providência me castigar, mas, na verdade, eu não estava tão orgulhoso a ponto de merecer um castigo. Eu não havia cometido nenhum daqueles pecados especulativos que fazem com que um operador expie do lado do devedor da conta nem fora culpado de nenhuma jogada típica de otário. O que eu fiz, ou melhor, o que deixara de fazer, era algo pelo qual eu teria recebido elogios e não pelo qual seria acusado — ao norte da Wall Street, número 42. Em Wall Street, tudo era absurdamente caro. Mas, de longe, a pior coisa a esse respeito era a tendência a tornar uma pessoa um pouco menos inclinada a permitir-se sentimentos humanos no bairro do *ticker.*

Saí da Williamson e tentei os escritórios de outras corretoras. Em cada um deles perdi dinheiro. Bem-feito para mim, porque eu estava tentando forçar o mercado a me dar o que ele não tinha como fornecer — a saber, oportunidades de ganhar dinheiro. Não tive dificuldade para obter crédito porque quem me conhecia acreditava em mim. Para ter uma ideia de como a confiança deles era forte, quando finalmente parei de negociar com base em crédito, devia bem mais de um milhão de dólares.

Não era porque eu tivesse perdido meu dom, mas, durante aqueles quatro anos miseráveis, oportunidades de ganhar dinheiro simplesmente não ocorreram. Mesmo assim, continuei tentando juntar uma bolada de dinheiro, e o único sucesso que tive foi em aumentar meu endividamento. Depois que parei de negociar por conta própria, porque não queria dever mais dinheiro a meus amigos, ganhei a vida cuidando das contas de pessoas que acreditavam que eu conhecia o jogo bem o suficiente para vencê-lo, mesmo em um mercado monótono. Recebia uma porcentagem dos lucros pelos meus serviços — quando havia algum. Foi assim que sobrevivi. Bem, digamos que foi assim que me sustentei.

Claro, nem sempre perdi, mas nunca ganhei o suficiente para conseguir reduzir substancialmente minha dívida. Enfim, conforme as coisas pioravam, comecei a sentir um desânimo pela primeira vez na vida.

Tudo parecia ter dado errado comigo. Não fiquei lamentando a queda dos milhões de dólares na conta, a perda dos iates para as dívidas e a vida simples. Não gostei da situação, mas não sentia pena de mim mesmo. Não me propus a esperar pacientemente pelo tempo e pela providência divina para fazer cessar meus desconfortos. Sendo assim, eu analisei meu problema. Estava claro que a única saída para minhas dificuldades era ganhar dinheiro. Para isso eu precisava apenas negociar com sucesso. Já tinha feito a mesma coisa no passado e precisava agir do mesmo modo mais uma vez. Mais de uma vez eu havia saído do zero e chegado às centenas de milhares de dólares. Mais cedo ou mais tarde, o mercado me ofereceria uma oportunidade.

Fiquei convencido de que quem estava errado era eu e não o mercado. Então, qual poderia ser o meu problema? Eu me fiz essa pergunta com o mesmo espírito que tenho quando analiso as várias fases dos meus problemas de negociação. Pensei com calma e cheguei à conclusão de que meu principal problema derivava da preocupação com o dinheiro que devia. Nunca me livrei do transtorno que essa situação me causava. Devo explicar que esse desconforto não era a mera consciência de meu endividamento. Qualquer pessoa de negócios contrai dívidas no curso de seus negócios regulares. A maioria das minhas dívidas não era nada além de dívidas comerciais, em virtude de condições comerciais que eram desfavoráveis para mim, e não eram piores do que as de um comerciante, por exemplo, quando este passa por um período incomumente prolongado de uma crise severa.

É claro que, à medida que o tempo passava e eu não conseguia pagar, me sentia menos filosófico em relação às dívidas. Vou explicar: eu devia mais de 1 milhão de dólares — tudo isso em perdas no mercado de ações, lembre-se. A maioria dos meus credores foi muito gentil e não me incomodou; mas havia dois que me atormentavam. Eles costumavam me seguir. Cada vez que eu conseguia um lucro, os dois estavam por perto querendo saber tudo a respeito e insistindo em receber a parte deles imediatamente. Um deles, a quem eu devia oitocentos dólares, ameaçou me processar, confiscar meus móveis e assim por diante. Não consigo entender por que ele pensava que eu estava escondendo bens, a menos que fosse porque eu não parecia um mendigo prestes a morrer de fome.

Ao analisar o problema, vi que não era um caso que exigia leitura de fita, mas, sim, uma leitura de mim mesmo. Com frieza, cheguei à conclusão de que nunca seria capaz de realizar nada de útil enquanto estivesse preocupado, e estava igualmente claro que eu deveria me preocupar enquanto devesse dinheiro. Quero dizer, enquanto qualquer credor tivesse o poder de me irritar ou interferir na minha recuperação, insistindo em ser pago antes que eu pudesse juntar uma bolada de dinheiro decente. Tudo isso era tão obviamente real que eu disse a mim mesmo: "Preciso pedir falência". O que mais poderia aliviar minha tensão?

Parece fácil e sensato, não é mesmo? No entanto foi mais do que desagradável, posso garantir. Eu odiei fazer isso. Odiei me colocar em uma posição na qual poderia ser mal interpretado ou mal julgado. Eu mesmo nunca me importei muito com dinheiro. Nunca o valorizei o suficiente para considerar que valeria a pena mentir a seu respeito. Mas eu sabia que nem todo mundo se sentia assim. É claro que eu também sabia que, se me recuperasse, pagaria a todos, pois a obrigação de fazê-lo permaneceria. No entanto, a menos que eu pudesse negociar da maneira antiga, nunca seria capaz de pagar aquele milhão.

Fiquei nervoso e procurei meus credores. Foi uma coisa extremamente difícil para mim, pois a maioria deles era composta de amigos pessoais ou velhos conhecidos.

Expliquei a situação com muita franqueza. Comecei dizendo:

— Não vou dar esse passo por não querer pagar, mas porque, em consideração a mim e a vocês, preciso estar em condição de ganhar dinheiro. Tenho pensado nessa solução, de vez em quando, há mais de dois anos, mas simplesmente não tive coragem de dizer isso francamente. Teria sido infinitamente melhor para todos nós se eu tivesse feito isso. Tudo se resume a isto: com certeza, eu não posso voltar a ser o que já fui enquanto sou assediado ou perturbado pela cobrança dessas dívidas. Decidi fazer agora o que eu deveria ter feito há um ano. Não tenho outro motivo senão o que acabei de expor.

O que um dos meus credores respondeu foi, para todos os efeitos, algo com o que todos concordaram. Ele se pronunciou em nome de sua empresa:

— Livingston, nós entendemos. Entendemos sua posição perfeitamente. Vou dizer o que faremos. Daremos a você um comprovante de quitação de suas dívidas. Peça ao seu advogado para preparar qualquer tipo de documento que desejar, e nós o assinaremos.

Isso foi, em essência, o que todos os meus grandes credores resolveram fazer. Esse é um lado de Wall Street. Não era apenas simples cortesia ou espírito esportivo. Era também uma decisão muito inteligente, pois parecia claramente um bom negócio. Apreciei tanto a boa vontade quanto o bom senso para os negócios.

Esses credores me liberaram de dívidas que somavam mais de 1 milhão de dólares. Mas houve dois credores menores que não concordaram. Um deles era o homem a quem eu devia oitocentos dólares e de quem já falei. Eu também devia 60 mil dólares a uma corretora que falira, e os liquidantes, que não me conheciam, estavam no meu pescoço 24 horas por dia. Mesmo se estivessem dispostos a seguir o exemplo dado pelos meus credores maiores, não acredito que o tribunal os teria deixado assinar. Em todo caso, a lista de minhas dívidas somava apenas cerca de 100 mil dólares; embora, como já disse, eu devesse bem mais de 1 milhão.

Foi extremamente desagradável ver a história nos jornais. Sempre paguei minhas dívidas integralmente, e essa experiência inédita foi muito desgastante para mim. Eu sabia que algum dia pagaria a todo mundo se vivesse, mas ninguém que lesse o artigo saberia. Tive vergonha de sair à rua depois de ver a reportagem nos jornais. Mas tudo passou logo, e não posso dizer o quanto me senti aliviado por saber que eu não seria mais incomodado por pessoas que não entendiam como alguém precisa se dedicar integralmente ao seu negócio — se quiser ter sucesso na especulação com ações.

Agora que estava livre para negociar com uma certa perspectiva de sucesso, sem me preocupar com as dívidas, o próximo passo era conseguir outra aposta. A bolsa de valores tinha ficado fechada entre 31 de julho e meados de dezembro de 1914, e Wall Street estava em recesso. Não se fazia nenhum negócio havia muito tempo. Eu devia a todos os meus amigos. Não poderia pedir-lhes que me ajudassem de novo só porque haviam sido muito amáveis e amigáveis comigo quando eu sabia que ninguém estava em posição de fazer muito por ninguém.

Foi uma tarefa extremamente difícil juntar uma bolada de dinheiro decente, pois, com o fechamento da bolsa de valores, não tinha como pedir a algum corretor que fizesse alguma coisa por mim. Tentei em vários lugares sem sucesso.

Enfim, procurei Dan Williamson em fevereiro de 1915. Eu disse a ele que havia me livrado do pesadelo mental das dívidas e estava pronto para operar como antes. Você deve se lembrar de que, quando ele precisou de mim, havia me oferecido 25 mil dólares sem que eu pedisse.

Mas, agora que eu precisava dele, ele falou:

— Se você vir algo que pareça um bom negócio para você e quiser comprar quinhentas ações, vá em frente, e vai ficar tudo bem.

Agradeci e fui embora. Ele havia me impedido de ganhar muito dinheiro e a corretora havia ganhado muito dinheiro em comissões por minha causa. Admito que fiquei um pouco chateado ao pensar que a Williamson & Brown não me dera uma bolada de dinheiro decente. Eu pretendia negociar de forma conservadora no início. Minha recuperação financeira ficaria mais fácil e rápida se eu pudesse começar com uma posição um pouco melhor do que quinhentas ações. Mas, de qualquer forma, percebi que, do jeito que estava, havia uma chance para o meu retorno.

Saí do escritório de Dan Williamson e analisei a situação em geral e meu próprio problema em particular. O mercado estava altista. Isso estava tão claro para mim quanto para milhares de operadores. Mas minha bolada de dinheiro consistia apenas em uma oferta para carregar uma posição de quinhentas ações por mim. Em outras palavras, eu não tinha margem de manobra, por mais limitada que fosse. Eu não poderia me dar ao luxo de ter sequer um ligeiro contratempo no início. Precisava ganhar uma bolada de dinheiro logo na primeira jogada. Aquela minha compra inicial de quinhentas ações precisava ser lucrativa. Eu tinha que ganhar dinheiro de verdade. Eu sabia que, a menos que tivesse capital suficiente para negociar, não seria capaz de usar o bom senso. Sem as margens adequadas, seria impossível assumir a atitude fria e imparcial necessária ao jogo, a qual deriva da capacidade de arcar com alguns prejuízos pequenos, como os que, muitas vezes, incorriam ao se testar o mercado antes de fazer uma aposta grande.

Acho que nessa fase eu me encontrava no período mais crítico de minha carreira de especulador. Se eu falhasse desta vez, não haveria como dizer onde ou quando, ou se alguma vez eu poderia conseguir outra bolada de dinheiro para tentar de novo. Estava muito claro que eu simplesmente deveria esperar o momento psicológico adequado.

Não cheguei perto da Williamson & Brown. Quer dizer, eu propositalmente me mantive longe deles durante seis longas semanas de leitura constante da fita. Eu temia que, se fosse para o escritório sabendo que poderia comprar quinhentas ações, poderia ser tentado a negociar na hora errada ou com a ação errada. O operador, além de estudar as condições básicas, relembrar os antecedentes do mercado e ter em mente como pensa o público externo, bem como as limitações de seus corretores, precisa também se conhecer e se prevenir contra as próprias fragilidades. Não há necessidade de sentir raiva por ser humano. Comecei a perceber que era preciso saber ler a mim mesmo tanto quanto saber ler a fita. Estudei e calculei minhas próprias reações a determinados impulsos ou às tentações inevitáveis de um mercado ativo com a mesma disposição e espírito com que considerava as condições das safras ou analisava os relatórios de lucros.

Assim, dia após dia, sem dinheiro e ansioso para voltar a negociar, sentei-me em frente a um quadro de cotações na sala de outra corretora onde não poderia comprar ou vender uma única ação, estudando o mercado, não perdendo transação nenhuma na fita, esperando o momento certo, do ponto de vista emocional, para tocar a campainha de avançar em alta velocidade.

Por causa de condições conhecidas por todos, a ação com relação à qual eu me sentia mais otimista naqueles dias críticos do início de 1915 era a Bethlehem Steel.[76] Eu estava moralmente certo de que ela subiria, mas, para ter certeza de que ganharia na minha primeira jogada, como precisava, decidi esperar até que ultrapassasse o valor nominal.

Acho que já disse que, por experiência própria, sempre que uma ação ultrapassa a marca de cem, duzentos ou trezentos dólares pela primeira vez, quase sempre acaba subindo mais cerca de 30 a 50 pontos, e, depois dos trezentos dólares, a alta é ainda mais rápida do que depois dos cem ou duzentos. Um dos meus primeiros grandes lances foi com ações da Anaconda, as quais comprei quando o preço ultrapassou 200 dólares e vendi um dia depois a 260. Minha prática de comprar uma ação logo após ela cruzar esses números redondos datava dos meus primeiros dias de *bucket shop*. É um princípio de negociação antigo.

Você pode imaginar como eu estava ansioso para voltar a operar na minha escala anterior, tanto que não conseguia pensar em mais nada, mas me segurei. Eu via a Bethlehem Steel subir, todos os dias, mais e mais alto, como tinha certeza de que iria subir, e mesmo assim controlei meu impulso de correr até o escritório da Williamson & Brown e comprar quinhentas ações. Eu sabia que simplesmente tinha de fazer minha operação inicial ser tão certa quanto fosse humanamente possível.

Cada ponto que aquela ação subia significava quinhentos dólares que eu não havia ganho. A alta inicial de 10 pontos significava que eu poderia fazer pirâmide e, em vez de quinhentas ações, poderia então estar carregando mil ações que me renderiam mil dólares por ponto. Mas fiquei quieto e, em vez de dar ouvidos a minhas esperanças espalhafatosas ou às minhas crenças clamorosas, ouvi apenas a voz tranquila de minha experiência e os conselhos do bom senso. Assim que conseguisse juntar uma bolada de dinheiro decente, poderia me dar ao luxo de assumir riscos. Mas, sem uma bolada, arriscar, mesmo arriscar só um pouquinho, era um luxo totalmente fora do meu alcance. Seis semanas de paciência — mas, no final, uma vitória do bom senso sobre a ganância e a esperança!

Eu realmente comecei a vacilar e a suar sangue quando a ação chegou a 90 dólares. Pense bem no que eu não tinha ganhado ao não comprar quando

---

76. A Bethlehem Steel Corporation foi uma grande empresa siderúrgica dos Estados Unidos, fundada em 1857 e extinta em 2003. Sua subsidiária, a Bethlehem Shipbuilding Corporation, foi uma das principais empresas de construção naval do país. (N.T.)

estava tão otimista. Bem, quando chegou a 98 dólares, eu pensei: "A Bethlehem vai passar dos cem e, quando isso acontecer, o telhado vai desabar!". A fita dizia a mesma coisa muito claramente. Na verdade, ela berrava. Eu lhe digo, eu vi 100 dólares na fita quando o *ticker* estava imprimindo apenas 98. E eu sabia que não estava sendo enganado por minha esperança ou por meu desejo, mas tratava-se da afirmação do meu instinto de leitura da fita. Então pensei: "Não posso esperar até chegar a cem. Tenho que pegar agora. Para todos os efeitos práticos, já ultrapassou os cem!".

Corri para o escritório da Williamson & Brown e entrei com um pedido de compra de quinhentas ações da Bethlehem Steel. O mercado estava então em 98 dólares. Comprei quinhentas ações a 98 e 99. Depois disso, ela disparou e fechou aquela noite, acho, a 114 ou 115. Comprei mais quinhentas ações.

No dia seguinte, a Bethlehem Steel estava a 145, e eu já tinha minha bolada de dinheiro. Mas eu merecia. Aquelas seis semanas de espera pelo momento certo foram as mais extenuantes e desgastantes pelas quais já passei. E valeu a pena, pois agora eu tinha capital suficiente para negociar lotes de tamanho razoável. Nunca teria chegado a lugar nenhum com apenas quinhentas ações.

É muito importante começar da maneira certa, seja qual for o empreendimento, e eu me saí muito bem depois de minha transação com a Bethlehem — tão bem, na verdade, que você não teria acreditado que aquele era o mesmo sujeito negociando. Na verdade, eu não era o mesmo, pois, no que havia me sentido pressionado e errado, agora me sentia tranquilo e certo. Não havia credores para me incomodar nem falta de recursos para interferir em meu pensamento ou em minha capacidade de ouvir a voz verdadeira da experiência, e, assim, eu estava no caminho da vitória.

De repente, quando estava no caminho certo de amealhar uma fortuna, tivemos a destruição do Lusitania.[77] De vez em quando uma pessoa toma um soco como aquele no estômago, provavelmente para se lembrar do triste fato de que nenhum ser humano pode estar tão uniformemente certo no mercado a ponto de ficar fora do alcance de acidentes nefastos. Ouvi pessoas dizerem que nenhum especulador profissional precisaria ter sido duramente atingido pela notícia do bombardeio do Lusitania e contarem como souberam da notícia muito antes de Wall Street. Não fui esperto o suficiente para escapar por meio de informações privilegiadas, mas tudo o que posso dizer é que, por causa do

---

77. O vapor de transporte de passageiros Lusitania foi afundado por um submarino alemão em 7 de maio de 1915, causando muitas mortes, inclusive de cidadãos estadunidenses. Apesar do ressentimento público na época, os Estados Unidos só acabaram declarando guerra à Alemanha dois anos depois. (N.T.)

que perdi com a quebra do Lusitania e de uma ou duas outras reviravoltas que não fui sábio o suficiente para prever, me encontrei, no final de 1915, com um saldo em minhas corretoras de cerca de 140 mil dólares. Isso foi tudo que eu, de fato, ganhei, embora tivesse acertado o mercado de modo consistente durante a maior parte do ano.

Eu me saí muito melhor no ano seguinte. Tive muita sorte. Estava extremamente altista em um mercado altista. Tudo certamente fluía a meu favor, de modo que não havia nada a ser feito a não ser ganhar dinheiro. Isso me fez lembrar de uma frase do falecido H.H. Rogers,[78] da Standard Oil Company, que dizia que havia momentos em que uma pessoa não conseguia mais evitar ganhar dinheiro como não conseguiria se molhar se saísse em uma tempestade sem guarda-chuva. Foi o mercado altista mais claramente definido que já tivemos. Estava claro para todos que as compras pelos Aliados de todo tipo de suprimentos aqui faria dos Estados Unidos a nação mais próspera do mundo. Tínhamos todos os artigos que ninguém mais tinha para vender e estávamos recebendo rapidamente todo o dinheiro do mundo. Quero dizer que o ouro do mundo inteiro estava sendo derramado neste país em torrentes. A inflação era inevitável e, é claro, significava um aumento nos preços de todos os bens.

Tudo isso ficou tão evidente desde o início que pouca ou nenhuma manipulação foi necessária para que a alta acontecesse. Essa foi a razão pela qual o trabalho preliminar foi muito menor do que em outros mercados ascendentes. E não apenas o *boom* que ocorreu na guerra se desenvolveu de maneira mais natural do que todos os outros, mas também provou ser ineditamente lucrativo para o público em geral. Em outras palavras, os ganhos no mercado acionário durante 1915 foram mais amplamente distribuídos do que em qualquer outro *boom* na história da Wall Street. O fato de o público não ter transformado todos os seus lucros no papel em bom dinheiro vivo, ou não ter ficado, por muito tempo, com os lucros que realmente obteve, foi apenas a história se repetindo. Em nenhum lugar a história se repete com tanta frequência ou uniformidade quanto em Wall Street. Quando você lê relatos contemporâneos de *booms* ou pânicos, a coisa que impressiona mais fortemente é como a especulação com ações ou os especuladores de hoje diferem tão pouco dos de ontem. O jogo não muda e nem a natureza humana.

Acompanhei a alta em 1916. Eu era tão otimista quanto qualquer outro, mas é claro que mantive os olhos abertos. Eu sabia, como todo mundo, que

---

78. Henry Huttleston Rogers (1840-1909) foi industrial, financista e figura dominante na Standard Oil. (N.T.)

forçosamente haveria um fim e estava atento aos sinais de alerta. Eu não estava muito interessado em adivinhar de que lado viria a pista, então não fiquei olhando para apenas um lado. Eu não estava, e nunca senti que estivesse, indissoluvelmente casado com um ou outro lado do mercado. O fato de um mercado altista ter engordado minha conta bancária ou um mercado baixista ter sido particularmente generoso não é razão suficiente para me ater ao lado ascendente ou descendente depois de receber o aviso de saída. Uma pessoa não jura lealdade eterna nem ao lado da alta nem ao da baixa. Seu foco deve se manter em acertar.

E há outra coisa a lembrar: um mercado não culmina em um grande ápice glorioso nem termina com uma reversão repentina de forma. Um mercado pode e, muitas vezes, deixa de ser um mercado altista muito antes de os preços começarem a cair. O tão esperado aviso chegou quando percebi que, uma após a outra, aquelas ações que haviam sido líderes do mercado tinham sofrido correções em vários pontos do pico de mercado e — pela primeira vez em muitos meses — não se recuperaram. A corrida deles evidentemente havia acabado, e isso claramente exigia uma mudança em minhas táticas de negociação.

Era bastante simples. Em um mercado altista, a tendência dos preços, é claro, é decidida e definitivamente ascendente. Portanto, sempre que uma ação vai contra a tendência geral, justifica-se supor que há algo errado com aquela ação específica. É o suficiente para o profissional experiente perceber que algo está errado. Ele não deve esperar que a fita se torne um palestrante. Seu trabalho é ouvir quando ela disser "saia!", e não esperar que ela emita um parecer jurídico para aprovação.

Como eu disse antes, notei que as ações que haviam liderado a subida maravilhosa tinham parado de subir. Elas caíram 6 ou 7 pontos e pararam por aí. Ao mesmo tempo, o restante do mercado continuou subindo em novos patamares. Uma vez que nada de errado havia acontecido com as próprias empresas, o motivo tinha de ser buscado em outro lugar. Essas ações tinham seguido a corrente por meses. Quando elas pararam de fazê-lo, embora a maré alta ainda estivesse forte, isso significava que, para aquelas ações específicas, o mercado altista havia acabado. Para o restante do mercado, a tendência ainda era decididamente ascendente.

Não havia necessidade de ficar perplexo a ponto de se entregar à inatividade, pois realmente não havia turbulência. Não virei baixista naquele momento porque a fita não me dizia para fazer isso. O fim da alta do mercado não havia chegado, embora estivesse se aproximando. Enquanto sua chegada era aguardada, ainda havia dinheiro a ser ganho do lado da alta. Sendo esse o caso, eu simplesmente me tornei baixista com relação às ações que haviam parado de subir e, como o resto do mercado tinha poder ascendente por trás dele, comprei e vendi.

Eu vendi as ações que haviam deixado de liderar a alta. Acumulei uma posição vendida de 5 mil ações em cada uma delas; e depois comprei os novos líderes. As ações em que estava vendido não sofreram muitas alterações, mas minhas ações compradas continuaram subindo. Quando, por sua vez, estas finalmente pararam de subir, eu cobri minha posição e as vendi — 5 mil ações de cada empresa. A essa altura, eu estava mais baixista do que altista, porque obviamente as próximas grandes fortunas seriam ganhas no lado negativo. Embora tivesse certeza de que o mercado baixista realmente havia começado antes do fim do mercado altista, eu sabia que ainda não era o momento de virar um baixista desenfreado. Não havia sentido em ser mais realista que o rei; sobretudo por ser muito cedo. A fita dizia apenas que grupos de batedores do exército principal dos baixistas haviam passado. Hora de se preparar.

Continuei comprando e vendendo até que, depois de cerca de um mês de negociação, eu havia acumulado uma posição vendida de 60 mil ações — 5 mil ações cada uma em uma dúzia de ações diferentes que, no início do ano, tinham sido as favoritas do público porque eram as líderes do grande mercado altista. Não era uma posição muito pesada; mas não se esqueça de que o mercado também não havia se tornado definitivamente baixista.

Então, um dia, todo o mercado enfraqueceu, e os preços de todas as ações começaram a cair. Quando obtive um lucro de, pelo menos, 4 pontos em cada uma das doze ações em que estava vendido, sabia que estava certo. A fita me disse que agora era seguro ser baixista, então prontamente dobrei minha posição.

Minha posição estava feita. Eu estava vendido em ações em um mercado que agora era claramente baixista. Não havia necessidade de forçar as coisas. O mercado estava fadado a seguir meu caminho e, sabendo disso, eu poderia esperar. Depois que dobrei, não fiz outra negociação por um longo tempo. Cerca de sete semanas depois de formar minha posição completa, tivemos o famoso "vazamento", e as ações caíram vertiginosamente. Foi dito que alguém tinha notícias privilegiadas de Washington que informavam que o presidente Wilson[79] emitiria uma mensagem que traria a pomba da paz rapidamente de volta para a Europa. Claro que o *boom* foi iniciado e sustentado pela Guerra Mundial, e a paz era um item baixista. Quando um dos corretores mais espertos do pregão foi acusado de lucrar com informações antecipadas, ele simplesmente

---

79. Thomas Woodrow Wilson (1856-1924) era um político e acadêmico; foi presidente dos Estados Unidos de 1913 a 1921. (N.T.)

disse que havia vendido ações não com base em alguma notícia, mas porque considerava que o mercado altista estava maduro demais. Eu mesmo havia dobrado minha posição vendida sete semanas antes.

Com a notícia, o mercado caiu muito, e eu, naturalmente, cobri minha posição. Era a única jogada possível. Quando acontece algo com o qual você não contava quando fez seus planos, cabe a você tirar vantagem da oportunidade que o destino bondoso lhe oferece. Por um lado, em um momento ruim como esse, você tem um grande mercado, no qual é possível fazer algum movimento, e esse é o momento de transformar seus lucros no papel em dinheiro de verdade. Mesmo em um mercado baixista, uma pessoa nem sempre pode cobrir 120 mil ações sem aumentar o preço por conta própria. Ela deve esperar por um mercado que lhe permitirá comprar tudo isso sem prejudicar o lucro que tem no papel.

Gostaria de salientar que não estava contando com aquela pausa específica, naquele momento específico, por esse motivo específico. Mas, como já disse antes, minha experiência de trinta anos como operador da bolsa me ensinou que esses acidentes geralmente ocorrem ao longo da linha de menor resistência na qual baseio minha posição no mercado. Outra coisa a ter em mente é o seguinte: nunca tente vender no pico. Não é sábio. Venda após uma correção se não houver um repique.

Tive um lucro de cerca de 3 milhões de dólares em 1916 por estar otimista enquanto durou o mercado altista e, então, ser pessimista quando o mercado baixista começou. Como eu disse antes, uma pessoa não precisa se casar com um lado do mercado até que a morte os separe.

Naquele inverno rumei para o sul, para Palm Beach, como costumo fazer nas férias, porque gosto muito de pescar em águas salgadas. Eu estava vendido em ações e no trigo, e ambas as posições me mostravam um lucro considerável. Não havia nada que estivesse me incomodando e eu estava me divertindo. Claro, a menos que eu vá para a Europa, não consigo realmente perder o contato com os mercados de ações ou de *commodities*. Por exemplo, nos Adirondacks,[80] tenho uma linha direta entre minha casa e o escritório do meu corretor.

Em Palm Beach, eu costumava visitar regularmente a filial da minha corretora. Percebi que o algodão, no qual não tinha interesse, estava forte e crescia. Mais ou menos naquela época — em 1917 — ouvi muito sobre os esforços que o presidente Wilson estava fazendo para conquistar a paz. Os relatórios vinham

---

80. Os Adirondacks são montanhas no nordeste do estado de Nova York populares entre os amantes da natureza que querem escapar da vida urbana.

de Washington, tanto na forma de despachos à imprensa quanto na forma de comunicações particulares a amigos em Palm Beach. Por isso, um dia percebi que a evolução dos diversos mercados refletia a confiança no sucesso do senhor Wilson. Com a paz supostamente próxima, as ações e o trigo deveriam cair, e o algodão deveria subir. Eu já estava posicionado no que se referia às ações e ao trigo, mas não fazia nada com algodão havia algum tempo.

Às 14h20, naquele dia, eu não tinha um único fardo, mas, às 14h25, minha crença de que a paz era iminente me fez comprar 15 mil fardos, para começo de conversa. Propus seguir meu antigo sistema de negociação — isto é, comprar uma posição completa — que já descrevi aqui.

Naquela mesma tarde, depois que o mercado fechou, recebemos a declaração da Guerra Submarina Irrestrita. Não havia nada a fazer, exceto esperar a abertura do mercado no dia seguinte. Lembro-me de que, naquela noite, no Gridley's, um dos maiores empresários do país se dispôs a vender qualquer quantidade de United States Steel a 5 pontos abaixo do preço de fechamento naquela tarde. Vários milionários de Pittsburgh estavam por perto. Ninguém aceitou a oferta do grande homem. Eles sabiam que haveria uma grande queda na abertura.

Como esperado, na manhã seguinte, os mercados de ações e *commodities* estavam em alvoroço, como se pode imaginar. Algumas ações abriram 8 pontos abaixo do fechamento da noite anterior. Para mim, isso significava uma oportunidade enviada pelo céu para cobrir todas as minhas vendas com lucro. Como disse antes, em um mercado baixista é sempre aconselhável cobrir se a desmoralização completa ocorrer de repente. Essa é a única maneira, se você tiver uma posição de grande porte, de transformar um grande lucro no papel em dinheiro vivo rapidamente e sem reduções deploráveis. Por exemplo, eu estava vendido em 50 mil ações somente da United States Steel. Claro que estava vendido em outras ações, e, quando vi que tinha um mercado propício para cobrir, eu o fiz. Meus lucros chegaram a cerca de 1 milhão e meio de dólares. Era uma oportunidade que não deveria ser desprezada.

O algodão, do qual estava comprado em 15 mil fardos e que eu comprara na última meia hora do pregão da tarde anterior, abriu mais baixo em 500 pontos. Que despencada! Significava uma queda de 375 mil dólares da noite para o dia. Embora estivesse perfeitamente claro que a única jogada sábia em ações e trigo era cobrir a queda, eu não estava tão certo sobre o que deveria fazer com o algodão. Havia várias coisas a considerar e, embora eu sempre aceite que perdi no momento em que me convenço de que estou errado, não gostei da ideia de assumir aquela perda naquela manhã. Então, eu refleti que tinha ido para o sul para me divertir pescando e não para ficar perplexo com a evolução do mercado de algodão. E, além disso, eu havia obtido um lucro tão grande com o trigo e as ações que decidi assumir meu prejuízo com o algodão. Imagino que meu lucro tenha sido um pouco mais de 1 milhão em vez de mais de 1 milhão e meio. Era tudo uma questão de contabilidade, como os promotores costumam dizer quando você faz perguntas demais.

Se eu não tivesse comprado aquele algodão um pouco antes do fechamento do mercado no dia anterior, teria economizado aqueles 400 mil dólares. Isso mostra a rapidez com que uma pessoa pode perder muito dinheiro com uma posição moderada. Minha posição principal estava absolutamente correta, e me beneficiei de um acidente da natureza diametralmente oposto às considerações que me levaram a assumir a posição que acumulara em ações e trigo. Observe que a linha especulativa de menor resistência demonstrou novamente seu valor para um operador. Os preços se comportaram como eu esperava, apesar do inusitado fator de mercado introduzido pela declaração alemã. Se as coisas tivessem acontecido como imaginei, eu estaria 100% certo em todas as minhas três posições, pois, com a calmaria, as ações e o trigo teriam caído, e o algodão teria subido. Eu teria ganhos com todos os três. Independentemente de paz ou guerra, eu estava certo em minha posição no mercado de ações e no trigo, e é por isso que o acontecimento inesperado ajudou. No algodão, baseei minha jogada em algo que poderia acontecer fora do mercado — ou seja, apostei no sucesso do senhor Wilson em suas negociações de paz. Foram os líderes militares alemães que me fizeram perder a aposta no algodão.

Quando voltei para Nova York no início de 1917, paguei todo o dinheiro que devia, o que somava mais de um milhão de dólares. Pagar minhas dívidas me deu um grande prazer. Eu poderia ter pago alguns meses antes, mas não o fiz por um motivo muito simples: estava negociando ativamente e com sucesso, e precisava de todo o capital que tinha. Devia isso a mim mesmo, bem como aos homens que eu considerava meus credores, para aproveitar todas as vantagens dos mercados maravilhosos que tivemos em 1915 e 1916. Eu sabia que ganharia muito dinheiro e não fiquei preocupado com a possibilidade de eles terem de esperar mais alguns meses pelo dinheiro que muitos deles nunca esperaram receber de volta. Não queria pagar minhas obrigações aos poucos ou a um credor de cada vez, mas, sim, na íntegra e para todos de uma vez. Portanto, enquanto o mercado fazia tudo o que podia por mim, continuei operando em uma escala tão grande quanto meus recursos permitiam.

Queria pagar juros, mas todos os credores que assinaram quitações recusaram-se terminantemente a aceitá-los. A pessoa a quem paguei por último foi o sujeito a quem devia oitocentos dólares, que tornara minha vida um inferno e me aborrecera até o ponto de eu não conseguir negociar. Eu o deixei esperar até ele saber que eu havia pagado todos os outros. Aí então ele recebeu seu dinheiro. Eu queria ensinar-lhe a ser mais cortês na próxima vez em que alguém lhe devesse algumas centenas de dólares.

E foi assim que voltei.

Depois de pagar minhas dívidas por completo, investi um valor considerável em anuidades. Decidi que nunca mais ficaria falido e desconfortável e sem uma boa quantia de dinheiro. Claro, depois que me casei, coloquei algum dinheiro em um fideicomisso para minha esposa. E, depois que meu filho nasceu, coloquei algum em um fideicomisso para ele.

A razão de eu ter feito isso não foi apenas o medo de que o mercado de ações pudesse tirar aquilo de mim, mas a consciência de que eu seria capaz de gastar tudo o que pudesse. Assim, minha esposa e meu filho estariam protegidos de mim.

Mais de uma pessoa que conheço fez a mesma coisa, mas convenceu a esposa a liberar o dinheiro quando precisava, e o perdeu. Contudo, eu tomei providências para que, independentemente da nossa vontade — minha ou da minha esposa —, esse fideicomisso se mantivesse. É absolutamente seguro contra todos os ataques de qualquer um de nós; seguro contra minhas necessidades de mercado; a salvo até mesmo do amor de uma esposa dedicada. Não vou correr riscos!

CAPÍTULO 15

Entre os perigos da especulação, o acontecimento inesperado — poderia até dizer imprevisível — ocupa uma posição destacada. Há certos riscos até justificáveis que uma pessoa mais prudente pode correr — riscos que ela deve correr se deseja ser algo mais do que um molusco no âmbito mercantil. Os riscos comerciais normais não são mais perigosos do que os riscos que alguém corre quando sai de casa para a rua ou parte em uma viagem de trem. Quando perco dinheiro por causa de algum acontecimento que ninguém poderia prever, não penso mais de forma tão vingativa sobre isso do que penso em uma tempestade que chega num momento inconveniente. A própria vida, do berço ao túmulo, é uma aposta, e eu consigo suportar com tranquilidade aquilo que me acontece porque não tenho o dom da clarividência. Mas houve momentos em minha carreira como especulador em que estive certo e joguei limpo, e, mesmo assim, fui roubado de meus ganhos pela sórdida injustiça de oponentes sem espírito esportivo.

Contra os delitos cometidos por vigaristas, covardes e multidões, uma pessoa de negócios de raciocínio rápido ou clarividente é capaz de se proteger. Eu nunca me confrontei com desonestidade descarada, exceto em uma *bucket shop* ou duas, porque mesmo nesse tipo de estabelecimento a honestidade era a melhor política; para ganhar muito dinheiro era preciso ser honesto e não trapacear. Nunca pensei que fosse um bom negócio jogar qualquer jogo em qualquer lugar onde fosse necessário ficar de olho no distribuidor das cartas porque era provável que ele trapaceasse se não fosse vigiado. Mas, diante de um trapaceador chorão, a pessoa decente fica impotente. *Fair play* é *fair play*. Eu poderia relatar uma dúzia de casos em que fui vítima de minha própria crença na santidade da palavra prometida ou na inviolabilidade de um acordo de cavalheiros. Não o farei porque não há nenhum propósito útil em relatos desse tipo.

Autores de literatura de ficção, clérigos e mulheres gostam de aludir ao pregão da bolsa de valores como uma guerra de quadrilhas e ao dia a dia de Wall

Street como uma briga. Isso é bastante dramático, mas totalmente enganoso. Não acho que meu negócio seja pautado pelo conflito ou pela disputa. Nunca luto com indivíduos ou quadrilhas especulativas. Eu apenas tenho opiniões diferentes, isto é, em minha avaliação das condições básicas. O que os dramaturgos chamam de batalhas comerciais não são lutas entre seres humanos. Elas são apenas testes de visão comercial. Tento me limitar a fatos e ocorrências apenas, e tomar minhas decisões com base nisso. Essa é a receita de Bernard M. Baruch[81] para o sucesso na obtenção de riquezas. Às vezes, não vejo os fatos — todos os fatos — com clareza suficiente ou com bastante antecedência; ou então não raciocino logicamente. Sempre que qualquer uma dessas coisas acontece, eu perco. Eu estou errado. E sempre me custa dinheiro estar errado.

Nenhuma pessoa razoável se opõe a pagar por seus erros. Não há credores privilegiados na prática de erros e nem exceções ou isenções. Mas sou contra perder dinheiro quando estou certo. Não me refiro, também, àqueles negócios que me custaram dinheiro por causa de mudanças repentinas nas regras de alguma bolsa específica. Tenho em mente certos riscos da especulação que, de vez em quando, lembram a uma pessoa que nenhum lucro deve ser considerado seguro até que seja depositado em sua conta bancária.

Depois que a Grande Guerra estourou na Europa, começou a alta esperada nos preços das *commodities*. Era tão fácil prever isso quanto prever a inflação de guerra. É claro que a subida generalizada continuou enquanto a guerra se prolongava. Como você deve se lembrar, eu estava ocupado dando a volta por cima em 1915. O *boom* das ações estava lá, e era meu dever tirar vantagem disso. Minha grande jogada mais segura, fácil e rápida foi no mercado de ações, e tive sorte, como você sabe.

Em julho de 1917, não apenas havia conseguido saldar todas as minhas dívidas, mas ainda havia acumulado um pequeno lucro. Isso significava que agora eu tinha tempo, dinheiro e inclinação para considerar a negociação das *commodities*, bem como das ações. Há muitos anos tenho como prática estudar todos os mercados. A subida nos preços das *commodities* em relação ao nível atingido no período de pré-guerra variou de 100% a 400%. Havia apenas uma exceção: o café. Claro que havia uma razão para isso. O estouro da guerra significara o fechamento dos mercados europeus, e cargas enormes foram enviadas para este país, que era o único grande mercado. Isso levou, com o tempo, a um enorme excedente de café em grão aqui, e isso, por sua vez, manteve o preço baixo. Ora, quando comecei a avaliar suas possibilidades especulativas, o café

81. Bernard M. Baruch (1870-1965) foi financista e estadista. Após acumular uma fortuna em Wall Street, passou a assessorar vários presidentes dos Estados Unidos. (N.T.)

estava, na verdade, sendo vendido abaixo dos preços prevalecentes antes da guerra. Se as razões para essa anomalia eram claras, não menos claro era o fato de que a operação ativa e cada vez mais eficiente dos submarinos alemães e austríacos produziria uma redução terrível no número de navios disponíveis para fins comerciais. Isso, por sua vez, acabaria levando a uma diminuição das importações de café. Com importações reduzidas e um consumo inalterado, os estoques excedentes seriam absorvidos e, quando isso acontecesse, o preço do café deveria reagir da mesma forma que os preços de todas as outras mercadorias haviam reagido, ou seja, subiriam.

Não era necessário ser um Sherlock Holmes para avaliar a situação. Não sei dizer por que todo mundo havia deixado de comprar café. Quando decidi comprá-lo, não considerei isso uma especulação. Foi muito mais um investimento. Eu sabia que levaria um certo tempo para colocar a mão no dinheiro, mas também sabia que certamente geraria um bom lucro. Isso tornava essa operação de investimento conservadora — o ato de um banqueiro, em vez da jogada de um apostador.

Comecei minhas operações de compra no inverno de 1917. Comprei bastante café. O mercado, porém, não fez nada digno de nota, continuou pouco ativo e, quanto ao preço, não subiu como eu esperava. O resultado de tudo foi que simplesmente carreguei minha posição desnecessariamente por nove longos meses, meus contratos expiraram e vendi todas as minhas opções. Tive um prejuízo colossal nessas transações e, mesmo assim, mantive a certeza de que minhas opiniões estavam corretas. Eu estava claramente errado na questão do tempo, mas estava confiante de que o café deveria subir como todas as *commodities* haviam feito, de modo que, assim que vendi minha posição, comecei a comprar novamente. Comprei três vezes mais café do que carreguei de forma improdutiva durante aqueles nove meses decepcionantes. Claro que comprei opções com vencimentos mais distantes — pelo tempo que pude.

Eu não estava tão errado a essa altura. Assim que comprei minha posição triplicada, o mercado começou a subir. Pessoas em todos os lugares pareciam perceber, de repente, o que estava prestes a acontecer no mercado de café. Começou a parecer que meu investimento me renderia uma taxa de juros muito boa.

Os vendedores dos contratos que comprei eram torrefadores, em sua maioria de ascendência e nomes alemães, que haviam adquirido café no Brasil confiantes na expectativa de trazê-lo para este país. Mas não havia navios para trazê-lo, e logo eles se encontraram na posição desconfortável de possuir montanhas de café lá e ter muitos contratos de venda dele para mim aqui. Lembre-se de que fiquei otimista com o café quando o preço estava praticamente no nível pré-guerra, e não se esqueça de que, depois de comprá-lo, carreguei-o a maior parte do ano e depois tive um grande prejuízo. A punição por estar errado é perder dinheiro. A recompensa por estar certo é ganhar dinheiro. Estando claramente certo e carregando uma grande posição, era justo que eu esperasse ganhar uma fortuna. Não seria necessário uma subida grande para que meu lucro me satisfizesse, pois estava carregando várias centenas de milhares de sacas. Não gosto de falar sobre minhas operações em números porque, às vezes, elas parecem enormes, e as pessoas podem pensar que estou me gabando. Na verdade, negocio de acordo com minhas possibilidades e sempre deixo uma ampla margem de segurança. Nesse caso, fui bastante conservador. A razão pela qual comprei opções tão livremente foi porque não conseguia ver qualquer chance de perder. As condições me eram favoráveis. Havia sido obrigado a esperar um ano, mas agora seria compensado por minha espera e por estar certo. Vi o lucro chegando rapidamente, mas não havia nenhuma esperteza nisso, eu simplesmente não era cego.

Esse lucro de milhões viria com certeza, e rapidamente! Mas nunca me alcançou. Não, não foi desviado por uma mudança repentina nas condições. O mercado não experimentou uma reversão abrupta em sua forma. O café não inundou o país. O que aconteceu? O inimaginável! Aquilo que nunca aconteceu na experiência de ninguém — do que eu, portanto, não tinha como me proteger. Acrescentei um elemento novo à longa lista de riscos de especulação que devo sempre manter à minha frente. Aconteceu que os camaradas que me venderam o café, os vendidos, sabiam o que os esperava e, em seus esforços para escapar da posição em que haviam se colocado, conceberam uma nova maneira de ganhar dinheiro. Eles correram para Washington em busca de ajuda, e conseguiram essa ajuda.

Talvez você se lembre de que o governo desenvolveu vários planos para evitar lucros abusivos com os bens de primeira necessidade. Você sabe como a maioria deles funcionava. Bem, os vendidos de café filantrópicos apareceram perante o Comitê de Fixação de Preços da Junta das Indústrias de Guerra — acho que essa era a designação oficial — e fizeram um apelo patriótico a esse órgão para proteger o bebedor de café estadunidense. Eles afirmaram que um especulador profissional, um tal de Lawrence Livingston, havia feito um *corner*, ou estava prestes a fazer um, no café. Se seus planos especulativos não fossem extintos, ele aproveitaria as condições criadas pela guerra, e o povo americano seria forçado a pagar preços exorbitantes por seu café matinal. Era impensável para os patriotas que me haviam vendido carregamentos de café, para os quais não conseguiram encontrar navios, que 100 milhões de estadunidenses, mais ou menos, pagassem tributos a especuladores inescrupulosos.

Eram eles que representavam o comércio de café, não os apostadores no café, e estavam dispostos a ajudar o governo a restringir os lucros abusivos, atuais ou futuros.

Veja bem, tenho horror a chorões e não pretendo insinuar que o Comitê de Fixação de Preços não estivesse fazendo o possível para conter os lucros abusivos e o desperdício. Mas isso não me impede de expressar a opinião de que os integrantes do comitê não examinaram em detalhes o problema específico do mercado cafeeiro. Eles estabeleceram um preço máximo para o café cru em grão e também um prazo fixo para o encerramento de todos os contratos existentes. Essa decisão significava, é claro, que a bolsa de café teria de fechar as portas. Havia apenas uma coisa a fazer, e eu a fiz: vender todos os meus contratos. Aqueles lucros de milhões que eu considerava tão certos de estarem vindo para mim como quaisquer outros que já ganhei evaporaram completamente. Eu era e sou um adversário tão fervoroso quanto qualquer um dos aproveitadores que negociam bens de primeira necessidade, mas, na época em que o Comitê de Fixação de Preços revelou sua decisão sobre o café, todas as outras *commodities* estavam sendo negociadas entre 250% e 400% acima dos preços do pré-guerra, enquanto o café cru em grão estava, na verdade, abaixo da média prevalecente durante os anos anteriores à guerra. Não consigo ver que diferença real fazia quem era o dono do café. O preço estava fadado a subir; e a razão para isso não eram as operações de especuladores sem escrúpulos, mas a queda no superávit causada pela redução das importações, e essas, por sua vez, foram afetadas exclusivamente pela terrível destruição dos navios do mundo pelos submarinos alemães. Os integrantes do comitê não esperaram o café começar a subir; eles pisaram no freio.

Por uma questão de política e de conveniência, foi um erro obrigar o fechamento da bolsa de café naquele momento. Se o comitê deixasse o café em paz, o preço sem dúvida teria subido pelas razões que já mencionei, que nada têm a ver com um suposto *corner*. Mas o preço alto — que não precisava ser exorbitante — teria sido um incentivo para atrair suprimentos para esse mercado. Ouvi o senhor Bernard M. Baruch dizer que a Junta de Indústrias de Guerra levou em consideração este fator — assegurar o abastecimento — na fixação de preços, e, por isso, algumas das reclamações sobre o limite elevado em certas mercadorias eram injustas. Quando a bolsa de café retomou os negócios mais tarde, o café estava sendo negociado a 23 centavos. O povo estadunidense pagou esse preço por causa da oferta reduzida, e a oferta era reduzida porque o preço tinha sido fixado em um nível baixo demais, por sugestão dos vendidos filantrópicos, para tornar possível o pagamento de fretes marítimos elevados e, dessa maneira, garantir a continuidade das importações.

Sempre achei que minha transação com o café era a mais legítima de todas as minhas transações com *commodities*. Eu a considerei mais um investimento do que uma especulação e permaneci nela mais de um ano. Se havia algum jogo, ele foi feito pelos torrefadores patrióticos com nomes e ancestrais alemães. Eles possuíam café no Brasil e o venderam para mim em Nova York. O Comitê de Fixação de Preços fixou o preço da única mercadoria que não havia subido. Seus integrantes protegeram o público contra a especulação antes de ela começar, mas não contra os preços mais altos que inevitavelmente se seguiram. Não só isso, mas, mesmo enquanto o café cru em grão rondava os nove centavos por libra-peso, o café torrado subia com todos os outros produtos. Foram apenas os torrefadores que se beneficiaram. Se o preço do café cru em grão tivesse subido dois ou três centavos a libra, isso teria significado vários milhões para mim. E não teria custado ao público tanto quanto custou a subida posterior.

As autópsias das especulações são um desperdício de tempo. Elas não levam a lugar nenhum. Mas essa transação específica tem um certo valor educacional. Era tão bonita quanto qualquer outra em que já entrei. O aumento era tão certo, tão lógico, que percebi que simplesmente não poderia deixar de faturar vários milhões de dólares, mas isso não aconteceu.

Em duas outras ocasiões, sofri com a ação de comitês de bolsa que tomaram decisões que alteraram as regras de negociação sem aviso prévio. Mas, nesses casos, minha própria posição, embora tecnicamente correta, não era tão sólida, do ponto de vista comercial, como era em minha transação com café. Você não pode ter certeza absoluta de nada em uma operação especulativa. Foi a experiência que acabei de contar que me fez adicionar o inesperável ao inesperado em minha lista de riscos.

Depois do episódio do café, tive tanto sucesso com outras *commodities* e no lado vendido da bolsa de valores que comecei a sofrer com fofocas idiotas. Os profissionais de Wall Street e os redatores de jornais adquiriram o hábito de culpar a mim e aos meus supostos ataques por quedas de preços inevitáveis. Às vezes, minhas vendas eram consideradas não patrióticas — quer eu estivesse realmente vendendo ou não. A razão para exagerar a magnitude e o impacto de minhas operações, suponho, foi a necessidade de satisfazer à demanda insaciável do público por diversos motivos para cada movimento dos preços.

Como já disse mil vezes, nenhuma manipulação pode derrubar as ações e mantê-las em baixa, não há nada de misterioso nisso. O motivo é claro para todos os que se derem ao trabalho de pensar nisso por meio minuto. Suponha que um operador atacasse uma ação — isto é, baixasse o preço dela a um nível inferior ao seu valor real —, o que inevitavelmente aconteceria? Ora, o manipulador enfrentaria imediatamente o melhor tipo de compra com base em informações privilegiadas. As pessoas que sabem quanto vale uma ação sempre a comprarão quando ela for vendida a preços de pechincha. Se esses *insiders* não puderem comprar será porque as condições gerais são contrárias ao livre controle de seus próprios recursos, e tais condições não são condições altistas. Quando as pessoas falam sobre ataques, a inferência é que tais ataques são injustificados; quase criminosos. Mas vender uma ação a um preço muito abaixo do seu valor é um negócio extremamente perigoso. É bom ter em mente que uma ação atacada que não consegue subir não está sendo objeto de muitas compras por *insiders* e que, onde existe um ataque — isto é, vendas a descoberto injustificadas —, em geral, as compras são feitas por esse tipo de pessoa; e que, quando isso ocorre, o preço não permanece em um nível baixo. Devo dizer que, a cada cem casos, 99 dos que foram chamados de ataques são, na verdade, declínios legítimos — às vezes, acelerados, mas não causados principalmente pelas operações de um operador profissional, por maior que seja a posição que ele possa movimentar.

A teoria de que a maioria das quedas repentinas ou das quebras bruscas específicas resulta das operações de algum especulador provavelmente foi inventada como uma forma fácil de fornecer razões para aqueles especuladores que, por serem apenas apostadores cegos, acreditam em qualquer coisa que lhes for dito em vez de pensar um pouco. A desculpa pelas perdas por ataque, que especuladores infelizes tantas vezes ouvem de corretores e fofoqueiros financeiros, é, na verdade, uma dica invertida. A diferença está no seguinte: uma dica baixista é um conselho bem específico e positivo para vender a descoberto. Mas a dica invertida — ou seja, a explicação que não explica — serve apenas para evitar que você venda a descoberto com sabedoria. A tendência natural quando uma ação despenca é vendê-la. Existe uma razão — uma razão desconhecida, mas uma razão boa; portanto, saia. Mas não é aconselhável sair quando a queda é o resultado de um ataque de um especulador, porque, no momento em que ele para, o preço inicia uma recuperação. Dicas invertidas!

CAPÍTULO 16

Dicas! Como as pessoas querem dicas! Elas desejam não apenas recebê-las, mas também dá-las. Há ganância envolvida e também vaidade. É muito divertido, às vezes, ver pessoas realmente inteligentes correndo atrás delas. E quem dá uma dica não precisa se preocupar com a qualidade, pois quem busca não está atrás de dicas boas, mas, sim, de qualquer dica. Se der certo, ótimo! Se não, boa sorte com a próxima. Estou pensando no cliente típico de uma corretora comum. Existe um tipo de promotor ou manipulador de informações que acredita em dicas em primeiro lugar, em último lugar e o tempo inteiro. Um bom fluxo de dicas é considerado por ele como uma espécie de publicidade sublimada, a melhor informação comercial do mundo, pois, uma vez que os caçadores de dicas e os receptores de dicas são invariavelmente transmissores de dicas, a divulgação torna-se uma espécie de publicidade em cadeia interminável. O promotor de dicas trabalha com a ilusão de que nenhum ser humano pode resistir a uma dica se ela for transmitida de forma adequada. Ele estuda a arte de distribuí-las de modo artístico.

Recebo centenas de dicas todos os dias de todos os tipos de pessoa. Vou contar uma história sobre a Borneo Tin. Você se lembra de quando essa ação foi lançada? Foi no auge do *boom*. O sindicato do promotor tinha seguido o conselho de um banqueiro muito inteligente e decidiu lançar a empresa nova no mercado aberto imediatamente, em vez de deixar um sindicato de subscrição demorar para fazê-lo mais adiante; foi um bom conselho. O único erro que os membros do sindicato do promotor cometeram foi reflexo de sua falta de experiência. Eles não sabiam o que o mercado de ações era capaz de fazer durante um *boom* louco e, ao mesmo tempo, não eram liberais de um modo inteligente. Eles concordaram com a necessidade de aumentar o preço a fim de tornar as ações vendáveis, mas iniciaram a negociação em um patamar em que os corretores e os pioneiros especulativos não poderiam comprá-las sem receio.

Se tudo funcionasse a contento, os promotores deveriam ter sido obrigados a ficar com as ações, mas, em um mercado em alta selvagem, sua avareza acabou sendo um conservadorismo descarado. O público comprava qualquer coisa que viesse acompanhada da dica adequada. Investir não era o que se desejava, a demanda era por dinheiro fácil; pelo lucro certo das apostas. Os Estados Unidos estavam sendo inundados por ouro destinado a pagar as enormes compras de material bélico. Disseram-me que os promotores, enquanto faziam seus planos para lançar as ações da Borneo, aumentaram o preço inicial três vezes antes de sua primeira transação ser oficialmente registrada para benefício do público.

Fui convidado a entrar no sindicato e analisei a proposta, mas não aceitei porque, se há alguma manobra do mercado a ser feita, gosto de fazê-la eu mesmo. Negocio com base em minhas próprias informações e sigo meus próprios métodos. Quando a Borneo Tin foi lançada, ciente dos recursos do sindicato e dos planos de seus integrantes, e sabendo também do que o público era capaz, comprei 10 mil ações na primeira hora do primeiro dia. Sua estreia no mercado foi bem-sucedida, pelo menos até aquele ponto. Na verdade, os promotores acharam a demanda tão ativa que decidiram que seria um erro se livrar de tantas ações tão cedo. Eles descobriram que eu havia adquirido minhas 10 mil ações ao mesmo tempo em que perceberam que, provavelmente, conseguiriam vender todas as ações que tinham se simplesmente aumentassem o preço em 25 ou 30 pontos. Eles concluíram, portanto, que o lucro sobre minhas 10 mil ações levaria um pedaço muito grande dos milhões que sentiam já estar em seus bolsos. Então, chegaram a parar suas operações altistas e tentaram me obrigar a vender minha posição, mas eu simplesmente segurei firme. Desistiram de mim porque não queriam perder o controle do mercado, e então começaram a aumentar o preço enquanto se desfaziam do mínimo possível de ações.

Eles viram a altura extraordinária que outras ações haviam alcançado e começaram a pensar em termos de bilhões de dólares. Bem, quando a Borneo Tin alcançou os 120 dólares, eu os deixei ficar com minhas 10 mil ações. Isso conteve a alta, e os administradores do sindicato abrandaram o processo de elevação de preços. Na subida generalizada seguinte, tentaram novamente criar um mercado ativo para a ação e venderam um pouco, mas a comercialização acabou se tornando muito cara. Finalmente eles conseguiram fazê-la subir para 150 dólares. Mas o mercado havia perdido seu viés altista para sempre, então o sindicato foi compelido a vender o maior número possível de ações na baixa para aquelas pessoas que amam comprar após uma boa correção, acreditando na falácia de que uma ação que já tenha sido negociada a 150 dólares deve ser barata a 130 e uma grande pechincha a 120. Além disso, eles passaram a dica, primeiro, para os operadores de pregão — que muitas vezes conseguem influenciar um mercado temporariamente — e, depois, para as corretoras. Qualquer pequeno empurrão ajuda, e o sindicato estava recorrendo a todos os dispositivos conhecidos. O problema era que o tempo para propulsionar as ações já havia passado. Os tolos já haviam engolido outras ações manipuladas. O bando da Borneo não viu isso, ou se recusou a ver.

Eu estava em Palm Beach com minha esposa. Um dia, ganhei um pouco de dinheiro na Gridley's e, quando cheguei em casa, dei à senhora Livingston quinhentos dólares. Foi uma coincidência curiosa, mas naquela mesma noite ela conheceu, em um jantar, o presidente da Borneo Tin Company, um tal de senhor Wisenstein, que se tornara o gerente do sindicato de ações. Só soubemos algum tempo depois que esse Wisenstein agiu deliberadamente para se sentar ao lado da senhora Livingston no jantar.

Ele fez questão de ser muito gentil, conversando com ela de forma muito divertida. Enfim, disse a ela muito confidencialmente:

— Senhora Livingston, vou fazer algo que nunca fiz antes. Estou muito feliz em fazer isso porque você sabe exatamente o que significa.

Ele parou e olhou de um modo ansioso para a senhora Livingston a fim de se certificar de que ela não era apenas esperta, mas também discreta. Ela podia ler isso em seu rosto, tão facilmente como se estivesse impresso em uma folha de papel. Mas tudo o que ela disse foi:

— Sim.

— Sim, senhora Livingston. Foi um grande prazer conhecer a senhora e o seu marido, e quero provar que sou sincero ao dizer isso, porque espero vê-los muitas outras vezes. Tenho certeza de que não preciso lhe dizer que o que vou falar é estritamente confidencial! — Então, ele sussurrou: — Se você comprar algumas ações da Borneo Tin, ganhará muito dinheiro.

— Você acha? — ela perguntou.

— Pouco antes de sair do hotel — disse ele —, recebi alguns telegramas com notícias que não serão conhecidas pelo público por algum tempo, pelo menos. Vou comprar o maior número de ações que puder. Se você conseguir algumas na abertura amanhã, estará comprando na mesma hora e pelo mesmo preço que eu. Dou minha palavra de que a Borneo Tin certamente subirá. Você é a única pessoa para quem eu contei isso. A única mesmo!

Ela agradeceu e disse que não sabia nada sobre especulação com ações, mas lhe garantiu que não era necessário que soubesse mais. Para ter certeza de que ela ouvira corretamente, ele repetiu seu conselho:

— Tudo o que você precisa fazer é comprar a quantidade de Borneo Tin que desejar. Posso lhe dar minha palavra de que, se o fizer, não perderá um centavo. Eu nunca disse a uma mulher, nem a um homem, para comprar o que quer que fosse. Mas tenho tanta certeza de que as ações não pararão abaixo de duzentos dólares, que gostaria que você ganhasse algum dinheiro. Não posso comprar todas as ações sozinho, sabe? E se alguém além de mim for se beneficiar com o aumento, prefiro que seja você do que um estranho. Muito melhor! Eu lhe confidenciei isso porque sei que não contará a ninguém. Acredite na minha palavra, senhora Livingston, e compre a Borneo Tin!

Ele pareceu muito sincero e conseguiu impressioná-la de tal forma que ela começou a pensar que havia encontrado um uso excelente para os quinhentos dólares que eu lhe dera naquela tarde. Esse dinheiro não me custara nada e não fazia parte de sua mesada. Em outras palavras, era dinheiro fácil de perder se a sorte estivesse contra ela. Mas ele dissera que ela certamente sairia ganhando. Seria bom ganhar dinheiro sozinha — e depois me contar tudo.

Bem, na manhã seguinte, antes da abertura do mercado, ela foi ao escritório da Harding e disse ao gerente:

— Senhor Haley, quero comprar algumas ações, mas não quero que apareça na minha conta normal porque não quero que meu marido saiba de nada até eu obter algum lucro. Você pode fazer isso por mim?

Haley, o gerente, disse:

— Ah, sim. Podemos abrir uma conta especial. Qual é a ação e quantas você deseja comprar?

Ela deu-lhe os quinhentos dólares e disse:

— Ouça, por favor. Não desejo perder mais do que este dinheiro. Se ele acabar, não quero dever nada; e, lembre-se, não quero que o senhor Livingston saiba nada sobre isso. Compre para mim o maior número de Borneo Tin que puder com esse dinheiro, na abertura.

Haley pegou o dinheiro e disse a ela que nunca diria uma palavra a ninguém, e comprou para ela cem ações na abertura. Acho que ela conseguiu a 108. A ação estava muito ativa naquele dia e fechou com uma alta de 3 pontos. A senhora Livingston ficou tão encantada com sua façanha que mal conseguiu ficar calada sobre o que ocorrera.

Acontece que eu estava ficando cada vez mais pessimista em relação ao mercado como um todo. A atividade incomum com as ações da Borneo Tin chamou minha atenção. Não achava que fosse o momento certo para qualquer ação subir, muito menos uma ação como aquela. Decidi começar minhas operações baixistas naquele mesmo dia, e comecei vendendo cerca de 10 mil ações da Borneo. Se eu não tivesse feito essa venda, acho que a ação teria subido 5 ou 6 pontos em vez de três.

No dia seguinte, vendi 2 mil ações na abertura e 2 mil ações pouco antes do fechamento, e a ação caiu para 102 dólares.

Haley, gerente da Palm Beach da Harding Brothers, estava esperando que a senhora Livingston visitasse a loja na terceira manhã. Em geral, ela entrava por volta das 11h00 para ver como andavam as coisas e se eu estava fazendo algo.

Haley puxou-a de lado e disse:

— Senhora Livingston, se quer que eu carregue aquelas cem ações da Borneo Tin para você, precisará me dar mais margem.

— Mas eu não tenho mais dinheiro — ela disse.

— Posso transferi-las para sua conta normal — disse ele.

— Não — ela objetou —, porque assim L.L. ficaria sabendo da operação.

— Mas a conta já mostra uma perda de... — ele começou.

— Mas eu lhe disse claramente que não queria perder mais do que quinhentos dólares. Eu nem queria perder isso — disse ela.

— Eu sei, senhora Livingston, mas eu não queria vender sem consultá-la e, agora, a menos que você me autorize a segurá-la, terei de vendê-la.

— Mas ela se comportou tão bem no dia da compra — disse ela —, por isso não achei que agiria assim tão cedo. Você achou?

— Não — respondeu Haley —, não achei.

É preciso ser diplomático nos escritórios dos corretores.

— O que deu errado com ela, senhor Haley?

Haley sabia, mas não podia contar a ela sem me denunciar, e os negócios de um cliente são sagrados. Então, ele disse:

— Não ouvi nada de especial sobre essa ação, de uma forma ou de outra. Lá vai ela! Esse é o ponto mais baixo da queda! — e ele apontou para o quadro de cotações.

A senhora Livingston olhou para a ação que afundava e gritou:

— Ah, senhor Haley! Eu não queria perder meus quinhentos dólares! O que devo fazer?

— Não sei, senhora Livingston, mas, se eu fosse você, perguntaria ao senhor Livingston.

— Ah não! Ele não quer que eu especule por conta própria. Ele me disse isso. Está disposto a comprar ou vender ações por mim, se eu pedir, mas nunca antes fechei uma transação sem que ele soubesse. Eu não ousaria contar a ele.

— Não há problema — disse Haley de forma diplomática. — Ele é um operador maravilhoso e saberá exatamente o que fazer. — Ao vê-la fazer que não com a cabeça violentamente, ele acrescentou de um jeito diabólico: — Ou então você acrescenta mil ou dois mil para sustentar suas Borneo.

A alternativa a levou a tomar uma decisão naquele momento. Minha esposa ficou vagando pelo escritório, mas, à medida que o mercado enfraquecia ainda mais, ela veio até onde eu estava sentado observando o quadro e disse que queria falar comigo. Entramos no escritório privativo e ela me contou toda a história. Então, eu disse a ela:

— Tolinha, não se envolva com esse negócio.

Ela prometeu que faria isso, então devolvi seus quinhentos dólares e ela foi embora feliz. A ação estava sendo negociada pelo valor nominal àquela altura.

Eu entendi o que havia acontecido. Wisenstein era uma pessoa astuta e imaginou que a senhora Livingston me contaria o que ele havia dito e que eu acabaria avaliando a ação. Ele sabia que a atividade sempre me atraiu e que eu era conhecido por trabalhar com posições bastante grandes. Suponho que ele imaginou que eu fosse comprar 10 mil ou 20 mil ações.

Foi uma das dicas mais habilmente planejadas e artisticamente impulsionadas de que já ouvi falar, mas deu errado. Tinha que dar errado. A princípio, porque a senhora Livingston havia recebido naquele mesmo dia quinhentos dólares não ganhos e estava, portanto, com uma disposição para assumir riscos muito maior do que a normal. Ela queria ganhar algum dinheiro sozinha e, como não entendia bem como funcionavam as coisas, ficou tão atraída pela oportunidade que não resistiu. Ela sabia como eu me sentia a respeito da especulação com ações praticada por pessoas de fora do mercado, e não ousou mencionar o assunto comigo. Wisenstein não avaliou direito o conhecimento dela.

Ele também estava totalmente errado com relação a seu palpite sobre como eu operava. Nunca aceito dicas, e estava pessimista com relação ao mercado como um todo. As táticas que ele achou que seriam eficazes e me fariam comprar a Borneo — ou seja, a atividade e o aumento de 3 pontos — foram precisamente o que me fez escolher essa ação como uma das primeiras quando decidi vender o mercado inteiro.

Depois de ouvir a história da senhora Livingston, fiquei mais ansioso do que nunca para vender a Borneo. Todas as manhãs, na abertura, e todas as tardes, antes do fechamento, eu deixava que ele comprasse algumas ações regularmente, até que vi uma chance de cobrir minhas posições vendidas com um lucro considerável.

Sempre me pareceu o cúmulo da tolice negociar com base em dicas. Suponho que não sou do tipo seguidor de dicas. Às vezes, acho que aqueles que as ouvem são como bêbados. Há quem não resista ao desejo de beber e sempre busque aquele estado de embriaguez indispensável à sua felicidade. É tão fácil abrir os ouvidos e deixar a dica entrar... Ouvir exatamente o que devemos fazer para sermos felizes de uma maneira que seja fácil obedecer é a coisa mais próxima de ser feliz — o que é um primeiro passo enorme em direção à realização dos desejos. Não é tanto a ganância que fica cega por causa da ansiedade, mas a esperança que é vendada pela falta de vontade de pensar.

E não é apenas no público externo que você encontra seguidores de dicas inveterados. O operador profissional no pregão da Bolsa de Valores de Nova York é igualmente suscetível. Estou definitivamente ciente de que muitos deles acalentam noções errôneas a meu respeito, porque nunca dou dicas a ninguém. Se eu dissesse a um homem comum "Venda 5 mil Steel por conta própria!", ele faria isso na hora. Mas se eu lhe contasse que estou pessimista com relação ao mercado como um todo e apresentasse minhas razões detalhadamente, ele teria dificuldade em me ouvir e, depois que eu terminasse de falar, me olharia atravessado por ter gasto seu tempo dando minha opinião sobre as condições gerais em vez de lhe dar uma dica direta e específica, como um tipo verdadeiro de filantropo que é tão abundante na Wall Street — o tipo que adora colocar milhões no bolso de amigos, conhecidos e estranhos.

A crença em milagres que todos os homens acalentam nasce da indulgência imoderada na esperança. Há pessoas que passam por crises de esperança periodicamente, e todos nós conhecemos o viciado em esperança crônico que se apresenta diante de nós como um otimista exemplar. Recebedores de dicas é tudo o que eles realmente são.

Tenho um conhecido, um membro da Bolsa de Valores de Nova York, que era um daqueles que pensavam que eu era um porco egoísta de sangue-frio porque nunca dava dicas ou colocava os amigos nas boas situações. Um dia — já faz alguns anos —, ele estava conversando com um jornalista que casualmente mencionou que tinha sido informado, por uma boa fonte, sobre a subida da G.O.H. Meu amigo corretor prontamente comprou mil ações e viu o preço cair tão rapidamente que ele perdeu 3.500 dólares antes de conseguir estancar seu prejuízo. Ele encontrou o jornalista um ou dois dias depois, enquanto ainda estava aborrecido.

— Essa foi uma dica e tanto que você me deu — ele reclamou.

— Que dica foi essa? — perguntou o repórter, que não se lembrava.

— Sobre a G.O.H.! Você disse que a obteve de uma fonte confiável.

— É verdade. Um diretor da empresa que é membro do comitê financeiro me contou.

— Qual deles? — perguntou o corretor com sede de vingança.

— Se você quer mesmo saber — respondeu o jornalista —, foi o seu sogro, senhor Westlake.

— Por que diabo você não me disse que era ele? — gritou o corretor. — Isso me custou 3.500 dólares!

Ele não acreditava em dicas de familiares. Quanto mais longe estivesse a fonte, mais pura seria a dica.

O velho Westlake era um banqueiro e promotor rico e bem-sucedido. Um dia, ele encontrou John W. Gates, e Gates perguntou o que ele sabia.

— Se você agir com base nela, vou lhe dar uma dica. Do contrário, economizarei meu fôlego — respondeu o velho Westlake, mal-humorado.

— É claro que vou agir com base nela — prometeu Gates, animado.

— Venda a Reading! Certamente, ganhará 25 pontos com isso, e possivelmente mais. Mas 25 com certeza absoluta — disse Westlake de maneira imponente.

— Estou muito grato a você! — Gates apertou a mão de Westlake calorosamente e caminhou em direção ao escritório de sua corretora.

Westlake se especializou na Reading. Ele sabia tudo sobre a empresa e era conhecido dos *insiders*, de modo que o mercado daquelas ações era um livro aberto para ele, e todos sabiam disso. Agora ele estava aconselhando os especuladores do mundo ocidental a vendê-la.

Bem, a Reading nunca parou de subir. Subiu algo como 100 pontos em poucas semanas. Um dia, o velho Westlake deu de cara com John W. em Wall Street, mas fingiu que não o tinha visto e continuou andando. John W. Gates o alcançou, com um sorriso no rosto, e lhe estendeu a mão. O velho Westlake apertou-a atordoado.

— Quero agradecer a dica que você me deu sobre a Reading — disse Gates.

— Eu não dei nenhuma dica — disse Westlake, franzindo a testa.

— Claro que deu. E foi uma dica das boas também. Ganhei 60 mil dólares.

— Ganhou 60 mil dólares?

— Ganhei! Você não se lembra? Você me disse para vender a Reading; então eu comprei! Sempre ganhei dinheiro cobrindo suas dicas, Westlake — disse John W. Gates amistosamente.

— Sempre!

O velho Westlake olhou para o nativo de Illinois sem papas na língua e então comentou admirado:

— Gates, eu seria um homem rico se tivesse sua inteligência!

Outro dia conheci o senhor W.A. Rogers,[82] o famoso desenhista cujas caricaturas de Wall Street os corretores tanto admiram. Seus desenhos diários no *New York Herald*[83] divertiram milhares de leitores durante muitos anos. Bem, ele me contou uma história. Foi um pouco antes de entrarmos em guerra contra a Espanha.[84] Ele estava passando a noite com um amigo corretor. Quando saiu,

---

82. William Allen Rogers (1854-1931) desenhou charges políticas para vários periódicos, incluindo *Harper's Weekly*, *Life* e *Washington Post*. (N.T.)

83. O *New York Herald* foi um jornal nova-iorquino de grande circulação entre 1835 e 1924. Depois de ser adquirido por seu rival menor, o *New-York Tribune*, tornou-se parte do *New York Herald Tribune*. (N.T.)

84. A Guerra Hispano-Americana durou de 21 de abril a 13 de agosto de 1898. (N.T.)

pegou seu chapéu-coco da prateleira, pelo menos ele achava que era o chapéu dele, pois tinha o mesmo formato e se ajustava perfeitamente à sua cabeça.

Naquela época, em Wall Street, não se pensava nem se falava em outra coisa que não fosse a guerra contra a Espanha. Aconteceria ou não? Se houvesse uma guerra, o mercado cairia; não tanto por conta de nossas vendas, mas pela pressão dos detentores europeus de nossos ativos financeiros. Se houvesse paz, comprar ações seria lucro certo, uma vez que o mercado já havia caído consideravelmente por causa da gritaria histérica dos jornais sensacionalistas. O senhor Rogers me contou o resto da história da seguinte maneira:

— Meu amigo, o corretor, com quem eu estivera na noite anterior, estava na bolsa no dia seguinte, avaliando ansiosamente em que lado do mercado deveria jogar. Ele considerou os prós e os contras, mas era impossível distinguir o que era boato e o que era fato. Não havia notícias autênticas para guiá-lo. Em um momento, ele pensou que a guerra era inevitável e, no seguinte, quase se convenceu de que era totalmente improvável. A perplexidade deve ter aumentado sua temperatura, pois ele tirou o chapéu-coco para enxugar a testa molhada de suor. Ele não sabia se devia comprar ou vender.

— Ele olhou para dentro do chapéu. Estava escrita a palavra WAR em letras douradas.[85] Esse foi o sinal de que precisava. Não era uma dica da providência divina enviada através do meu chapéu? Então, ele vendeu um monte de ações, e a guerra foi devidamente declarada. Ele cobriu sua posição depois da queda e ganhou uma fortuna.

Então, W.A. Rogers concluiu:

— Nunca recuperei aquele chapéu!

Mas a melhor história sobre dicas da minha coleção diz respeito a um dos membros mais populares da Bolsa de Valores de Nova York, J.T. Hood. Um dia, outro operador de pregão, Bert Walker, disse a ele que havia feito um grande favor para um diretor importante da Atlantic & Southern. Em troca, o diretor, grato, disse-lhe para comprar todas as A&S que pudesse. A diretoria estava prestes a fazer algo que aumentaria as ações em, pelo menos, 25 pontos. Nem todos os diretores estavam a par do negócio, mas a maioria certamente votaria da forma esperada.

Bert Walker concluiu que haveria um aumento da taxa de dividendos. Ele contou para seu amigo Hood, e cada um deles comprou alguns milhares de ações da A&S. As ações estavam muito fracas, antes e depois da compra, mas Hood disse que isso obviamente havia sido feito com a intenção de facilitar a acumulação de uma posição grande pelo grupo de *insiders* liderado pelo amigo grato de Bert.

---

85. As iniciais do senhor W.A. Rogers, que significam "guerra" em inglês. (N.T.)

Na quinta-feira seguinte, após o fechamento do mercado, os dirigentes da Atlantic & Southern se reuniram e aprovaram o dividendo. A ação caiu 6 pontos nos primeiros seis minutos de negociação na manhã de sexta-feira.

Bert Walker ficou muito chateado. Ele visitou o diretor, que estava com o coração partido e muito arrependido. Ele disse que esquecera de ter dito a Walker para comprar. Esse foi o motivo pelo qual não ligara para contar-lhe sobre uma mudança nos planos da facção dominante no conselho. O diretor arrependido estava tão ansioso para compensar o que havia acontecido que deu outra dica a Bert. Ele gentilmente explicou que alguns de seus colegas queriam comprar ações baratas e, contra seus conselhos, haviam recorrido a práticas sujas. Ele precisara ceder para obter os votos deles. Mas, agora que todos tinham acumulado as posições que desejavam, não havia nada que impedisse a subida. Comprar a A&S então era uma aposta mais do que certa.

Bert não apenas o perdoou como também apertou calorosamente a mão do alto financista. Naturalmente, se apressou em encontrar seu amigo e também vítima, Hood, para transmitir as boas-novas a ele. Eles iam arrasar. Houve sinalizações anteriores de que as ações subiriam, e eles a compraram. Mas, agora, ela estava 15 pontos abaixo. Isso tornava a operação um lucro certo. Então, compraram 5 mil ações em uma operação conjunta.

Como se tivessem tocado uma campainha para iniciá-la, a ação despencou, obviamente por causa de vendas internas. Dois especialistas confirmaram alegremente a suspeita. Hood vendeu suas 5 mil ações. Quando ele terminou, Bert Walker disse-lhe:

— Se aquele filho da mãe não tivesse ido para a Flórida anteontem, eu encheria a cara dele de socos. Sim, é isso que eu faria. Mas você vem comigo.

— Para onde? — perguntou Hood.

— Para o escritório do telégrafo. Quero enviar para aquele vigarista um telegrama do qual ele jamais se esquecerá. Vamos.

Hood o acompanhou. Bert se encaminhou para o escritório do telégrafo. Lá, levado por seus sentimentos — eles tinham perdido bastante com as 5 mil ações —, ele compôs uma obra-prima de insultos. Ele leu para Hood e concluiu:

— Isso vai chegar bem perto de mostrar a ele o que penso dele.

Ele estava prestes a entregar o papel ao funcionário que esperava quando Hood disse:

— Espere aí, Bert!

— Qual é o problema?

— Eu não enviaria isso — aconselhou Hood, apreensivo.

— Por que não? — retrucou Bert.

— Isso o deixará muito aborrecido.

— É isso que queremos, não é? — disse Bert, olhando surpreso para Hood.

Mas Hood fez que não com a cabeça e disse com toda a seriedade:

— Nunca receberemos outra dica dele se você enviar esse telegrama!

Um corretor profissional realmente disse aquilo. Então, de que adianta falar sobre otários que aceitam dicas? Os homens não aceitam dicas porque são tolos, mas porque gostam daqueles coquetéis de esperança de que falei. A receita do velho barão Rothschild[86] para amealhar riqueza aplica-se com mais força do que nunca à especulação. Alguém lhe perguntou se ganhar dinheiro na bolsa não era muito difícil, e ele respondeu que, pelo contrário, achava muito fácil.

— Isso é porque você é muito rico — objetou o entrevistador.

— De jeito nenhum. Eu encontrei uma maneira fácil e a sigo. Simplesmente não consigo deixar de ganhar dinheiro. Eu conto meu segredo se você quiser ouvir. É o seguinte: eu nunca compro no fundo e sempre vendo cedo demais.

Os investidores são de uma raça diferente de gatos. A maioria acredita em análises e estatísticas de lucros e em todo tipo de dado matemático, como se isso significasse fatos e certezas. Em geral, o fator humano é desprezado. Pouquíssimas pessoas gostam de investir em um negócio de uma pessoa só. No entanto o investidor mais sábio que já conheci foi um homem que a princípio era apenas um holandês da Pensilvânia[87] e depois foi para Wall Street e conheceu profundamente Russell Sage.

Este homem era um grande pesquisador, um nativo de Missouri infatigável. Ele acreditava em fazer perguntas e ver com os próprios olhos; não gostava de óculos alheios. Isso ocorreu há muito tempo. Parece que ele tinha algumas ações da Atchison. Logo começou a ouvir relatos inquietantes sobre a empresa e sua gestão. Disseram-lhe que Reinhart,[88] o presidente, em vez de ser a maravilha de pessoa que julgavam ser, na realidade era um gerente muito extravagante, cuja imprudência estava rapidamente empurrando a empresa para o caos. O diabo tinha de ser pago no inevitável dia do ajuste de contas.

Esse foi exatamente o tipo de notícia de importância vital para o holandês da Pensilvânia. Ele correu para Boston a fim de entrevistar o senhor Reinhart e fazer-lhe algumas perguntas. As perguntas consistiam em repetir as acusações que ouvira e depois perguntar ao presidente da Atchison, Topeka & Santa Fe se elas eram verdadeiras.

86. Nathaniel Mayer Rothschild (1840-1915), primeiro barão Rothschild e membro da abastada família de financistas internacionais Rothschild, foi banqueiro e político britânico. (N.T.)

87. Os holandeses da Pensilvânia são descendentes de imigrantes que vieram da Alemanha, da Holanda, da Suíça e da França e se estabeleceram no sudeste do estado da Pensilvânia. (N.T.)

88. Joseph Reinhart (1851-1911) foi presidente da ferrovia Atchison, Topeka & Santa Fe entre 1893 e 1894. (N.T.)

O senhor Reinhart não apenas negou as alegações enfaticamente como também passou a provar com números que os difamadores eram mentirosos maliciosos. O holandês da Pensilvânia pediu informações exatas, e o presidente as deu, mostrando-lhe o que a empresa estava fazendo e como estava financeiramente, até o último centavo.

O holandês da Pensilvânia agradeceu ao presidente Reinhart, voltou a Nova York e prontamente vendeu todas as suas ações da Atchison. Mais ou menos uma semana depois ele usou seus recursos ociosos para comprar um grande lote de ações da Delaware, Lackawanna & Western.

Anos depois, estávamos conversando sobre transações sortudas e ele citou o próprio caso. Explicou o que o levou a fazer o que fez.

— Veja bem — disse ele —, notei que o presidente Reinhart, quando anotava os números, tirava folhas de papel de um escaninho em sua escrivaninha de mogno. Era um papel espesso de linho fino, com cabeçalhos lindamente impressos em duas cores. Não era apenas muito caro, mas pior — era desnecessariamente caro. Ele escrevia alguns números em uma folha para me mostrar exatamente o que a empresa estava ganhando em certas divisões ou para provar como eles estavam cortando despesas ou reduzindo custos operacionais, e depois amassava a folha de papel cara e a arremessava no cesto de lixo. Em seguida, para me impressionar com as economias que estavam introduzindo, ele pegou uma nova folha de papel de linho timbrado com os cabeçalhos impressos em duas cores. Escreveu alguns números — e a folha foi direto para a cesta de lixo! Mais dinheiro desperdiçado sem pensar. Ocorreu-me que, se o presidente era esse tipo de homem, dificilmente insistiria em manter ou recompensar assistentes frugais. Portanto, decidi acreditar nas pessoas que me disseram que a administração era extravagante, em vez de aceitar a versão do presidente, e vendi as ações da Atchison que possuía.

— Por coincidência — continuou —, tive a oportunidade de ir aos escritórios da Delaware, Lackawanna & Western alguns dias depois. O velho Sam Sloan[89] era o presidente. Seu escritório era o mais próximo da entrada, e sua porta estava totalmente aberta. Estava sempre aberta. Ninguém podia entrar nos escritórios gerais da DL&W naquela época e não ver o presidente da empresa sentado à sua mesa. Qualquer um poderia entrar e fazer negócios com ele imediatamente se tivesse algum negócio a fazer. Os jornalistas financeiros costumavam me dizer que nunca precisavam de rodeios com o velho Sam Sloan,

89. Samuel Sloan (1817-1907) foi político, empresário e executivo do setor ferroviário, tendo sido presidente da ferrovia Delaware, Lackawanna & Western por 32 anos. (N.T.)

mas faziam suas perguntas e recebiam dele um sim ou não direto, não importa quais fossem as necessidades dos outros diretores do mercado de ações.

— Quando entrei, vi que o velho estava ocupado. A princípio, pensei que estivesse abrindo sua correspondência, mas, depois que cheguei perto da escrivaninha, vi o que ele estava fazendo. Soube depois que ele costumava fazer isso todos os dias; depois que a correspondência era classificada e aberta, em vez de jogar fora os envelopes vazios, ele os reunia e os levava para o escritório. Em seus momentos de lazer, rasgava o envelope ao redor. Isso dava a ele dois pedaços de papel, cada um com um lado em branco limpo. Ele os empilhava e mandava distribuí-los para serem usados no lugar de blocos de rascunho para os tipos de rabiscos que Reinhart fizera na minha frente com o papel timbrado. Nenhum desperdício de envelopes vazios e nenhum desperdício de momentos ociosos do presidente. Tudo utilizado.

— Ocorreu-me que, se esse era o tipo de homem que a DL&W tinha como presidente, a empresa era administrada com sobriedade em todos os departamentos. O presidente se assegurava disso! Claro que eu sabia que a empresa estava pagando dividendos regulares e possuía boas propriedades. Comprei todas as ações da DL&W que pude. Desde então, o patrimônio social dobrou e quadruplicou. Meus dividendos anuais equivalem ao meu investimento original. Eu ainda tenho minhas DL&W. E a Atchison caiu nas mãos de um administrador de falências alguns meses depois que vi o presidente jogando folha após folha de papel de linho com timbre impresso em duas cores na cesta de lixo para me provar com números que ele não era extravagante.

A beleza dessa história reside no fato de ela ser verdadeira, e nenhuma outra ação que o holandês da Pensilvânia pudesse ter comprado teria se mostrado um investimento tão bom quanto a DL&W.

CAPÍTULO 17

Um dos meus amigos mais íntimos gosta muito de contar histórias sobre o que chama de minhas intuições. Ele está sempre me atribuindo poderes que desafiam a análise e declara que eu apenas sigo cegamente certos impulsos misteriosos e, por isso, saio do mercado de ações precisamente na hora certa. Sua história favorita é sobre um gato preto que me disse, em sua mesa do café da manhã, para vender um monte de ações que eu carregava, e depois que recebi a mensagem do felino, fiquei rabugento e nervoso até vender todas as ações que havia comprado. Consegui, praticamente, os preços máximos daquele movimento de alta, o que, é claro, fortaleceu a teoria da intuição de meu amigo pragmático.

Eu tinha viajado para Washington com a intenção de convencer alguns congressistas de que nos taxar até a morte, além de não ser uma estratégia inteligente, era um desserviço para o mercado de ações. Minha decisão de vender minha posição veio de repente, daí a história do meu amigo.

Admito que, às vezes, tenho impulsos irresistíveis de fazer certas coisas no mercado. Não importa se estou comprado ou vendido em ações; preciso sair. Fico me sentindo desconfortável até fazer isso. Eu acho que o que acontece é que enxergo muitos sinais de alerta. Talvez nenhum deles seja suficientemente claro ou forte para me dar uma razão positiva e definitiva para fazer o que repentinamente sinto vontade de fazer. Provavelmente isso é tudo o que eles chamam de "leitura de fita", e que os antigos operadores dizem que James R. Keene desenvolvera de forma tão arraigada, assim como outros operadores antes dele. Normalmente, confesso, o alerta acaba por ser não apenas correto como cirurgicamente cronometrado. Mas, nesse caso específico, não houve intuição. O gato preto não teve nada a ver com isso. Suponho que o que ele conta a todo mundo sobre eu ter acordado tão mal-humorado naquela manhã possa ser justificado — se é que estive realmente mal-humorado — pela minha decepção. Eu sabia que não estava conseguindo convencer os congressistas com os quais conversei e que o comitê não via a questão de cobrar impostos de Wall Street da mesma forma que eu. Eu não estava tentando frear a legislação ou praticar evasão fiscal em transações de ações, mas sugerir um imposto que eu, como um experiente operador de bolsa, não considerava injusto nem pouco inteligente. Eu não queria que o Tio Sam matasse a galinha que podia botar tantos ovos de ouro se recebesse um tratamento justo. Possivelmente, minha falta de sucesso não apenas me irritou como também me tornou pessimista quanto ao futuro de uma atividade injustamente tributada. Mas vou contar exatamente o que aconteceu.

No início do mercado altista, fiquei otimista em relação às perspectivas tanto do comércio de aço quanto do mercado de cobre, portanto, acreditei na subida das ações de ambos os setores. Então comecei a acumular algumas delas. Comecei comprando 5 mil ações da Utah Copper[90] e parei porque elas não reagiram bem. Em outras palavras, elas não se comportaram como deveriam, para me fazer sentir que valia a pena comprá-las. Acho que o preço estava em torno de 114 dólares. Comecei também a comprar a United States Steel quase pelo mesmo preço. Ao todo, comprei 20 mil ações no primeiro dia porque elas reagiram como eu esperava. Eu segui o método que descrevi antes.

A Steel continuou a reagir como o esperado, portanto, continuei a acumulá-la até carregar 72 mil ações dela ao todo. Mas minhas participações na Utah Copper consistiam em minha compra inicial. Nunca ultrapassei as 5 mil ações. Seu comportamento não me encorajava a comprar mais.

Todo mundo sabe o que aconteceu. Tivemos uma grande alta. Eu sabia que o mercado subiria. As condições gerais eram favoráveis. Mesmo depois que as ações subiram muito e num momento em que meu lucro no papel não era desprezível, a fita continuava a alardear: "Ainda não! Ainda não!". Quando cheguei a Washington, a fita ainda me dizia isso. Claro, eu não tinha intenção de aumentar minha posição naquele dia, embora ainda estivesse otimista. Ao mesmo tempo, o mercado estava claramente caminhando do jeito que eu queria e não havia razão para eu ficar sentado na frente de um quadro de cotações o dia inteiro com a expectativa de receber, de hora em hora, um sinal de saída. Antes do toque de clarim para a retirada — salvo uma catástrofe totalmente inesperada, é claro —, o mercado oscilaria ou de outra maneira me prepararia para uma reversão da situação especulativa.

90. A Utah Copper Company foi uma grande mineradora e fundidora de cobre. Em 1989, tornou-se parte da recém-fundada Kennecott Utah Copper LLC, que, por sua vez, é uma subsidiária do Rio Tinto Group. (N.T.)

Essa foi a razão pela qual eu persisti, alegremente inconsciente, em minhas conversas com os congressistas.

Ao mesmo tempo, os preços continuavam subindo, e isso significava que o fim da alta se aproximava. Eu não tinha uma data fixa em mente para o fim. Isso era algo muito além do meu poder de determinação. Mas não preciso dizer que estava na espreita do sinal de alerta. Sempre estou, de qualquer maneira. Para mim, tornou-se uma questão de hábito comercial.

Não posso jurar, mas suspeito que, um dia antes de vender toda a minha posição, ver os preços altos me fez pensar na magnitude do meu lucro no papel, bem como na posição que eu estava carregando e, mais tarde, nos meus esforços em vão para induzir nossos legisladores a tratar Wall Street de forma justa e inteligente. Essa foi provavelmente a maneira e a hora em que a semente foi lançada em mim. A mente subconsciente trabalhou nisso a noite inteira. De manhã, pensei no mercado e comecei a me perguntar como agiria naquele dia. Quando cheguei ao escritório, percebi não tanto que os preços ainda estavam altos e que eu tinha um lucro satisfatório, mas que havia um mercado enorme com um tremendo poder de absorção. Eu poderia vender qualquer quantidade de ações naquele mercado; e, claro, quando alguém está carregando uma posição alta de ações, essa pessoa deve estar alerta para uma oportunidade de transformar seu lucro no papel em dinheiro de verdade. Ela deve tentar perder o mínimo de lucro possível nessa troca. A experiência me ensinou que uma pessoa sempre pode encontrar uma oportunidade de realizar seus lucros e que essa oportunidade geralmente surge no final de um movimento de alta ou baixa. Isso não é leitura de fita ou intuição.

Claro, quando encontrei, naquela manhã, um mercado em que poderia vender todas as minhas ações sem nenhum problema, eu o fiz. Quando você está fechando sua posição, não é mais sábio ou corajoso vender cinquenta ações do que 50 mil; contudo, é possível vender cinquenta ações no mercado mais monótono sem derrubar o preço, enquanto 50 mil ações de uma única empresa é uma proposta diferente. Eu tinha 72 mil ações da U. S. Steel. Isso pode não parecer uma posição colossal, mas nem sempre é possível vender tanto sem perder parte do lucro que parece tão bom no papel quando você faz as contas, portanto, dói perdê-lo como se você realmente já o tivesse depositado em sua conta bancária.

Tive um lucro total de cerca de 1,5 milhão de dólares e agarrei-o enquanto a situação era favorável. Mas essa não foi a principal razão para pensar que fiz a coisa certa ao vender quando vendi. O mercado me provou isso, o que foi realmente uma fonte de satisfação para mim. Foi assim: consegui vender toda a minha posição de 72 mil ações da U. S. Steel a um preço médio apenas um ponto inferior ao mais alto do dia e de todo o movimento ascendente. Ficou provado que eu estava certo até o último minuto. Mas quando, na mesma hora do mesmo dia, vendi minhas 5 mil Utah Copper, o preço caiu 5 pontos. Lembre-se de que comecei a comprar as duas ações ao mesmo tempo e que agi com sabedoria ao aumentar minha posição da U.S. Steel de 20 mil para 72 mil, e também sabiamente ao não aumentar minha posição da Utah das 5 mil ações originais. A razão pela qual eu não vendi as Utah Copper antes foi porque estava otimista com o comércio de cobre, era um mercado de ações em ascensão, e eu não achava que a Utah me prejudicaria muito, mesmo se eu não ganhasse uma fortuna com aquela ação. Mas quanto à intuição, não houve nenhuma.

O treinamento de um operador de bolsa é como uma formação médica. O médico precisa passar muitos anos estudando anatomia, fisiologia, matérias médicas e assuntos colaterais às dezenas. Ele aprende a teoria e depois passa a dedicar sua vida à prática. Ele observa e classifica todo tipo de fenômeno patológico. Ele aprende a diagnosticar. Se seu diagnóstico estiver correto — e isso depende da precisão de sua observação —, ele se sairá muito bem em seus prognósticos, sempre tendo em mente, é claro, que a falibilidade humana e o imprevisível o impedirão de acertar na mosca 100% das vezes. E então, à medida que ganha experiência, aprende não apenas a fazer a coisa certa, mas a fazê-la instantaneamente, de modo que muitas pessoas pensarão que ele age instintivamente. Na verdade, não se trata de automatismo. É que ele diagnostica cada caso conforme suas observações durante muitos anos; e, naturalmente, depois de diagnosticado, ele só pode tratá-lo da maneira que a experiência lhe ensinou ser o tratamento adequado. Você pode transmitir conhecimento — ou seja, sua coleção particular de fatos anotados em cadernos —, mas não sua experiência. Uma pessoa pode saber o que fazer e perder dinheiro — se não o fizer com a rapidez necessária.

Observação, experiência, memória e matemática — é disso que o operador bem-sucedido deve depender. Ele deve não apenas observar com precisão, mas lembrar, a todo momento, o que observou; não pode apostar no irracional ou no inesperado, por mais fortes que sejam suas convicções pessoais sobre a irracionalidade do homem ou por mais certeza que possa ter de que o inesperado acontece com muita frequência. Ele deve apostar sempre nas probabilidades — ou seja, tentar prevê-las. Anos de prática no jogo, de estudo e de lembrança constantes permitem ao operador agir tanto no instante em que o inesperado acontece como no momento em que o esperado ocorre.

Uma pessoa pode ter grande habilidade matemática e um poder incomum de observação e ainda assim fracassar na especulação, a menos que também tenha experiência e memória em sua bagagem. E então, como o médico que acompanha a evolução da ciência, o operador sábio nunca deixa de estudar as condições gerais, de seguir os acontecimentos em toda parte que possam afetar ou influenciar a evolução dos vários mercados. Depois de anos no jogo, torna-se um hábito manter-se informado. Ele age quase automaticamente. Desenvolve uma atitude profissional valiosa, e isso lhe permite ganhar o jogo — às vezes! Essa diferença entre o profissional e o amador ou operador ocasional não pode ser exagerada. Acho, por exemplo, que a memória e a matemática me ajudam muito. Wall Street ganha dinheiro com bases matemáticas. Quer dizer, ganha dinheiro lidando com fatos e números.

Quando disse que um operador deve se manter informado a cada minuto e que ele deve ter uma atitude puramente profissional em relação a todos os mercados e a todos os acontecimentos, eu apenas queria enfatizar novamente que os palpites e a misteriosa "leitura de fita" não têm muito a ver com sucesso. Claro, muitas vezes acontece de um operador experiente agir tão rapidamente que não tem tempo de apresentar todas as suas razões com antecedência — mas, no entanto, são razões boas e suficientes, porque se baseiam em fatos coletados por ele ao longo de seus anos de reflexão e trabalho e na visão das coisas pelo ângulo do profissional, para quem tudo o que chega ao seu conhecimento é útil. Deixe-me ilustrar o que quero dizer com atitude profissional.

Acompanho os mercados de *commodities* sempre. É um hábito que tenho há anos. Como você sabe, os relatórios do governo indicavam uma safra de trigo de inverno quase igual à do ano passado e uma safra de trigo de primavera maior do que a de 1921. As condições eram muito melhores e provavelmente teríamos uma colheita mais cedo do que o normal. Quando recebi os dados sobre as condições e vi o que poderíamos esperar em termos de rendimento — matemática —, também associei imediatamente as greves dos mineradores de carvão e a dos ferroviários. Não pude deixar de fazê-lo porque sempre levo em conta todos os acontecimentos que exercem influência sobre os mercados. Então me ocorreu que a greve que já havia afetado o movimento de carga em todos os lugares deveria afetar os preços do trigo adversamente. Raciocinei da seguinte maneira: com certeza haveria um atraso considerável na movimentação, para o mercado, do trigo de inverno por causa das instalações de transporte paralisadas pela greve e, quando a situação melhorasse, a safra de trigo da primavera estaria pronta para ser carregada. Isso significava que, quando as ferrovias estivessem em condições de movimentar o trigo em grandes quantidades, transportariam duas safras ao mesmo tempo — o trigo atrasado do inverno e o trigo de primavera colhido antecipadamente — e isso significaria uma grande quantidade de trigo despejada no mercado de uma só vez. Sendo esses os fatos inerentes ao caso — as probabilidades óbvias —, os operadores, que saberiam disso e raciocinariam como eu, não fariam subir o preço do trigo por um tempo. Eles não teriam vontade de comprá-lo, a menos que o preço caísse para níveis que tornassem a compra de trigo um bom investimento. Sem poder de compra no mercado, o preço deveria cair. Pensando dessa maneira, eu precisava descobrir se estava certo ou não. Como o velho Pat Hearne costumava comentar, "você não saberá até apostar". Entre acreditar em uma baixa e sair vendendo, não há necessidade de perder tempo.

A experiência me ensinou que a forma como o mercado se comporta é um excelente guia a ser seguido pelo operador. É como examinar um paciente verificando sua temperatura e seu pulso ou observando a cor de seus globos oculares e de sua língua.

Normalmente um homem deveria ser capaz de comprar ou vender 1 milhão de *bushels* de trigo dentro de uma faixa de 0,25 centavo. Neste dia, quando vendi 250 mil *bushels* para testar o mercado e avaliar o momento certo de vender, o preço caiu 0,25 centavo. Assim, como a reação não me disse definitivamente tudo o que eu queria saber, vendi mais 250 mil *bushels*. Notei que essa venda foi absorvida em lotes pequenos; ou seja, as compras se deram em lotes de 10 mil ou 15 mil *bushels*, em vez de serem feitas em duas ou três transações, o que teria sido o modo normal. Além das compras homeopáticas, o preço caiu 1,25 centavo quando vendi. Bem, não preciso perder tempo apontando que a maneira como o mercado absorveu meu trigo e o declínio desproporcional por causa de minhas vendas me disseram que não havia poder de compra ali. Sendo esse o caso, qual era a única coisa a fazer? Claro, vender muito mais. Seguir os ditames da experiência pode enganá-lo de vez em quando. Mas deixar de segui-los, invariavelmente, faz de você um idiota. Então vendi 2 milhões de *bushels* e o preço caiu mais um pouco. Alguns dias depois, o comportamento do mercado praticamente me obrigou a vender mais 2 milhões de *bushels*, e o preço caiu ainda mais; mais uns dias e o trigo começou a desabar e despencou seis centavos o *bushel*. E não parou por aí. Continuou a cair, com repiques de curta duração.

Bem, eu não segui uma intuição. Ninguém me deu uma dica. Foi minha atitude de raciocínio habitual ou profissional em relação aos mercados de *commodities* que me proporcionou o lucro, e essa forma de agir foi fruto de meus anos nesse negócio. Estudo porque meu negócio é operar no mercado. No momento em que a fita me dizia que eu estava no caminho certo, meu dever profissional era aumentar minha posição. Assim fiz. Isso é tudo que há para fazer.

Descobri que a experiência tende a ser um pagador de dividendos consistente nesse jogo, e que a observação lhe dá as melhores dicas de todas. Às vezes, o comportamento de uma determinada ação é tudo de que se precisa. Você a observa. Em seguida, a experiência mostra como lucrar com as variações do usual, isto é, do provável. Por exemplo, sabemos que as ações não se movem juntas na mesma direção, mas que todas as ações de um mesmo ramo tendem a subir em um mercado altista e a cair em um mercado baixista. Este é um lugar-comum da especulação. É a mais comum de todas as dicas, a autopromoção, e as corretoras estão bem cientes disso e as repassam para qualquer cliente que não tenha pensado a respeito; quero dizer, conselhos para negociar com ações que se movimentam com atraso em relação às outras do mesmo ramo. Portanto, se a U.S. Steel subir, é logicamente presumido que é apenas uma questão de tempo até que a Crucible,[91] a Republic[92] ou a Bethlehem sigam seu exemplo. As condições e perspectivas do setor devem influenciar de forma igualitária todas as ações de um setor, e a prosperidade deve ser compartilhada por todos. Na teoria, corroborada pela experiência inúmeras vezes, de que toda gata borralheira tem seu dia de princesa, o público comprará a A.B. Steel porque ela não avançou enquanto a C.D. Steel e a X.Y. Steel subiram.

Nunca compro uma ação, mesmo em um mercado ascendente, se ela não se comportar da maneira que deveria nesse tipo de mercado. Algumas vezes comprei uma ação durante um mercado altista incontestável e descobri que outras do mesmo ramo não agiam de forma otimista; e então vendi minhas ações. Por quê? A experiência me diz que não é sábio resistir ao que posso chamar de tendência manifesta do grupo. Não posso esperar apostar apenas em certezas. Preciso levar em consideração as probabilidades — e antecipá-las. Certa vez, um velho corretor me disse:

— Se eu estiver caminhando ao longo de uma ferrovia e vir um trem vindo em minha direção a cem quilômetros por hora, continuo andando sobre os trilhos? Amigo, eu dou um passo para o lado imediatamente. E nem mesmo me parabenizo por ser tão sábio e prudente.

No ano passado, depois que o movimento geral de alta estava bem encaminhado, percebi que uma ação de um determinado ramo não estava reagindo como o resto do setor, embora o setor, com aquela exceção, estivesse se

91. A Crucible Steel Company of America era uma grande fabricante de aços especiais na primeira metade do século XX. Hoje opera sob o nome de Crucible Industries. (N.T.)

92. A Republic Iron and Steel Company foi uma siderúrgica fundada em 1899 em Youngstown, Ohio. Hoje é subsidiária do Grupo Simec, uma empresa mexicana. (N.T.)

comportando como o resto do mercado. Eu havia comprado uma boa quantidade de ações da Blackwood Motors. Todos sabiam que a empresa estava indo muito bem. O preço subia de um a três pontos ao dia e o público comprava cada vez mais. Isso naturalmente centralizou a atenção no setor e todas as diversas ações das montadoras começaram a subir. Uma delas, no entanto, persistentemente, deixou de acompanhar a alta, a Chester. Ficou atrás das outras de modo que não demorou muito para as pessoas começarem a falar nesse assunto. O preço baixo da Chester e sua apatia contrastavam com a força e a atividade da Blackwood e das ações de outras montadoras, e o público, logicamente, ouviu os palpiteiros, informantes e sabichões e começou a comprar a Chester com base na teoria de que agora ela deveria subir com o resto do grupo.

Em vez de subir como resultado dessas compras moderadas do público, a Chester caiu. Veja bem, não teria sido difícil fazê-la subir naquele mercado altista, considerando que a Blackwood, uma ação do mesmo setor, havia sido uma das líderes sensacionais da subida geral e estávamos ouvindo muitas notícias sobre a melhoria maravilhosa na demanda por automóveis de todos os tipos e em sua produção recorde.

Estava claro, portanto, que a camarilha interna da Chester não estava fazendo nenhuma das coisas que as camarilhas internas invariavelmente fazem em um mercado ascendente. Poderia haver duas razões para esse fracasso em fazer as coisas usuais. Talvez a camarilha não tivesse feito subir o preço porque desejava acumular mais ações antes de aumentá-lo. Mas essa era uma teoria insustentável se você analisasse o volume e a natureza das transações com as ações da Chester. A outra razão é que eles não as fizeram subir porque temiam ficar com as ações caso tentassem.

Quando as pessoas que deveriam querer uma ação não a querem, por que eu deveria querer? Achei que não importava o quão prósperas outras empresas automobilísticas pudessem ser, seria um ganho certo vender a Chester a descoberto. As experiências me ensinaram a tomar cuidado para não comprar uma ação que se recusa a seguir o líder do setor.

Verifiquei, com facilidade, o fato de que não apenas não havia compras internas como, na verdade, havia vendas internas. Houve outros avisos sintomáticos contra a compra da Chester, embora tudo de que eu precisasse fosse observar o seu comportamento de mercado inconsistente. Era de novo a fita que me dava uma dica, e foi por isso que vendi a Chester a descoberto. Um dia, não muito tempo depois, a ação despencou. Mais tarde, ficamos sabendo — oficialmente, por assim dizer — que os *insiders* realmente a estavam vendendo, sabendo muito bem que as condições da empresa não eram boas. O motivo, como de costume, foi divulgado após a queda. Mas o alerta veio antes da queda.

Não procuro as quedas; procuro os alertas. Eu não sabia qual era o problema com a Chester; nem segui uma intuição. Simplesmente sabia que algo devia estar errado.

Ainda outro dia tivemos o que os jornais chamaram de um movimento sensacional na Guiana Gold. Depois de ser vendida na Bolsa Curb[93] a 50 dólares ou perto disso, ela foi listada na bolsa de valores. Começou sendo negociada lá por volta dos 35 dólares, começou a cair e finalmente caiu abaixo dos 20.

Bem, eu nunca teria chamado aquela queda de sensacional porque era amplamente previsível. Se você tivesse perguntado, poderia ter conhecido a história da empresa. Muita gente a conhecia. Foi-me dito o seguinte: formou-se um sindicato composto de meia dúzia de capitalistas renomados e um banco conhecido. Um dos membros era presidente da Belle Isle Exploration Company, que adiantou à Guiana mais de 10 milhões de dólares em dinheiro e recebeu em troca títulos e 250 mil ações de um total de 1 milhão de ações da Guiana Gold Mining Company. As ações foram negociadas com base no pagamento esperado de dividendos e foram muito bem divulgadas. O pessoal da Belle Isle achou que seria bom realizar seu lucro e concedeu o direito de vender suas 250 mil ações a seus banqueiros, que se encarregaram de tentar vender aquelas ações e também algumas de suas próprias ações. Eles pensaram em confiar a manipulação do mercado a um profissional cuja remuneração seria de um terço dos lucros com a venda das 250 mil ações acima dos 36 dólares. Eu entendo que o acordo havia sido elaborado e estava pronto para ser assinado, mas no último momento os banqueiros decidiram fazer a venda eles próprios e economizar a comissão. Então organizaram um sindicato interno. Os banqueiros tinham direito de vender a participação de 250 mil ações da Belle Isle a 36 dólares. Eles a puseram à venda a 41. Em outras palavras, os *insiders* pagaram a seus próprios colegas banqueiros um lucro de 5 pontos para começo de conversa. Não sei se eles sabiam ou não.

Estava muito claro que, para os banqueiros, a operação parecia ser um lucro certo. Havíamos entrado em um mercado altista e as ações do grupo ao qual a Guiana Gold pertencia estavam nas mãos dos líderes do mercado. A empresa estava auferindo lucros grandes e pagando dividendos regulares. Isso, junto ao caráter impecável dos patrocinadores, fez com que o público considerasse

93. A Curb Exchange (bolsa de meio-fio) começou em Nova York como um mercado informal de negociação de ações no início do século XX. Mais tarde, foi formalmente constituída sob o nome de New York Curb Exchange, posteriormente chamada de American Stock Exchange (AMEX). Hoje é conhecida como NYSE American. (N.T.)

a Guiana quase como uma ação com grau de investimento. Disseram-me que cerca de 400 mil ações foram vendidas ao público a preços que chegaram a 47 dólares.

O setor das mineradoras de ouro estava muito forte. Mas logo a Guiana começou a ceder. Ela caiu 10 pontos. Tudo bem, se o sindicato estivesse vendendo ações. Mas logo Wall Street começou a tomar conhecimento de que as coisas não andavam muito bem e que a propriedade não estava correspondendo às expectativas elevadas dos promotores. Então, o motivo do declínio ficou claro. Contudo, antes que o motivo fosse conhecido, recebi um alerta e tomei providências para testar o mercado da Guiana. A ação estava agindo de maneira muito semelhante à da Chester Motors. Eu vendi a Guiana, o preço baixou. Eu vendi mais, o preço caiu ainda mais. A ação repetia o desempenho da Chester e de uma dúzia de outras ações de cujo histórico clínico eu me lembrava. A fita me dizia claramente que havia algo errado — algo que impedia os *insiders* de comprá-la —, pessoas que sabiam exatamente por que não deveriam comprar suas próprias ações em um mercado ascendente. Por outro lado, as pessoas de fora, que não sabiam, estavam comprando agora porque, por terem sido negociadas a 45 dólares ou até por um valor mais alto que isso, as ações pareciam baratas a 35 ou menos. O dividendo continuava sendo pago. A ação era uma pechincha.

Então veio a notícia. Chegou a mim, como costuma acontecer com notícias importantes do mercado, antes de chegar ao público. Mas a confirmação dos relatos de descobrimento de rocha estéril em vez de minério precioso apenas corroborou o motivo para as vendas internas anteriores. Eu mesmo não vendi com base nessas notícias. Já tinha vendido muito antes, com base no comportamento das ações. Minha preocupação com elas não era filosófica. Sou um operador de bolsa e, portanto, procurei um sinal: compras internas. Não havia nenhuma. Eu não precisava saber por que os *insiders* não acreditavam o suficiente em suas próprias ações para comprá-las na baixa. Bastava que seus planos de mercado claramente não incluíssem manipulação adicional para fazê-las subir. Isso tornava a venda de ações a descoberto uma jogada certeira. O público comprou quase 500 mil ações, e a única mudança de propriedade possível era de um grupo de ignorantes desinformados que venderiam na esperança de estancar suas perdas para outro grupo de ignorantes desinformados que talvez comprassem na esperança de ganhar dinheiro.

Não estou contando esse caso para dar uma lição de moral sobre as perdas do público com a compra da Guiana ou sobre meu lucro com a venda dela, mas para enfatizar a importância do estudo do comportamento do setor e como suas lições são ignoradas por operadores inadequadamente equipados, grandes e pequenos. E não é só para o mercado de ações que a fita envia alertas. Ela bota a boca no trombone em volume igualmente alto no campo das *commodities*.

Tive uma experiência interessante com o algodão. Eu estava pessimista com relação às ações e abri uma posição vendida de tamanho moderado. Ao mesmo tempo, vendi algodão a descoberto; 50 mil fardos. Minha transação de ações acabou sendo lucrativa, e eu negligenciei minha posição de algodão. Logo soube que tivera uma perda de 250 mil dólares com meus 50 mil fardos. Como eu disse, minha transação com ações era tão interessante, e eu estava me saindo tão bem, que não queria deixar de pensar nela. Sempre que pensava em algodão, dizia a mim mesmo: “Vou esperar um repique e me cobrir”. O preço reagia um pouco, mas, antes que eu decidisse assumir minhas perdas e cobrir minha posição, o preço subia novamente, e subia mais do que nunca. Então, decidia novamente esperar um pouco e voltar à minha transação de ações e limitar minha atenção a ela. Finalmente cobri minhas ações com um lucro muito bom e fui para Hot Springs descansar e tirar férias.

Essa foi realmente a primeira vez que eu me preparara para lidar com o problema de minha posição deficitária no algodão. A transação não estava correndo bem para mim. Houve momentos em que quase parecia que eu poderia sair vencedor. Percebi que sempre que alguém vendia muito havia uma reação boa. Mas quase instantaneamente o preço subia e alcançava um novo pico para aquele período.

Finalmente, alguns dias após minha chegada a Hot Springs, eu havia acumulado um prejuízo de 1 milhão e a tendência de alta não arrefecia. Pensei em tudo o que tinha feito e não tinha feito e concluí: “Devo estar errado!”. Para mim, sentir que estou errado e decidir sair é praticamente um único processo. Então cobri, com uma perda próxima a 1 milhão de dólares.

Na manhã seguinte eu estava jogando golfe e não pensava em mais nada. Eu tinha feito minha jogada no algodão. E eu errara. Pagara por estar errado e o recibo estava no bolso. Eu não tinha mais preocupação com o mercado de algodão do que tenho neste momento. Quando voltei ao hotel para almoçar, parei na corretora e dei uma olhada nas cotações. Vi que o algodão tinha caído 50 pontos. Isso não era nada. Mas também notei que ele não tinha se recuperado como costumava acontecer havia semanas, assim que a pressão da venda específica que o deprimira diminuía. Isso indicava que a linha de menor resistência era ascendente e que me custara 1 milhão para fechar os olhos para ela.

Agora, no entanto, o motivo que me levou a cobrir com um prejuízo enorme não era mais um bom motivo, uma vez que não tinha havido o repique rápido e vigoroso de costume. Então vendi 10 mil fardos e esperei. Muito em breve o mercado caiu 50 pontos. Esperei mais um pouco, mas não houve repique. A essa altura eu estava com muita fome, então fui para a sala de refeições e pedi meu almoço. Antes que o garçom pudesse servi-lo, levantei e fui até a corretora, vi que não havia repique e vendi mais 10 mil fardos. Esperei um pouco e tive o prazer de ver o preço cair mais 40 pontos. Isso me mostrou que eu estava negociando corretamente, então retornei à sala de refeições, almocei e voltei para a corretora. Não houve alta no algodão naquele dia. Naquela mesma noite, deixei Hot Springs.

Jogar golfe era muito bom, mas eu havia errado em vender algodão quando o fiz e em cobrir quando o fiz. Portanto, eu simplesmente precisava voltar ao trabalho e estar em um lugar onde pudesse operar com conforto. A maneira como o mercado havia recebido meus primeiros 10 mil fardos me fez vender os segundos 10 mil, e a maneira como o mercado recebeu o segundo lote me deu a certeza de que a virada havia chegado. Era a diferença de comportamento.

Bem, cheguei a Washington e fui para o escritório do meu corretor, que era dirigido pelo meu velho amigo Tucker. Enquanto eu estava lá, o mercado caiu um pouco mais. Eu estava mais confiante de estar certo agora do que antes. Então, vendi 40 mil fardos, e o mercado caiu 75 pontos. Isso mostrou que não havia sustentação ali. Naquela noite, o mercado fechou ainda mais baixo. O antigo poder de compra havia desaparecido por completo. Não havia como dizer em que nível esse poder se apresentaria novamente, mas eu me sentia confiante na lógica da minha posição. Na manhã seguinte parti de Washington para Nova York de carro. Não tinha pressa.

Quando chegamos à Filadélfia, fui ao escritório de um corretor. Vi que o mercado de algodão estava em polvorosa. Os preços haviam despencado mas o pânico não era grande. Eu não pude esperar até chegar a Nova York. Liguei para meus corretores e cobri minhas vendas a descoberto. Assim que recebi meus relatórios e descobri que tinha praticamente compensado meu prejuízo anterior, segui de carro para Nova York sem ter de parar no caminho para ver as cotações mais uma vez.

Alguns amigos que estavam comigo em Hot Springs falam até hoje da maneira como deixei a mesa do almoço para vender aquele segundo lote de 10 mil fardos. Mas, repito, isso claramente não foi uma questão de intuição. Foi um impulso que veio da convicção de que chegara a hora de vender algodão, por maior que tivesse sido meu erro anterior. Eu tinha que tirar vantagem daquilo. Era a minha chance. Era possível que meu subconsciente continuasse trabalhando e chegasse a conclusões. A decisão de vender em Washington foi resultado da minha observação. Meus anos de experiência em operar no mercado me disseram que a linha de menor resistência havia mudado da alta para a baixa.

Não guardava rancor do mercado de algodão por tirar 1 milhão de dólares de mim e não me odiava por cometer um erro daquele tamanho, assim como não me sentira orgulhoso por cobrir minha posição na Filadélfia e compensar meu prejuízo. Minha mente de operador se preocupa com problemas de negociação, e acho que tenho razão ao afirmar que recuperei meu primeiro prejuízo porque tinha experiência e memória.

CAPÍTULO 18

A história se repete o tempo todo em Wall Street. Você se lembra da história que contei sobre cobrir minhas vendas na época em que Stratton fez um *corner* no milho? Bem, houve outra ocasião em que usei praticamente as mesmas táticas no mercado de ações. A ação em questão foi a Tropical Trading. Ganhei dinheiro apostando na alta dela e também na sua baixa. Sempre foi uma ação ativa e favorita entre os operadores aventureiros. A camarilha interna tem sido repetidamente acusada pelos jornais de estar mais preocupada com as oscilações na ação do que em encorajar investimentos permanentes na empresa. Outro dia um dos corretores mais hábeis que conheço afirmou que nem mesmo Daniel Drew,[94] na Erie, ou H.O. Havemeyer, na Sugar, havia desenvolvido um método tão perfeito para ordenhar o mercado em benefício de uma ação como o presidente Mulligan e seus amigos fizeram na Tropical Trading. Muitas vezes eles encorajaram os baixistas a vender a T.T. a descoberto e, em seguida, passaram a pressioná-los com rigor profissional. Não havia mais sentimento de vingança no processo do que é produzido por uma bomba hidráulica — e nem mais escrúpulos também.

É claro que houve pessoas que falaram sobre certos "incidentes desagradáveis" na trajetória de mercado da T.T. Mas ouso dizer que esses críticos estavam sofrendo com o aperto. Por que os operadores de pregão, que tantas vezes sofreram com as trapaças dos *insiders*, continuam a remar contra a correnteza? Bem, por um lado, eles gostam de movimentação e certamente ela ocorre na Tropical Trading, sem períodos prolongados de estagnação. Nenhuma razão foi solicitada ou fornecida. Sem perda de tempo. Nenhuma paciência desgastada por esperar que o movimento indicado comece. Sempre há ações suficientes

94. Daniel Drew (1797-1879) era um empresário e financista, com atuação destacada nos setores ferroviário e de navegação. Foi traído por James Fisk e Jay Gould na chamada Guerra da Erie e acabou declarando falência em 1876. (N.T.)

para todos — exceto quando as vendas a descoberto são grandes o suficiente para fazer a escassez valer a pena. Um otário nasce a cada minuto!

Havia algum tempo que eu vinha pescando na Flórida durante minhas férias de inverno habituais. Aproveitava a diversão sem pensar nos mercados, exceto quando recebia uma remessa de jornais. Certa manhã, quando o correio bissemanal chegou, olhei as cotações das ações e vi que a Tropical Trading estava sendo negociada a 155 dólares. A última vez que havia visto a cotação dela, acho, estava por volta de 140. Minha opinião era que estávamos entrando em um mercado baixista e eu estava dando um tempo antes de começar a vender ações. Contudo, não havia nenhuma pressa. Era por isso que eu estava pescando e fora do alcance do *ticker*. Eu sabia que estaria de volta em casa quando houvesse de fato necessidade. Nesse ínterim, nada do que eu fizesse ou deixasse de fazer apressaria as coisas.

O comportamento da Tropical Trading era o diferencial do mercado, de acordo com os jornais que recebi naquela manhã. Ele serviu para cristalizar o meu pessimismo geral, porque eu pensei que seria muita estupidez por parte dos *insiders* fazer subir o preço da T. T. em face do viés baixista do mercado em geral. Há momentos em que o processo de ordenha precisa ser suspenso. Aquilo que é anormal raramente é um fator desejável nos cálculos de um operador e me pareceu que a subida dessas ações havia sido um erro grave. Ninguém pode cometer erros dessa magnitude impunemente; não no mercado de ações.

Depois de ler os jornais, voltei à pescaria, mas continuei pensando no que os *insiders* da Tropical Trading estavam tentando fazer. Era tão certo que eles estavam fadados ao fracasso quanto alguém está fadado a se arrebentar se pular de um prédio de vinte andares sem paraquedas. Não conseguia pensar em mais nada e, finalmente, desisti de tentar pescar e enviei um telegrama aos meus corretores para vender 2 mil ações da T. T. ao preço de mercado. Depois disso pude voltar a pescar, e me saí muito bem.

Naquela tarde recebi a resposta ao meu telegrama por correio especial. Meus corretores relataram que haviam vendido as 2 mil ações da Tropical Trading a 153 dólares. Até então, tudo bem. Eu estava vendendo a descoberto em um mercado descendente, como deveria ser, mas não conseguia mais pescar. Estava longe demais de um quadro de cotações. Descobri isso depois que comecei a pensar em todas as razões pelas quais a Tropical Trading deveria cair com o resto do mercado em vez de subir por causa de manipulação interna. Portanto deixei meu acampamento de pesca e voltei para Palm Beach; ou melhor, para a linha direta com Nova York.

No momento em que cheguei a Palm Beach e vi o que os *insiders* equivocados ainda estavam tentando fazer, entreguei para eles um segundo lote de 2 mil T.T. O relatório voltou e vendi mais 2 mil ações. O mercado teve um comportamento excelente. Em outras palavras, caiu com minhas vendas. Tudo sob controle, saí e fui dar um passeio. Mas não estava satisfeito. Quanto mais eu pensava, mais insatisfeito ficava ao lembrar que não havia vendido mais. Então, voltei ao escritório do corretor e vendi mais 2 mil ações.

Fiquei satisfeito apenas enquanto vendia aquelas ações. Naquela altura, eu estava vendido em 10 mil ações, então decidi voltar para Nova York. Eu tinha negócios a fazer naquele momento, minha pescaria ficaria para outra hora.

Quando cheguei a Nova York, fiz questão de entender melhor os negócios da empresa, atuais e futuros. O que aprendi reforçou minha convicção de que os *insiders* tinham sido mais do que imprudentes ao levantar o preço em um momento em que tal subida não era justificada pelo tom do mercado em geral ou pelos lucros da empresa.

A subida, por mais ilógica e inoportuna que tenha sido, atraiu alguns seguidores entre o público, e isso, sem dúvida, encorajou os *insiders* a seguir colocando em prática suas táticas imprudentes. Portanto, vendi mais ações. Os *insiders* cessaram aquela loucura. Então, testei o mercado várias vezes, de acordo com meus métodos de negociação, até que, finalmente, estava vendido a descoberto em 30 mil ações da Tropical Trading Company. Naquela altura, o preço era 133 dólares.

Fui avisado de que os *insiders* da T.T. sabiam o paradeiro exato de cada certificado de ação em Wall Street e as dimensões e a identidade precisas das posições vendidas a descoberto, bem como outros fatos de importância tática. Eles eram capacitados e negociantes astutos. De modo geral, era uma combinação perigosa de se enfrentar. Mas os fatos são fatos, e o mais forte de todos os aliados são as condições.

É claro que, durante a queda de 153 dólares para 133, a posição vendida a descoberto havia aumentado, e o público que compra com base em repiques do mercado começou a argumentar com a lógica costumeira: essa ação havia sido considerada uma compra boa a 153 dólares ou mais. Agora, com 20 pontos a menos, era necessariamente uma compra muito melhor. Mesma ação; mesma taxa de dividendos; mesmos executivos; mesmo negócio. Grande pechincha!

As compras do público reduziram a oferta disponível, e os *insiders*, sabendo que muitos operadores de pregão estavam vendidos, consideraram o momento propício para dar um aperto no mercado. O preço foi devidamente aumentado para 150 dólares. Atrevo-me a dizer que houve bastante cobertura, mas eu me mantive firme. Por que não deveria? Os *insiders* podiam saber que uma posição vendida de 30 mil ações não havia sido coberta, mas por que isso deveria me assustar? Os motivos que me impeliram a começar a vender a 153 dólares e a continuar vendendo até chegar a 133 não apenas ainda existiam como eram mais fortes do que nunca. Os *insiders* podiam querer me forçar a cobrir, mas não apresentavam argumentos convincentes. As condições fundamentais me favoreciam. Não era difícil ser destemido e paciente. Um especulador deve ter fé em si mesmo e em seu julgamento. O falecido Dickson G. Watts, ex-presidente da Bolsa de Algodão de Nova York e autor famoso de *Especulação como uma fina arte*, diz que a coragem em um especulador é meramente confiança para agir de acordo com a sua decisão. O que acontece comigo é que não temo estar errado porque nunca acho que estou errado até que me provem que estou errado. Na verdade, fico desconfortável a menos que esteja capitalizando minha experiência. A evolução do mercado em um certo momento não prova necessariamente que estou errado. É a natureza da subida — ou da baixa — que determina para mim a correção ou a falácia de minha posição no mercado. Eu só posso melhorar por meio do conhecimento. Se eu cair, deve ser por meus próprios erros.

Não houve nada na alta de 133 a 150 dólares que me assustasse a ponto de cobrir e, depois, a ação, como era de esperar, começou a cair novamente. Ela rompeu os 140 dólares antes que a camarilha interna começasse a lhe dar apoio; as compras dela coincidiram com uma enxurrada de rumores altistas sobre as ações. Ouvimos dizer que a empresa estava gerando lucros fabulosos, e os lucros justificavam um aumento na taxa de dividendo regular. Além disso, a posição a descoberto era considerada imensa e o aperto do século estava prestes a ser infligido no lado altista em geral e, sobretudo, em um certo operador que estava mais do que estendido. Não poderia começar a contar tudo o que ouvi enquanto eles aumentavam o preço em 10 pontos.

A manipulação não me pareceu muito perigosa, mas, quando o preço chegou a 149 dólares, decidi que não era sensato deixar que Wall Street aceitasse como verdade todas as declarações otimistas que circulavam por lá. É claro que não havia nada que eu ou qualquer outro intruso pudesse dizer que convencesse tanto os vendidos amedrontados quanto os clientes crédulos de corretoras que negociam com base em boatos. A réplica cortês mais eficaz é aquela que só a fita pode imprimir. As pessoas somente acreditarão no que a fita imprime quando deixarem de acreditar em uma declaração juramentada emitida por qualquer ser vivo; elas acreditarão menos ainda em um sujeito que tenha vendido 30 mil ações a descoberto. Então usei a mesma tática que usei na época do *corner* de Stratton no milho, quando vendi aveia para convencer os operadores a se tornarem baixistas quanto ao milho. Experiência e memória novamente.

Quando os *insiders* aumentaram o preço da Tropical Trading com o objetivo de assustar os vendidos, não tentei conter a alta vendendo aquela ação. Eu já estava vendido em 30 mil ações da empresa, o que era uma porcentagem da oferta em circulação tão grande quanto eu considerava aconselhável estar vendido. Não me propus a colocar minha cabeça no laço que tão gentilmente fizeram para mim — o segundo repique foi realmente um convite urgente. O que fiz quando a T.T. alcançou 149 dólares foi vender cerca de 10 mil ações da Equatorial Commercial Corporation. Essa empresa possuía um bloco grande de ações da Tropical Trading.

A Equatorial Commercial, que não era uma ação tão ativa quanto a T.T., despencou com a minha venda, como eu havia previsto; e, claro, meu objetivo foi alcançado. Quando os operadores — e os clientes das corretoras que prestaram atenção aos boatos não contestados da T.T. — viram que a alta da Tropical estava sincronizada com as vendas pesadas e uma queda brusca da Equatorial, eles naturalmente concluíram que a força da T.T. era apenas uma cortina de fumaça — uma subida manipulada obviamente projetada para facilitar a liquidação interna pela Equatorial Commercial, que era a maior detentora de ações da T.T. Ela deveria estar tanto comprada em ações quanto consciente das condições internas da Equatorial, porque nenhum estranho sonharia em vender tantas ações a descoberto no exato momento em que a Tropical Trading demonstrava tanta força. Então, eles venderam a Tropical Trading e limitaram a alta daquela ação; os *insiders*, muito apropriadamente, não queriam ficar com todas as ações que eram ofertadas para venda. No momento em que os *insiders* retiraram seu suporte, o preço da T.T. caiu. Os negociantes e as principais corretoras também venderam algumas ações da Equatorial e eu cobri minha posição vendida com um pequeno lucro. Não a vendi para ganhar dinheiro com a operação, mas para conter a alta da T.T.

De vez em quando os *insiders* da Tropical Trading e seu agente de publicidade muito aplicado inundavam Wall Street com todo tipo de notícia altista e tentavam aumentar o preço. E, toda vez que eles o faziam, eu vendia a descoberto a Equatorial Commercial e a cobria, a T.T. reagia e carregava a E.C. junto com ela. Isso tirou o fôlego dos manipuladores. O preço da T.T. finalmente caiu para 125 dólares e a posição vendida a descoberto realmente cresceu tanto que os *insiders* puderam aumentar seu preço em 20 ou 25 pontos. Desta vez foi uma jogada legítima contra uma posição vendida excessivamente estendida; mas, embora tivesse previsto o repique, não cobri, pois não desejava perder a minha posição. Antes que a Equatorial Commercial pudesse subir em harmonia com a alta da T.T., vendi uma grande quantidade dela a descoberto — com os resultados usuais. Isso desmentiu o papo-furado altista da T.T., que havia se tornado bastante fervoroso após a última subida sensacional.

A essa altura, o mercado geral havia enfraquecido bastante. Como eu lhe disse, foi a convicção de que estávamos em um mercado baixista que me fez vender a T.T. a descoberto no acampamento de pesca na Flórida. Eu estava vendido em algumas outras ações, mas a T.T. era minha favorita. Finalmente, as condições gerais foram demais para a camarilha interna desafiar e a T.T. despencou vertiginosamente. Ela caiu abaixo de 120 dólares pela primeira vez em anos; então abaixo de 110; abaixo do valor nominal; e mesmo assim não cobri. Um dia, quando todo o mercado estava extremamente fraco, a Tropical Trading chegou a 90, então, me aproveitando da desmoralização, eu a cobri. A mesma velha razão! Tive a oportunidade, a fraqueza do mercado em geral e o excesso de vendedores, em comparação com o número dos compradores. Posso lhe contar — mesmo correndo o risco de parecer que estou, monotonamente, me gabando de minha inteligência — que adquiri minhas 30 mil ações da T.T. praticamente aos preços mais baixos de todo o movimento. Mas eu não estava pensando em cobrir no fundo do poço. Minha intenção era transformar meus lucros no papel em dinheiro vivo sem perder muito do lucro na mudança.

Mantive minha posição o tempo inteiro porque sabia que ela estava correta. Eu não estava contrariando a tendência do mercado ou indo contra as condições básicas, mas o contrário, e foi isso que me deu tanta certeza do fracasso de uma camarilha interna excessivamente confiante. O que eles tentaram fazer outros já haviam tentado antes, e sempre fracassaram. Os repiques frequentes, mesmo quando eu sabia tão bem quanto qualquer outro que estavam iminentes, não conseguiram me assustar. Eu sabia que, no final das contas, me sairia muito melhor permanecendo firme em minha posição do que tentando cobrir para lançar uma nova posição vendida a um preço mais alto. Ao insistir na posição que parecia mais correta, ganhei mais de 1 milhão de dólares. Eu não devia isso à intuição, à minha habilidade na leitura da fita ou a uma coragem obstinada. Era um dividendo declarado por minha fé em meu julgamento e não por minha inteligência ou vaidade. Conhecimento é poder, e o poder não precisa temer mentiras — nem mesmo quando a fita as imprime. A queda do mercado costuma acontecer em seguida, muito rapidamente.

Um ano depois, a T.T. subiu novamente para 150 dólares e permaneceu nesse nível por algumas semanas. Todo o mercado tinha direito a uma boa correção, pois havia subido ininterruptamente e não estava mais com um viés altista. Eu sei porque testei. Veja bem, o grupo ao qual a T.T. pertencia vinha sofrendo com negócios muito fracos, e eu não conseguia ver razão alguma que pudesse justificar aquelas ações subindo daquela maneira, mesmo que o resto do mercado estivesse prestes a subir, o que não era o caso. Comecei então a vender a Tropical Trading. Pretendia lançar 10 mil ações ao todo. O preço despencou com a minha venda e eu não conseguia enxergar nenhum tipo de sustentação. Então, de repente, a natureza das compras mudou.

Não estou tentando dar uma de mago quando lhe asseguro que percebi o momento em que a sustentação chegou. Imediatamente me ocorreu que, se os *insiders* daquela ação, que nunca sentiram a obrigação moral de manter o preço alto, estavam agora comprando as ações em face de um mercado geral descendente, deveria haver um motivo. Eles não eram ignorantes, nem filantropos, nem banqueiros preocupados em manter o preço alto para vender mais papéis no mercado de balcão. O preço subiu apesar da minha venda e das vendas de outros. A 133 dólares, cobri minhas 10 mil ações e, a 156, na verdade, optei por comprar, porque, naquela época, a fita me dizia que a linha de menor resistência era ascendente. Eu estava pessimista com relação ao mercado como um todo, mas fui confrontado por uma condição de negociação em uma determinada ação e não por uma teoria especulativa mais ampla. O preço sumiu de vista, acima dos 200 dólares. Foi a sensação do ano. Fiquei lisonjeado com os relatos falados e impressos de que eu havia perdido 8 ou 9 milhões de dólares. Na verdade, em vez de estar vendido, eu estava comprado na T.T. até o fim. E também é verdade que demorei um pouco demais a sair da minha posição e deixei escapar alguns dos meus lucros no papel. Você quer saber por que eu fiz isso? Porque pensei que os *insiders* da T.T. fariam naturalmente o que eu teria feito se estivesse no lugar deles. Mas isso era algo em que eu não tinha direito a pensar, porque meu negócio é operar — isto é, me ater aos fatos que estão diante de mim e não ao que acho que outras pessoas deveriam fazer.

CAPÍTULO 19

Não sei quando ou por quem a palavra "manipulação" foi usada pela primeira vez em relação ao que realmente não passa de um processo de comercialização comum aplicado à venda de ativos em grandes quantidades na bolsa de valores. Trapacear o mercado para facilitar compras baratas de uma ação que se deseja acumular também é manipulação. Mas é diferente. Talvez não seja necessário rebaixar-se a ponto de efetuar práticas ilegais, mas seria difícil evitar tomar medidas que alguns considerariam ilegítimas. Como você vai comprar um grande bloco de ações em um mercado ascendente sem fazer subir o preço de suas próprias compras? Esse seria o problema. Como ele pode ser resolvido? A resposta depende de tantas variáveis que não é possível apresentar uma solução geral, a menos que se diga: possivelmente, por meio de uma manipulação muito hábil. Quer um exemplo? Bem, isso dependeria das condições. Não é possível dar uma resposta mais precisa do que essa.

Estou profundamente interessado em todas as fases do meu ramo de negócios e, claro, aprendo com a experiência de outras pessoas e também com a minha. Mas é muito difícil aprender a manipular ações hoje usando as táticas mencionadas nas histórias contadas nos escritórios das corretoras no fim da tarde, após o fechamento. A maioria dos truques, dispositivos e expedientes do passado é obsoleta e fútil; ou ilegal e impraticável. As regras e condições da bolsa de valores mudaram, e a história — até mesmo a história precisamente detalhada — do que Daniel Drew ou Jacob Little[95] ou Jay Gould[96] podiam fazer cinquenta ou setenta e cinco anos atrás não é mais relevante. O manipulador de hoje tem tanta necessidade de considerar o que eles fizeram e como o fizeram

95. Jacob Little (1794-1865) foi um dos maiores especuladores de Wall Street, conhecido por preferir operar do lado baixista. (N.T.)

96. Jason Gould (1836-1892) foi um magnata das ferrovias e especulador financeiro notório por sua falta de escrúpulos. (N.T.)

quanto um cadete em West Point[97] tem de estudar arco e flecha, conforme praticado pelos povos da Antiguidade, a fim de aumentar seu conhecimento prático de balística.

Por outro lado, vale a pena estudar os fatores humanos — a facilidade com que os seres humanos acreditam no que lhes agrada acreditar, e como eles se permitem — na verdade, se forçam — sofrer influência de sua cobiça ou do preço alto da negligência da pessoa comum. O medo e a esperança permanecem os mesmos; portanto, o estudo do comportamento dos especuladores é tão valioso quanto sempre foi. As armas mudam, mas estratégia continua sendo estratégia, tanto na Bolsa de Valores de Nova York quanto no campo de batalha. Acho que o resumo mais claro de tudo foi expresso por Thomas F. Woodlock[98] quando ele declarou que "os princípios da especulação com ações bem-sucedida baseiam-se na suposição de que as pessoas continuarão, no futuro, a cometer os erros que cometeram no passado".

Em tempos de *boom*, que é quando o público está presente no mercado em maior número, nunca há necessidade de sutileza, então não faz sentido perder tempo discutindo manipulação ou especulação nesses momentos; seria como tentar encontrar a diferença nas gotas de chuva que caem num ritmo sincronizado no mesmo telhado do outro lado da rua. O otário sempre tentou obter algo em troca de nada, e o apelo em todos os *booms* é sempre, francamente, ao instinto de apostador despertado pela cobiça e estimulado pela prosperidade generalizada. Pessoas que procuram dinheiro fácil, invariavelmente, pagam pelo privilégio de chegar à conclusão de que ele não pode ser encontrado nesse mundo sórdido. No início, quando ouvia relatos de negócios e estratagemas antigos, costumava pensar que as pessoas eram mais crédulas nos anos 1860 e 1870 do que nos anos 1900. Mas eu acabava lendo nos jornais, naquele mesmo dia ou no seguinte, algo sobre o último Ponzi[99] ou sobre a falência de algum corretor trapaceador e sobre os milhões em dinheiro dos otários que se juntaram à maioria silenciosa das poupanças perdidas.

Quando vim para Nova York pela primeira vez havia um grande estardalhaço com relação às transações de fachada e ordens casadas, apesar de tais práticas serem proibidas pela bolsa de valores. Às vezes essas práticas eram grosseiras demais para poder enganar alguém. Os corretores não hesitavam

97. West Point é o local da academia preparatória de oficiais para o exército estadunidense. (N.T.)

98. Thomas F. Woodlock (1866-1945) foi editor do *Wall Street Journal* e membro da Comissão de Comércio Interestadual. (N.T.)

99. Charles Ponzi (1882-1949) foi um estelionatário conhecido por inventar a fraude de pirâmide que leva seu nome ("esquema Ponzi"). (N.T.)

em dizer que "a lavanderia estava ativa" sempre que alguém tentava lavar uma ou outra ação, e, como já disse antes, mais de uma vez eles montavam operações que francamente chamávamos de "movimentações de *bucket shop*", quando o preço de uma ação era reduzido em 2 ou 3 pontos por apenas um instante para estabelecer a queda na fita e apertar a miríade de operadores com pouca resistência financeira que estavam comprados em ações nas *bucket shops*. Quanto às ordens casadas, sempre foram utilizadas com certo receio devido à dificuldade de coordenar e sincronizar as operações das corretoras, sendo todos esses negócios contrários às regras da bolsa. Há alguns anos um operador famoso cancelou a venda, mas não a parte da compra, de suas ordens casadas, e o resultado foi que um corretor inocente fez subir o preço em cerca de 25 pontos em poucos minutos, apenas para vê-lo despencar com igual celeridade assim que cessaram suas compras. A intenção original era criar uma fachada de atividade. É um mau negócio esse de brincar com armas tão pouco confiáveis. Veja, não se pode confiar nos corretores de melhor estirpe — não se quiser que eles continuem sendo membros da Bolsa de Valores de Nova York. Além disso, os impostos tornaram todas as práticas que envolvem transações fictícias muito mais caras do que costumavam ser nos velhos tempos.

A definição dicionarizada de manipulação inclui os *corners*. Ora, um *corner* pode ser resultado de manipulação ou pode ser resultado de compras competitivas, como, por exemplo, o *corner* da Northern Pacific em 9 de maio de 1901, que certamente não foi manipulação. O *corner* da Stutz[100] custou caro para todos os envolvidos, tanto em dinheiro quanto em prestígio. E nem foi um *corner* deliberadamente projetado, para ser sincero.

Na verdade, pouquíssimos grandes *corners* foram lucrativos para seus autores. Os dois *corners* da Harlem[101] feitos pelo comodoro Vanderbilt[102] renderam um lucro grande, mas o velho mereceu os milhões que ganhou à custa dos muitos gaiatos vendidos a descoberto, legisladores desonestos e vereadores que tentaram enganá-lo. Por outro lado, Jay Gould perdeu dinheiro em seu *corner* da Northwestern.[103] O diácono S. V. White ganhou 1 milhão em

---

100. A Stutz Motor Car Company foi uma montadora de carros de luxo e esportivos. Faliu em 1937 e, posteriormente, foi liquidada. (N.T.)

101. A ferrovia New York and Harlem foi uma das primeiras ferrovias urbanas dos Estados Unidos. Após a falência de sua controladora, os serviços da linha passaram a ser prestados por ônibus. (N.T.)

102. Cornelius Vanderbilt (1794-1877) foi um magnata que construiu sua fortuna nos setores ferroviário e de navegação. Foi apelidado de "comodoro", na época a patente mais alta na marinha estadunidense, por causa de seu envolvimento em empresas de navegação. (N.T.)

103. A ferrovia Northwestern Pacific operava no norte da Califórnia. Em 1929, tornou-se subsidiária integral da Southern Pacific. (N.T.)

seu *corner* da Lackawanna, mas Jim Keene perdeu 1 milhão no negócio da Hannibal & St. Joe.[104] O sucesso financeiro de um *corner*, é claro, depende da comercialização de ativos acumulados a um preço acima de seu custo, e as vendas a descoberto precisam exceder uma certa magnitude para que isso ocorra com facilidade.

Eu me perguntava por que os *corners* eram tão populares entre os grandes operadores de meio século atrás. Eles eram hábeis e experientes, espertos e pouco inclinados a confiar na filantropia de seus colegas negociantes. No entanto, costumavam levar tombos com uma frequência surpreendente. Um velho corretor sábio me disse que todos os grandes operadores dos anos 1860 e 1870 tinham uma ambição: operar um *corner*. Em muitos casos, isso era fruto da vaidade; em outros, do desejo de vingança. Em todo caso, ser apontado como o homem que conseguiu controlar uma ou outra ação era, na realidade, um reconhecimento de sua inteligência, ousadia e sua fortuna. Isso dava ao criador do *corner* o direito de ser arrogante. Ele aceitava os aplausos de seus companheiros como se fossem bem merecidos. Era mais do que a perspectiva do lucro em dinheiro que levava os idealizadores de *corners* a se esforçar tanto. Era a vaidade excessiva afirmando-se entre aqueles operadores calculistas.

Lobo certamente comia lobo naquela época; com prazer e facilidade. Acho que já disse que consegui escapar de ser mordido mais de uma vez não por causa da posse de uma misteriosa capacidade de leitura do *ticker*, mas porque geralmente posso enxergar o momento em que a natureza das compras de uma ação torna imprudente manter uma posição vendida nela. Faço isso por meio de testes de bom senso, que também devem ter sido utilizados nos velhos tempos. O velho Daniel Drew costumava apertar os rapazes com certa frequência e fazê-los pagar preços altos pelos "toscos" da Erie que eles haviam vendido a descoberto para ele. Ele próprio foi pressionado pelo comodoro Vanderbilt na Erie, e quando o velho Drew implorou misericórdia, o comodoro citou com severidade o dístico imortal do Grande Baixista:

Aquele que vende o que não é seu
deve comprá-lo de volta ou ir para a prisão.

Poucos se lembram, em Wall Street, de um operador que, por mais de uma geração, foi um de seus titãs. Sua principal reivindicação de imortalidade parecia ser a expressão "ação aguada".

---

104. A Hannibal & St. Joseph Railroad foi a primeira ferrovia a atravessar o Missouri. Em 1883, foi adquirida pela ferrovia Chicago, Burlington and Quincy. (N.T.)

Addison G. Jerome[105] foi reconhecido como o rei do Conselho Público na primavera de 1863. Suas dicas de mercado, me disseram, eram consideradas tão confiáveis quanto dinheiro no banco. De acordo com todos os relatos, ele foi um grande operador e ganhou milhões. Era extravagantemente liberal e tinha muitos seguidores em Wall Street — até que Henry Keep,[106] conhecido como William, o Silencioso, o despojou de todos os seus milhões no *corner* da Old Southern.[107] A propósito, Keep era cunhado do governador Roswell P. Flower.[108]

Na maioria dos antigos *corners*, a manipulação consistia, principalmente, em não permitir que a outra pessoa soubesse que você estava acumulando as ações que ela, de várias maneiras, era incentivada a vender a descoberto. Portanto, uma manipulação dirigida, sobretudo, a colegas profissionais, pois o público em geral não gosta de assumir uma posição vendida a descoberto. Os motivos que levaram esses profissionais sábios a estabelecer posições vendidas em tais ações foram praticamente os mesmos que os levam a fazer a mesma coisa hoje. Além das vendas por políticos mentirosos no *corner* da Harlem comandado pelo comodoro, deduzo, das histórias que li, que os operadores profissionais venderam as ações porque estavam muito altas. E a razão pela qual acharam que estavam muito altas é que nunca antes tinham sido negociadas a preços tão altos; e isso as tornava muito altas para comprar; e se fossem muito altas para comprar, era a hora certa de vender. Isso soa bem moderno, não é? Eles estavam pensando no preço, e o comodoro estava pensando no valor! E assim, nos anos seguintes, os veteranos me contavam que as pessoas costumavam dizer "ele vendeu a Harlem a descoberto!" quando desejavam descrever a pobreza abjeta.

Muitos anos atrás conversei com um dos antigos corretores de Jay Gould. Ele sinceramente me garantiu que o senhor Gould não era apenas um homem diferente — foi sobre ele o comentário do velho Daniel Drew "seu toque é a morte! —, ele era muito superior a todos os outros manipuladores do passado e do presente. De fato, ele deve ter sido um mago financeiro para ter feito o que fez; não pode haver dúvida disso. Mesmo a essa distância posso ver que ele tinha um talento incrível para se adaptar às novas condições, e isso é uma característica valiosa em um operador. Variava seus métodos de ataque

105. Addison G. Jerome (1811-1864) foi corretor de ações e empresário ativo em meados do século XIX. (N.T.)

106. Henry Keep (1818-1869) foi financista, banqueiro e especulador nos mercados de ações e de câmbio. (N.T.)

107. Apelido da Southern Railway, uma ferrovia que operava no sul dos Estados Unidos. Desde 1982, faz parte da Norfolk Southern Railway. (N.T.)

108. Roswell P. Flower (1835-1899) foi governador do estado de Nova York de 1892 a 1894. (N.T.)

e defesa sem pestanejar porque estava mais preocupado com a manipulação de propriedades do que com a especulação com ações; manipulava mais para fins de investimento do que para fazer movimentos no mercado. Logo percebeu que o dinheiro graúdo girava em torno da posse de ações das ferrovias, e não da manipulação de seus papéis no pregão da bolsa de valores. Ele utilizou o mercado de ações, é claro, mas suspeito que o tenha feito porque essa era a maneira mais rápida e fácil de obter dinheiro imediatamente, e ele precisava de muitos milhões, da mesma maneira que o velho Collis P. Huntington[109] estava todo o tempo com dificuldades financeiras porque sempre precisava de 20 ou 30 milhões de dólares a mais do que os banqueiros estavam dispostos a emprestar. Visão sem dinheiro significa angústia; com dinheiro, realizações; e isso significa poder; e isso significa dinheiro; e isso significa realizações; e assim por diante indefinidamente.

É claro que a manipulação não se limitava às grandes figuras daquela época. Havia muitos manipuladores menores. Lembro-me de uma história que um velho corretor me contou sobre os costumes e a moral no início dos anos 1860. Ele disse:

— A lembrança mais antiga que tenho de Wall Street é da minha primeira visita ao distrito financeiro. Meu pai tinha alguns negócios para resolver lá e, por um motivo ou outro, me levou com ele. Descemos a Broadway, e me lembro de chegar a Wall Street. Descemos a Wall e, assim que chegamos à Broad, ou melhor, à Nassau Street, até a esquina onde hoje fica o prédio da Bankers Trust Company,[110] vi uma multidão seguindo dois homens. O primeiro caminhava para o leste, tentando parecer despreocupado. Ele era seguido pelo outro, um homem de rosto avermelhado que agitava freneticamente o chapéu com uma das mãos e sacudia o outro punho no ar. Ele estava gritando bem alto: "Shy-lock![111] Shylock! Qual é o preço do dinheiro? Shylock! Shylock!". Eu via cabeças espiando das janelas. Não havia arranha-céus naquela época, mas eu tinha certeza de que os curiosos do segundo e terceiro andar cairiam. Meu pai perguntou qual era o problema e alguém respondeu algo que não ouvi. Eu estava muito ocupado apertando com força a mão de meu pai para que o empurra-empurra não nos separasse. A multidão estava aumentando, como acontece com as multidões de rua, e eu não me sentia confortável. Pessoas de

109. Collis P. Huntington (1821-1900) foi industrial e magnata do setor ferroviário. (N.T.)

110. Fundada em 1903, a Bankers Trust Company foi um dos bancos mais destacados dos Estados Unidos. Foi adquirido pelo Deutsche Bank em 1999. (N.T.)

111. Shylock é um personagem fictício da peça *O mercador de Veneza*, escrita por William Shakespeare. Ele é um agiota judeu (a agiotagem era uma das poucas atividades que os judeus eram autorizados a exercer na Europa medieval). (N.T.)

olhos arregalados desciam correndo pela Nassau Street e subiam a Broad, e também pelos lados leste e oeste da Wall Street. Depois que, finalmente, saímos da turba, meu pai me explicou que o homem que gritava "Shylock!" era Fulano de Tal. Esqueci o nome dele, mas era o maior operador de bolsa de camarilha na cidade e, segundo consta, ganhou — e perdeu — mais dinheiro do que qualquer outro homem em Wall Street, com exceção de Jacob Little. Lembro-me do nome de Jacob Little porque achei que era um nome engraçado para um homem.[112] O outro homem, o Shylock, era um agiota notório — também não me recordo do nome, mas lembro que era alto, magro e pálido. Naquela época, as camarilhas costumavam monopolizar o dinheiro ao tomar empréstimos ou, melhor, reduzir o montante disponível para os tomadores de dinheiro da bolsa de valores. Eles o pegavam emprestado e obtinham um cheque visado, mas não tinham a intenção de realmente sacar o dinheiro e usá-lo. Claro que isso era uma deturpação. Era uma forma de manipulação, penso eu.

Concordo com o velho. Foi uma fase de manipulação que não existe mais.

112. Little, "pequeno" em inglês. (N.T.)

CAPÍTULO 20

Eu mesmo nunca conheci pessoalmente nenhum dos grandes manipuladores de ações dos quais ainda se fala em Wall Street. Não estou falando de líderes; estou falando de manipuladores. Todos eles foram anteriores à minha época, embora, quando cheguei em Nova York pela primeira vez, James R. Keene, o maior de todos, estivesse no auge. Mas eu era um mero garoto na época, preocupado exclusivamente em duplicar, em uma corretora de renome, o sucesso que tinha desfrutado nas *bucket shops* de minha cidade natal. E, então, também na época em que Keene estava ocupado com as ações da U. S. Steel — sua obra-prima de manipulação —, eu não tinha experiência com manipulação, nenhum conhecimento real dela ou de seu valor ou significado e, portanto, nenhuma grande necessidade de obter tal conhecimento. Se é que pensei sobre aquilo, suponho que devo tê-la considerado uma modalidade sofisticada de trapaça, cuja forma mais tosca eram os truques dos quais eu havia sido vítima nas *bucket shops*. As conversas que tenho ouvido desde então sobre o assunto consistem, em grande parte, em suposições e suspeitas; em conjecturas, em vez de análises inteligentes.

Mais de uma pessoa que o conhecia bem me disse que Keene foi o operador mais ousado e brilhante que já trabalhou em Wall Street. Isso quer dizer muita coisa, pois o mundo já conheceu alguns grandes negociantes. Seus nomes agora estão quase esquecidos, mas mesmo assim eles foram reis em seus dias — por um dia! Foram puxados da obscuridade para o sol da fama financeira pela fita *ticker*, e a pequena fita de papel não se mostrou forte o bastante para mantê-los suspensos lá por tempo suficiente para se tornarem gigantes históricos. Seja como for, Keene foi, muito provavelmente, o melhor manipulador de sua época, e teve uma vida longa e emocionante.

Ele capitalizou seus conhecimentos do jogo, sua experiência como operador e seus talentos quando vendeu seus serviços para os irmãos Havemeyer, que queriam que ele desenvolvesse um mercado para as ações da Sugar. Ele estava quebrado na época — se não estivesse, teria continuado a negociar por conta própria — e era um especulador e tanto! Teve sucesso com a Sugar; transformou essas ações em favoritas do mercado, e isso as tornou facilmente negociáveis. Depois, a ele foi solicitado repetidamente assumir o controle de sindicatos. Disseram-me que, nessas operações de sindicato, ele nunca pediu ou aceitou uma comissão, mas pagava a sua parte como os outros membros do sindicato. A negociação da ação no mercado, é claro, estava sob sua responsabilidade exclusiva. Muitas vezes, falava-se de traição de ambos os lados. Sua rivalidade com a camarilha Whitney[113]-Ryan[114] surgiu de tais acusações. Não é difícil um manipulador ser mal interpretado por seus associados. Eles não veem suas necessidades como ele próprio as vê. Eu sei disso por experiência própria.

É uma pena que Keene não tenha deixado um registro preciso de sua maior façanha: a manipulação bem-sucedida das ações da U.S. Steel na primavera de 1901. Pelo que entendi, Keene nunca falou pessoalmente sobre o assunto com J.P. Morgan. A firma de Morgan negociava com a Talbot J. Taylor & Co. ou por intermédio dela, em cujo escritório Keene estabeleceu sua sede. Talbot Taylor[115] era genro de Keene. Tenho certeza de que a remuneração de Keene por seu trabalho consistia no prazer que desfrutava com aquela atividade. Sabe-se que ganhou milhões negociando no mercado que ajudou a fazer subir naquela primavera. Ele disse a um amigo meu que, em poucas semanas, vendeu mais de 750 mil ações no mercado aberto para o consórcio de subscritores. Nada mal quando se levam em consideração duas coisas: a princípio, consistiam em ações novas e não testadas de uma empresa cuja capitalização era maior do que a dívida inteira dos Estados Unidos na época; e, então, homens como D.G. Reid,[116] W.B. Leeds,[117] os irmãos Moore,[118] Henry Phipps,[119] H.C. Frick[120] e os outros magnatas do aço também venderam centenas de milhares de ações ao público, ao mesmo tempo, no mesmo mercado que Keene ajudou a criar.

---

113. William Collins Whitney (1841-1904) foi político e financista, tendo servido como secretário da marinha em 1889. (N.T.)

114. Thomas F. Ryan (1851-1928) foi corretor de ações e financista, intimamente ligado à família Whitney. Fez sua fortuna investindo em tabaco, seguros e transportes. (N.T.)

115. Talbot Jones Taylor (1866-1938) foi corretor de ações e dono da corretora que leva seu nome. (N.T.)

116. Daniel G. Reid (1858-1925) foi um industrial e financista conhecido como "Rei da Estanhagem". (N.T.)

117. William B. Leeds (1861-1908) era um empresário que liderava o setor de estanhagem. (N.T.)

118. Os irmãos William Henry e James Hobart Moore foram advogados e financistas que fizeram suas fortunas no setor siderúrgico. (N.T.)

119. Henry Phipps Jr. (1839-1930) foi um empresário ligado ao setor siderúrgico. (N.T.)

120. Henry Clay Frick (1849-1919) foi financista, industrial e filantropo. (N.T.)

Claro, as condições gerais o favoreciam. Não apenas os negócios reais, mas o sentimento e o apoio financeiro ilimitado recebido possibilitaram seu sucesso. O que havia não era apenas um grande mercado altista, mas um *boom* e um estado de espírito que, provavelmente, nunca voltará a ser visto. O pânico das ações não digeridas veio depois, quando as ordinárias da Steel, que Keene havia feito chegar a 55 dólares em 1901, foram negociadas a 10 dólares em 1903 e a 8,875 em 1904.

Não podemos analisar as campanhas de manipulação de Keene. Seus livros contábeis não estão disponíveis; não existe um registro adequadamente detalhado. Por exemplo, seria interessante ver como ele trabalhou com a Amalgamated Copper.[121] H.H. Rogers e William Rockefeller tentaram se desfazer de suas ações excedentes no mercado e fracassaram. Finalmente eles pediram a Keene para comercializar sua posição e ele concordou. Lembre-se de que H.H. Rogers foi um dos empresários mais hábeis de sua época em Wall Street e que William Rockefeller foi o especulador mais ousado de todo o círculo da Standard Oil. Eles tinham recursos praticamente ilimitados e um prestígio enorme, bem como anos de experiência no jogo do mercado de ações. E ainda assim precisaram recorrer a Keene. Menciono isso para mostrar que existem algumas tarefas que exigem um especialista para serem realizadas. Era uma ação amplamente elogiada, patrocinada pelos maiores capitalistas da América, que não poderia ser vendida exceto com grande sacrifício de dinheiro e prestígio. Rogers e Rockefeller foram inteligentes o suficiente para decidir que apenas Keene poderia ajudá-los.

Keene começou a trabalhar imediatamente. Ele tinha um mercado altista no qual trabalhar e vendeu 220 mil ações da Amalgamated ao valor nominal aproximadamente. Após se desfazer da posição dos *insiders*, o público continuou comprando, e o preço subiu mais 10 pontos. Na verdade, os *insiders* ficaram otimistas com as ações que haviam vendido quando viram o entusiasmo com que o público as estava comprando. Dizem que Rogers realmente aconselhou Keene a comprar ações da Amalgamated. É muito pouco provável que Rogers pretendesse descarregar suas ações em cima de Keene. Ele era um homem astuto demais para ignorar o fato de que Keene não era um cordeirinho desamparado. Keene trabalhou da mesma maneira que sempre fazia — isto é, vendendo quantidades grandes durante a queda, após a grande alta. É claro que seus movimentos táticos eram dirigidos por suas necessidades e pelas correntes

121. A Amalgamated Copper Company foi controladora da Anaconda Copper Mining Company e uma das maiores mineradoras do mundo durante grande parte do século XX. (N.T.)

menores que variavam no dia a dia. No mercado de ações, como na guerra, é bom ter em mente a diferença entre estratégia e tática.

Um dos homens de confiança de Keene, que é um dos melhores pescadores com isca que conheço, me disse outro dia que, durante a campanha da Amalgamated, Keene ficava quase sem nenhuma ação em certos dias — isto é, sem as ações que ele havia sido forçado a comprar para aumentar o preço; e, no dia seguinte, ele comprava de volta milhares de ações. Mais um dia e ele se desfazia do saldo. Aí deixava o mercado absolutamente solto para ver como ele se comportaria sozinho e também para acostumá-lo a agir por conta própria. Quando se tratava da comercialização real da posição, ele fazia o que eu já disse: vendia na baixa. O público comercial está sempre em busca de um repique e, além disso, existe a cobertura por aqueles que venderam a descoberto.

O homem que estava mais próximo de Keene durante esse negócio me disse que, depois que Keene vendeu a posição Rogers-Rockefeller por algo em torno de 20 ou 25 milhões de dólares em dinheiro, Rogers lhe enviou um cheque de 200 mil. Isso me faz lembrar da esposa do milionário que deu à lavadeira da Metropolitan Opera House cinquenta centavos de recompensa por encontrar um colar de pérolas de 100 mil dólares. Keene enviou o cheque de volta com uma nota educada dizendo que não era um corretor da bolsa e que estava feliz por ter sido útil para eles. Eles guardaram o cheque e escreveram que ficariam felizes em trabalhar com ele novamente. Pouco tempo depois, H.H. Rogers deu a Keene a dica amistosa para comprar a Amalgamated a cerca de 130 dólares!

Um operador brilhante, James R. Keene! Seu secretário particular me disse que, quando o mercado estava se movimentando a seu favor, o senhor Keene ficava irascível; e aqueles que o conheceram dizem que sua irascibilidade era expressa em frases sardônicas que permaneciam por muito tempo na memória de seus ouvintes. Mas, quando estava perdendo, ficava de muito bom humor, um requintado homem do mundo, agradável, epigramático, interessante.

Ele tinha, em grau superlativo, as qualidades mentais associadas aos especuladores bem-sucedidos em qualquer lugar. Claro que ele não discutia com a fita. Ele era totalmente destemido, mas nunca imprudente. Podia mudar de posição em um piscar de olhos se descobrisse que estava errado.

Desde sua época, já houve tantas mudanças nas regras da bolsa de valores — e uma aplicação muito mais rigorosa das regras antigas — , tantos novos impostos sobre vendas de ações e lucros, e assim por diante, que o jogo parece diferente. Dispositivos que Keene podia usar com habilidade e de forma lucrativa não podem mais ser utilizados. Além disso, estamos certos de que a moralidade empresarial em Wall Street está em um plano mais elevado. No entanto, é justo dizer que Keene teria sido um grande manipulador em qualquer período de nossa história financeira, pois era um grande operador de bolsa e conhecia o jogo da especulação do começo ao fim. Ele conseguiu o que conseguiu porque as condições da época o permitiram. Ele teria sido tão bem-sucedido em seus empreendimentos em 1922 quanto o foi em 1901 ou em 1876, quando veio pela primeira vez da Califórnia para Nova York e ganhou 9 milhões de dólares em dois anos. Existem homens cujo andar é muito mais rápido do que o da multidão. Eles são destinados a liderar, não importa o quanto a turba mude.

Na verdade, a mudança não é tão radical quanto se imagina. As recompensas não são tão grandes, pois não é mais trabalho de pioneiro e, portanto, a recompensa não é de pioneiro. Mas, em certos aspectos, a manipulação é mais fácil do que antes; em outras palavras, muito mais difícil do que na época de Keene.

Não há dúvida de que a publicidade é uma arte, e que a manipulação é a arte de fazer publicidade por meio da fita. A fita deve contar a história que o manipulador deseja que seus leitores ouçam. Quanto mais verdadeira a história, mais convincente ela tende a ser, e, quanto mais convincente, melhor é a publicidade. Um manipulador hoje, por exemplo, não só precisa fazer uma ação parecer forte, mas também precisa torná-la forte. A manipulação, portanto, precisa ser baseada em princípios comerciais sólidos. Isso é o que tornou Keene um manipulador tão maravilhoso; ele foi um operador perfeito desde sempre.

A palavra "manipulação" passou a ter uma conotação pejorativa. Ela precisa ser substituída. Não creio que haja algo tão misterioso ou desonesto no próprio processo quando seu objeto é a venda de uma ação em quantidades grandes, desde, é claro, que tais operações não sejam acompanhadas de deturpação. Não há dúvida de que um manipulador sempre busca seus compradores entre os especuladores. Ele se dirige às pessoas que buscam grandes retornos sobre seu capital e que, portanto, estão dispostas a correr um risco empresarial maior do que o normal. Não posso ter muita simpatia por alguém que, sabendo disso, mesmo assim culpa os outros por seu próprio fracasso em ganhar dinheiro fácil. Ele é um sujeito muito inteligente quando está por cima. Mas, quando perde dinheiro, o outro sujeito é que é um vigarista; um manipulador! Em tais momentos e nesses lábios a palavra adquire a conotação de uso de cartas marcadas. Mas isso não é verdade.

Normalmente, o objetivo da manipulação é aumentar a capacidade de venda — ou seja, a capacidade de desovar lotes de tamanho razoável a algum preço em qualquer momento. É claro que um sindicato, em consequência de uma reversão das condições gerais do mercado, pode ocupar uma posição em que a venda é impossível, exceto com um sacrifício grande demais para ser palatável. Seus integrantes, então, podem decidir contratar um profissional, acreditando que sua habilidade e experiência podem o levar a conduzir uma retirada ordenada em vez de sofrer um revés acachapante.

Você notará que não falo de manipulação destinada a permitir um acúmulo considerável de uma ação ao menor preço possível, como, por exemplo, no caso de compras para ganhar controle, porque isso não acontece com frequência nos dias de hoje.

Quando Jay Gould desejou consumar seu controle da Western Union[122] e decidiu adquirir um lote grande de ações, Washington E. Connor,[123] que não era visto na bolsa de valores havia anos, de repente apareceu no balcão da Western Union e começou a fazer lances pela Western Union. Todos os operadores riram — achando que ele era estúpido por considerá-los tão imaturos — e, alegremente, venderam a ele todas as ações que ele queria comprar. Para os operadores, era óbvio o truque: fingir que queria ações da Western Union e fazer subirem seus preços como se Gould pretendesse comprá-la — era primário demais. Isso foi manipulação? Penso que a resposta é: não e sim!

Na maioria dos casos, o objeto da manipulação é, como eu disse, vender ações ao público pelo melhor preço possível. Não se trata apenas de vender, mas de distribuir. Obviamente é melhor em todos os aspectos que uma ação pertença a mil pessoas do que a uma só — melhor para o mercado dessa ação. Portanto, não é apenas a venda por um bom preço, mas também a natureza da distribuição que um manipulador precisa levar em consideração.

Não há sentido em elevar o preço a um nível muito alto se você não pode convencer o público a tirar a ação de suas mãos mais tarde. Sempre que manipuladores inexperientes tentam descarregar no ápice e falham, os veteranos fazem cara de sábios e dizem que você pode conduzir um cavalo até a água, mas não pode obrigá-lo a beber. Quanta originalidade! Na verdade, é sempre bom lembrar uma regra da manipulação, uma regra que Keene e seus hábeis predecessores conheciam bem. É a seguinte: as ações são manipuladas para que cheguem ao ponto mais alto possível, e depois são vendidas ao público durante a queda.

---

122. A Western Union Company trabalha com serviços financeiros e comunicações. Foi a primeira companhia a introduzir a máquina *ticker* para transmissão de cotações de ações e monopolizou o mercado de telegrafia nos séculos XIX e XX. (N.T.)

123. Washington Everett Connor (1849-1935) foi financista e corretor de ações. (N.T.)

Deixe-me começar do início. Suponha que haja alguém — um consórcio de subscrição, um sindicato ou uma pessoa — que tenha um lote de ações a serem vendidas pelo melhor preço possível. É uma ação devidamente listada na Bolsa de Valores de Nova York. O melhor lugar para vendê-la deveria ser o mercado aberto, e o melhor comprador deveria ser o público em geral. As negociações para a venda estão a cargo de alguém. Esse indivíduo — ou algum atual ou ex-associado — tentou vender as ações na bolsa de valores e não teve sucesso. Ele está — ou logo se tornará — suficientemente familiarizado com as operações do mercado de ações para perceber que é necessário ter mais experiência e mais aptidão para o trabalho do que ele tem. Ele conhece, pessoalmente ou por ouvir falar, vários homens que tiveram sucesso em lidar com negócios semelhantes e decide valer-se de suas habilidades profissionais. Ele procura um deles como procuraria um médico se estivesse doente, ou um engenheiro se precisasse desse tipo de especialista.

Suponha que ele tenha ouvido falar de mim como um homem que conhece o jogo. Bem, imagino que ele tentará descobrir tudo o que pode sobre mim. Ele então marca uma entrevista e faz uma visita ao meu escritório.

Claro, é provável que eu conheça a ação e o que ela representa. É minha função saber esse tipo de informação. É assim que ganho a vida. Meu visitante me diz o que ele e seus associados desejam fazer e me pede para conduzir o negócio.

Então chega minha vez de falar. Peço todas as informações que considero necessárias para obter uma compreensão clara do que estou sendo solicitado a fazer. Determino o valor e estimo as possibilidades de mercado dessa ação. Isso e minha leitura das condições atuais, por sua vez, me ajudam a avaliar a probabilidade de sucesso da operação proposta.

Se minhas informações me levarem a uma perspectiva favorável, aceito a proposta e digo a ele, naquele momento, quais serão meus termos para meus serviços. Se ele, por sua vez, aceitar meus termos — os honorários e as condições —, começo meu trabalho imediatamente.

Em geral, peço e recebo ofertas por um lote de ações. Insisto em opções de compra escalonadas, por serem o instrumento mais justo para todos os interessados. O preço da opção de compra começa um pouco abaixo do preço de mercado vigente e sobe; digamos, por exemplo, que recebo ofertas por 100 mil ações e que a ação está cotada a 40 dólares. Começo com uma oferta de alguns milhares de ações a 35, outra a 37, outra a 40, e a 45 e 50; e assim por diante até 75 ou 80.

Se, como resultado do meu trabalho profissional — minha manipulação —, o preço subir, e se, no nível mais alto, houver uma boa demanda pelas ações de modo que eu possa vender lotes de tamanho razoável, é claro que vendo as ações. Estou ganhando dinheiro; mas meus clientes também estão ganhando dinheiro. É assim que deve ser. Se eles estão pagando por minha habilidade, devem obter algo de valor. Claro, há momentos em que um sindicato pode ser liquidado com prejuízo, mas isso raramente ocorre, pois não aceito o trabalho a menos que veja perspectivas de lucro. Neste ano, não tive muita sorte em um ou dois negócios e não obtive lucro. Existem razões para isso, mas essa é outra história para ser contada mais tarde — talvez.

O primeiro passo para criar um movimento altista em uma ação é divulgar o fato de que existe um movimento altista. Parece bobo, não é? Bem, pense um momento. Não é tão bobo quanto parecia, certo? A maneira mais eficaz de divulgar quais são, de fato, suas intenções honrosas é tornar a ação ativa e forte. Depois de tudo dito e feito, o maior publicitário no mundo inteiro é o *ticker* e, de longe, o melhor meio de publicidade é a fita. Não preciso publicar nenhum artigo para meus clientes lerem. Não tenho que informar à imprensa diária o valor das ações ou trabalhar os periódicos financeiros para que publiquem notícias sobre as perspectivas da empresa. Nem preciso conseguir seguidores. Realizo todas essas coisas altamente desejáveis simplesmente tornando a ação ativa. Quando existe atividade, há uma demanda síncrona por explicações; e isso significa, é claro, que os motivos necessários — para publicação — são fornecidos sem a menor ajuda de minha parte.

Atividade é tudo o que os corretores de pregão pedem. Eles compram ou vendem qualquer ação a qualquer nível se houver um mercado ativo para ela. Eles negociam milhares de ações onde quer que vejam atividade, e sua capacidade agregada é considerável. Necessariamente acontece de eles constituírem a primeira safra de compradores do manipulador. Eles o acompanham até o topo e, portanto, são de grande ajuda em todas as etapas da operação. Entendo que James R. Keene costumava empregar os corretores de pregão mais ativos para esconder a fonte da manipulação e porque sabia que eles eram, de longe, os melhores propagadores de negócios e distribuidores de dicas. Muitas vezes, ele dava opções de compra a eles — opções verbais — acima do preço de mercado, para que fizessem algum trabalho útil antes de obter um lucro. Ele os obrigava a trabalhar para obter um lucro. Para conseguir seguidores entre os profissionais, eu mesmo nunca precisei fazer mais do que tornar uma ação ativa. Os operadores não pedem mais do que isso. É bom, claro, lembrar que esses profissionais no pregão da bolsa compram ações com a intenção de vendê-las com lucro. Eles não exigem que o lucro seja grande; mas o lucro precisa ser rápido.

Eu torno a ação ativa para chamar a atenção dos especuladores, pelas razões que já apresentei. Compro e vendo, e os operadores fazem o mesmo. A pressão de venda não tende a ser forte quando uma pessoa possui tantas ações especulativamente empatadas — em opções de compra — quanto eu insisto em ter. As compras, portanto, prevalecem sobre as vendas, e o público segue a liderança não tanto do manipulador quanto dos corretores de pregão. O público então aparece na ponta compradora. Eu preencho essa demanda altamente desejável — ou seja, eu vendo mais ações do que compro. Se a demanda for o que deveria ser, ela absorverá mais do que a quantidade de ações que fui obrigado a acumular nos estágios iniciais da manipulação; e, quando isso acontece, vendo as ações a descoberto — isto é, tecnicamente. Em outras palavras, vendo mais ações do que realmente tenho. Para mim, é perfeitamente seguro fazer isso, pois estou, na verdade, vendendo contra minhas opções de compra. Claro, quando a demanda do público diminui, a ação para de subir. Aí eu espero.

Digamos, então, que a ação tenha parado de subir. Chega um dia fraco. O mercado inteiro pode desenvolver uma tendência reacionária ou algum operador aguçado talvez perceba que não há muitas ordens de compra da minha ação, e ele a vende, e seus companheiros o seguem. Seja qual for o motivo, minhas ações começam a cair. Bem, eu começo a comprá-las. Dou-lhe o apoio que uma ação deve ter quando seus próprios patrocinadores a têm em bom conceito. E mais: sou capaz de sustentá-la sem acumulá-la — ou seja, sem aumentar a quantidade que terei de vender mais tarde. Observe que faço isso sem diminuir meus recursos financeiros. É claro que o que estou realmente fazendo é cobrir ações que vendi a descoberto a preços mais altos quando a demanda do público ou dos operadores, ou de ambos, me permite fazê-lo. É sempre bom deixar claro para os operadores — e também para o público — que existe uma demanda pelas ações durante a queda. Isso tende a impedir as vendas a descoberto precipitadas por parte dos profissionais e a liquidação por parte dos detentores assustados, que é o tipo de venda geralmente encontrada quando uma ação fica cada vez mais fraca, o que, por sua vez, é o que acontece quando uma ação não recebe apoio. Essas minhas compras de cobertura constituem o que chamo de processo de estabilização.

À medida que o mercado se amplia, é claro que vendo as ações enquanto o preço delas sobe, mas nunca o suficiente para frear a alta. Isso é estritamente compatível com meus planos de estabilização. É óbvio que, quanto mais ações eu vendo durante uma subida razoável e ordenada, mais encorajo os especuladores conservadores, que são mais numerosos do que os corretores de pregão precipitados; e, além disso, mais apoio poderei dar às ações nos inevitáveis dias de fraqueza. Por estar sempre vendido, sempre estou em posição de sustentar a ação sem risco para mim. Via de regra, começo minhas vendas a um preço que me dará lucro. Mas, muitas vezes, vendo sem ter lucro, simplesmente para criar ou aumentar o que posso chamar de meu poder de compra sem risco. Meu negócio não é só aumentar o preço ou vender um lote grande de ações para um cliente, mas ganhar dinheiro para mim mesmo. É por isso que não peço a nenhum cliente que financie minhas operações. Minha comissão depende do meu sucesso.

É claro que o que descrevi não é a minha prática invariável. Não tenho um sistema inflexível nem aderi a um. Modifico meus termos e minhas condições de acordo com as circunstâncias.

Uma ação que se deseja distribuir deve ser manipulada até o ponto mais alto possível e, em seguida, vendida. Repito isso porque é fundamental e porque o público, aparentemente, acredita que as vendas são todas feitas no ápice. Às vezes, uma ação fica atolada, por assim dizer; não sobe. Essa é a hora de vender. É natural que o preço caia um pouco mais do que se desejava com a sua venda, mas, em geral, pode-se ajudá-lo a subir de novo. Contanto que uma ação que estou manipulando suba por ocasião da minha compra, sei que estou em boas condições e, se necessário, compro com confiança e uso meu próprio dinheiro sem medo — exatamente como faria com qualquer outra ação que age da mesma maneira. É a linha de menor resistência. Você se lembra de minhas teorias de negociação sobre essa linha, não é? Bem, quando a linha de preço de menor resistência é estabelecida, eu a sigo não porque estou manipulando aquela ação específica naquele momento específico, mas porque sou um operador de bolsa o tempo inteiro.

Quando minhas compras não aumentam o preço da ação, paro de comprar e procuro vendê-la na baixa; e isso também é exatamente o que eu faria com a mesma ação se não a estivesse manipulando. A maior parte da comercialização da ação, como se sabe, é feita na baixa. É surpreendente a quantidade de ações das quais uma pessoa pode se livrar durante uma queda.

Reitero que em nenhum momento durante a manipulação me esqueço de ser um operador de bolsa. Afinal, meus problemas como manipulador são os mesmos que me confrontam como operador. Toda manipulação chega ao fim quando o manipulador não consegue fazer uma ação se comportar como ele quer. Quando a ação que se está manipulando não age como deveria, é hora de parar. Não discuta com a fita. Não tente atrair o lucro de volta. Pare enquanto está bom — e barato.

CAPÍTULO 21

Estou bem ciente de que todas essas generalidades não parecem muito impressionantes. As generalidades raramente são. É possível que eu tenha mais sucesso em minhas explicações se der um exemplo concreto. Vou lhe contar como aumentei o preço de uma ação em 30 pontos e, com isso, acumulei apenas 7 mil ações e desenvolvi um mercado capaz de absorver quase qualquer quantidade delas.

Foi a Imperial Steel. As ações haviam sido lançadas por pessoas de reputação ilibada e eram bem cotadas como uma propriedade de valor. Cerca de 30% do capital social foi vendido ao público em geral por meio de várias corretoras de Wall Street, mas não houve nenhuma atividade significativa nas ações depois de listadas. De vez em quando alguém perguntava sobre isso e um ou outro *insider* — membros do consórcio de subscrição original — dizia que os lucros da empresa eram melhores do que o esperado, e as perspectivas, mais do que encorajadoras. Isso era verdade e muito bom até certo ponto, mas não era exatamente impressionante. O apelo especulativo não estava ali e, do ponto de vista do investidor, a estabilidade do preço e a permanência do dividendo da ação ainda não haviam sido comprovadas. Era uma ação que nunca se comportava de forma sensacional. Era tão cavalheiresca que nenhum aumento corroborativo acompanhava os relatos eminentemente verdadeiros dos *insiders*. Por outro lado, o preço também não caía.

A Imperial Steel permaneceu sem prestígio, sem louvores e sem ser badalada, satisfeita em ser uma daquelas ações que não caem porque ninguém a vende e que ninguém vende porque ninguém gosta de vender ações que não estão bem distribuídas; o vendedor está totalmente à mercê da camarilha de *insiders* com posições grandes. Da mesma forma, não existem incentivos para comprar tal ação. Para o investidor, a Imperial Steel continuava sendo uma especulação. Para o especulador, era uma ação morta — do tipo que faz de você um investidor contra a sua vontade pelo simples expediente de induzi-lo a um transe no momento em que é comprada. O sujeito que é obrigado a arrastar um cadáver por um ou dois anos sempre perde mais do que o custo real do falecido; com certeza, ele se verá atrelado à ação quando coisas realmente boas surgirem em seu caminho.

Um dia, o principal membro do sindicato da Imperial Steel, agindo por conta própria e em nome de seus associados, me procurou. Disse-me que desejavam criar um mercado para suas ações, das quais controlavam os 70% que não haviam sido distribuídos. Eles queriam que eu vendesse suas ações a preços melhores do que pensavam que obteriam se as tentassem vender no mercado aberto. Queriam saber em que termos eu assumiria o trabalho.

Eu lhe disse que o informaria em alguns dias. Então analisei a propriedade. Solicitei que especialistas examinassem os vários departamentos da empresa — industrial, comercial e financeiro. Eles me apresentaram relatórios imparciais. Eu não estava procurando os pontos bons ou ruins, mas os fatos tais como eram.

Os relatórios me mostraram uma propriedade valiosa. As perspectivas justificavam a compra das ações ao preço de mercado vigente — se o investidor estivesse disposto a esperar um pouco. Nessas circunstâncias, uma subida de preço seria, na realidade, o mais comum e o mais legítimo de todos os movimentos do mercado — a saber, o processo de descontar o futuro. Não havia, portanto, nenhuma razão para que eu pudesse ver por que não deveria, com consciência e confiança, realizar uma manipulação altista da Imperial Steel.

Deixei o sujeito saber o que eu pensava, e ele veio ao meu escritório para conversarmos sobre a transação detalhadamente. Eu expliquei a ele quais eram os meus termos. Pelos serviços, eu não cobraria nenhuma soma em dinheiro, mas opções de compra de 100 mil ações da Imperial Steel. O preço das opções variaria entre 70 e 100 dólares — isso talvez pareça uma comissão alta para alguns. Mas essas pessoas deveriam considerar que os *insiders* tinham certeza de que eles próprios não conseguiriam vender 100 mil ações, ou mesmo 50 mil ações, a 70 dólares. Não havia mercado para a ação. Toda a conversa sobre lucros maravilhosos e perspectivas excelentes não atraíra compradores, não em grande número. Além disso, eu não poderia receber meus honorários em dinheiro sem que meus clientes antes ganhassem alguns milhões de dólares. O que eu teria direito a ganhar não era uma comissão de venda exorbitante. Era uma taxa de contingência justa.

Sabendo que a ação tinha valor real e que as condições gerais do mercado eram altistas e, portanto, favoráveis para a subida de todas as ações boas, concluí que deveria me sair muito bem. Meus clientes ficaram motivados com as opiniões que expressei, concordaram com meus termos imediatamente, e o negócio começou com grande entusiasmo de ambos os lados.

Passei a me proteger tão bem quanto podia. O consórcio possuía ou controlava cerca de 70% das ações em circulação. Fiz com que depositassem seus 70% sob um acordo de fideicomisso. Não tinha a intenção de ser usado como depósito de lixo pelos proprietários de posições elevadas. Com a maioria das propriedades assim firmemente amarradas, eu ainda precisava levar em conta os 30% de propriedades pulverizadas, mas esse era um risco que eu precisava correr. Especuladores experientes nunca esperam se envolver em empreendimentos totalmente isentos de risco. Na verdade, não era muito mais provável que todas as ações não controladas pelo fideicomisso fossem despejadas no mercado de uma só vez do que todos os que compraram um seguro de vida morressem na mesma hora, no mesmo dia. Existem tabelas atuariais não impressas dos riscos do mercado de ações, bem como há escalas da mortalidade humana.

Tendo me protegido de alguns dos perigos evitáveis de uma transação desse tipo no mercado de ações, eu estava pronto para começar minha campanha. O objetivo dela era tornar minhas opções valiosas. Para fazer isso, eu precisaria aumentar o preço e desenvolver um mercado no qual poderia vender 100 mil ações — as ações sobre as quais tinha opções.

A primeira coisa que fiz foi descobrir quantas ações provavelmente seriam colocadas no mercado durante uma alta. Isso foi feito facilmente por meio de meus corretores, que não tiveram problemas em determinar quais ações estavam à venda ao preço de mercado ou um pouco acima dele. Não sei se os especialistas lhes disseram quais pedidos eles tinham em seus livros ou não. O preço era, nominalmente, 70 dólares, mas eu não conseguiria vender nem mil ações por esse preço. Não encontrei nenhum indício nem mesmo de uma demanda moderada nesse valor ou de alguns pontos abaixo dele. Tive que agir de acordo com o que meus corretores haviam descoberto. Mas foi o suficiente para me mostrar quantas ações havia à venda e quão poucas eram desejadas.

Assim que consegui entender esses pontos, discretamente comprei todas as ações que estavam à venda a 70 dólares ou mais. Quando eu digo "eu", me refiro aos meus corretores. As vendas foram por causa de alguns dos acionistas minoritários, uma vez que meus clientes, naturalmente, haviam cancelado quaisquer ordens de venda que eles tinham dado antes de colocarem suas ações no fideicomisso.

Não precisei comprar muitas ações. Além disso, eu sabia que o tipo certo de subida atrairia outras ordens de compra — e, claro, ordens de venda também.

Não dei dicas sobre a Imperial Steel para ninguém. Não precisei. Meu trabalho era buscar influenciar diretamente o espírito do mercado por meio do melhor tipo de publicidade possível. Não estou dizendo que nunca deveria haver propaganda altista. É tão legítimo e, de fato, tão desejável anunciar o valor de uma ação nova quanto anunciar o valor de artigos de lã, sapatos ou automóveis. Informações precisas e confiáveis devem ser fornecidas ao público. Mas o que quero dizer é que a fita fez tudo o que era necessário para atender ao meu propósito. Como disse antes, os jornais de renome sempre tentam explicar os movimentos do mercado. É notícia. Seus leitores exigem saber não apenas o que acontece no mercado de ações; eles também querem saber por que isso acontece. Portanto, sem o manipulador levantar um dedo, os redatores financeiros imprimirão todas as informações e fofocas disponíveis, e também analisarão os relatórios de lucros, as condições comerciais e as perspectivas; em suma, o que quer que possa lançar luz sobre a alta. Sempre que um jornalista ou conhecido pergunta minha opinião a respeito de uma ação e eu a tenho, não hesito em expressá-la. Não dou conselhos voluntários e nunca dou dicas, mas não tenho nada a ganhar em minhas operações com o sigilo. Ao mesmo tempo, percebo que o melhor de todos os informantes, o mais persuasivo de todos os vendedores, é a fita.

Depois de absorver todas as ações que estavam à venda a 70 dólares e um pouco acima desse preço, aliviei o mercado dessa pressão e, naturalmente, isso deixou claro, para fins comerciais, qual era a linha de menor resistência na Imperial Steel. Era claramente ascendente. No momento em que esse fato foi percebido pelos operadores atentos no pregão, eles logicamente presumiram que a ação estava prestes a subir até um ponto que eles não podiam saber; mas sabiam o suficiente para começar a comprar. Eu prontamente atendi à demanda deles pela Imperial Steel, criada exclusivamente pela obviedade da tendência altista de bolsa — a dica altista infalível da fita! Vendi para os operadores de bolsa o que eu comprei dos detentores exauridos no início. É claro que essas vendas foram feitas com critério; eu me contentei em atender à demanda. Eu não estava forçando minhas ações no mercado e não queria uma subida muito rápida. Não teria sido um bom negócio vender a metade de minhas 100 mil ações àquela altura. Meu objetivo era criar um mercado no qual pudesse vender a minha posição inteira.

Contudo, embora eu vendesse apenas a quantidade que os operadores ansiavam por comprar, o mercado foi temporariamente privado de meu próprio poder de compra, que até então eu exercia de forma constante. No devido tempo, as compras dos operadores cessaram e o preço parou de subir. Assim que isso aconteceu, começaram as vendas por altistas decepcionados ou por aqueles operadores cujas razões para comprar desapareceram no instante em que a tendência de alta foi freada. Mas eu estava pronto para essas vendas e, durante a queda, comprei de volta as ações que havia vendido aos negociantes a um preço alguns pontos mais alto. Essas compras de ações que eu sabia que acabariam sendo vendidas, por sua vez, frearam o curso descendente; e quando o preço parou de cair, as ordens de venda pararam de chegar.

Então, comecei tudo de novo. Comprei todas as ações que estavam à venda durante a alta — não eram muitas —, e o preço começou a subir uma segunda vez; a partir de um ponto inicial superior a 70 dólares. Não se esqueça de que, no caminho para baixo, há muitos detentores que desejam muito ter vendido as suas posições, mas não o fazem a 3 ou 4 pontos do topo. Esses especuladores sempre juram que certamente venderão se houver um repique. Eles colocam suas ordens de venda durante a alta e, em seguida, mudam de ideia com a mudança na tendência do preço da ação. É claro que sempre existe alguma realização de lucro por parte de alguns negociantes que andam em busca de ganhos rápidos e seguros, para quem um lucro é sempre um lucro a ser realizado.

Tudo o que tive de fazer depois disso foi repetir o processo; comprando e vendendo alternadamente; mas sempre trabalhando em níveis mais altos.

Às vezes, depois de adquirir todas as ações que estão à venda, vale a pena empurrar o preço para cima com força, para causar aquilo que pode ser chamado de pequenas ondas de alta na ação que você está manipulando. É uma publicidade excelente, porque chama a atenção e também atrai tanto os corretores profissionais quanto aquela parcela do público especulativo que gosta de movimentação. Essa é, acredito, uma parcela significativa do total. Fiz isso na Imperial Steel e atendi a todas as demanda que foram criadas por aqueles impulsos. Minhas vendas sempre mantiveram o movimento de alta dentro dos limites, tanto em termos de extensão quanto de velocidade. Ao comprar na baixa e vender na alta, estava fazendo mais do que aumentar o preço: estava desenvolvendo a capacidade de negociação da Imperial Steel.

Depois que comecei minhas operações nela, nunca houve um momento em que não se pudesse comprar ou vender as ações livremente; quero dizer, comprar ou vender uma quantidade razoável sem causar oscilações violentas no preço. O medo de ficar sem liquidez se comprasse ou ser espremido até a morte se vendesse havia sumido. A difusão gradual, entre os profissionais e o público, da crença na permanência de um mercado para as ações da Imperial Steel teve muito a ver com a criação de confiança em seus movimentos; e, claro, a atividade também pôs fim a muitas outras objeções. O resultado foi que, depois de comprar e vender muitos milhares de ações, consegui fazer com que as ações fossem vendidas ao valor nominal. A cem dólares a ação, todos queriam comprar a Imperial Steel. Por que não? Todos agora sabiam que era uma ação boa; que tinha sido e ainda era uma pechincha. A prova era a alta. Uma ação que poderia subir 30 pontos a partir de 70 dólares poderia subir mais 30 em relação ao valor nominal. Foi assim que muitos argumentaram.

Enquanto fiz o preço subir esses 30 pontos, acumulei apenas 7 mil ações. Nessa posição, meu preço de compra médio foi quase exatamente 85 dólares. Isso significava um lucro de 15 pontos; mas, claro, meu lucro como um todo, ainda no papel, era muito maior. Era bastante seguro, pois eu tinha um mercado para tudo o que queria vender. As ações venderiam a preços mais altos por meio de manipulação criteriosa e eu tinha opções de compras escalonadas de 100 mil ações, começando em 70 dólares e terminando em 100.

As circunstâncias impediram-me de realizar alguns dos meus planos para converter meus lucros no papel em dinheiro vivo. A operação tinha sido, sem falsa modéstia, uma bela peça de manipulação, estritamente legítima e merecidamente bem-sucedida. A propriedade da empresa era valiosa, e as ações não eram caras ao preço mais elevado. Um dos membros do sindicato original começou a querer tomar o controle da propriedade — um banco conhecido com recursos amplos. O controle de uma empresa próspera e crescente como a Imperial Steel Corporation é, talvez, mais valioso para um banco do que para investidores individuais. Em todo caso, esse banco me fez uma oferta por todas as minhas opções de compra das ações. Isso significava um lucro enorme para mim, e aceitei imediatamente. Estou sempre disposto a vender quando posso fazê-lo a um bom lucro. Fiquei bastante satisfeito com o que realizei.

Antes de me desfazer de minhas opções de compra das 100 mil ações, soube que esses banqueiros haviam contratado mais especialistas para fazer um exame ainda mais completo da propriedade. Seus relatórios mostraram o suficiente para confirmar a oferta que recebi. Eu mantive vários milhares de ações para fins de investimento. Eu acreditava naquela empresa.

Não havia nada sobre a minha manipulação da Imperial Steel que não fosse normal e correto. Contanto que o preço subisse quando eu comprasse, sabia que estava em boas condições. A ação nunca ficou atolada, como às vezes acontece. Quando se descobre que ela não responde adequadamente às compras, não é preciso nenhuma dica melhor para vender. Se a ação tiver algum valor e se as condições gerais do mercado estiverem favoráveis, sempre se conseguirá recuperá-la após uma queda, não importa se for de 20 pontos. Mas nunca precisei fazer nada parecido com a Imperial Steel.

Em minha manipulação de ações, nunca perco de vista os princípios básicos da negociação. Talvez você se pergunte por que repito isso ou por que continuo insistindo no fato de que nunca discuto com a fita ou perco a paciência com o mercado por causa de seu comportamento. Você pensaria — não pensaria?

— que pessoas astutas que ganharam milhões com seus próprios negócios e, além disso, operaram com sucesso em Wall Street poderiam perceber que há sabedoria em jogar de forma não emocional. Bem, você ficaria surpreso com a frequência com que alguns de nossos promotores mais bem-sucedidos se comportam como pessoas rabugentas porque o mercado não age da maneira como gostariam. Parecem interpretar isso como um ataque pessoal e perdem dinheiro por perderem a paciência.

Houve muita fofoca sobre um desentendimento entre mim e John Prentiss. As pessoas esperavam uma narrativa dramática de um negócio que deu errado no mercado de ações ou de alguma deslealdade que custou a mim — ou a ele — milhões; ou algo desse tipo. Bem, não foi nada disso.

Prentiss e eu éramos amigos havia anos. Em várias ocasiões, ele me deu informações, as quais pude utilizar com proveito, e dei-lhe conselhos que ele pode ter seguido ou não. Se o fez, economizou dinheiro.

Ele desempenhou um papel relevante na organização e na promoção da Petroleum Products Company. Depois de uma estreia no mercado mais ou menos bem-sucedida, as condições gerais mudaram para pior e as ações recém-lançadas não se saíram tão bem quanto Prentiss e seus associados esperavam. Quando as condições básicas mudaram para melhor, Prentiss formou um sindicato e iniciou as operações na Petroleum Products.

Não posso dizer nada sobre sua técnica. Ele não me disse como trabalhava e eu não lhe perguntei. Mas estava claro que, apesar de sua experiência em Wall Street e sua inteligência indiscutível, o que quer que tivesse feito provou ser de pouco valor, e não demorou muito para que o sindicato descobrisse que não conseguia se livrar de muitas ações. Ele deve ter tentado tudo o que sabia, porque o gerente de um sindicato não pede para ser substituído por um estranho a menos que se sinta incapaz de executar a tarefa, e essa é a última coisa que uma pessoa comum gosta de admitir. Em todo caso, ele me procurou e, após algumas conversas preliminares amigáveis, disse que gostaria que eu assumisse o controle do mercado da Petroleum Products e me desfizesse das participações do sindicato, que totalizavam pouco mais de 100 mil ações. Elas estavam sendo negociadas entre 102 e 103 dólares.

A transação me parecia duvidosa, então recusei sua proposta com um agradecimento. Mas ele insistiu que eu a aceitasse. Ele apelou para questões pessoais, de modo que acabei consentindo. Por princípio, não gosto de me identificar com empresas em cujo sucesso não acredito, mas também acho que uma pessoa sempre deve algo a seus amigos e conhecidos. Eu disse que faria o possível, mas também lhe falei que não me sentia muito convencido e enumerei os fatores adversos que teria de enfrentar. Mas tudo o que Prentiss disse foi que não estava me pedindo para garantir milhões em lucros para o sindicato. Ele tinha certeza de que, se eu assumisse o controle, teria um desempenho bom o suficiente para satisfazer qualquer pessoa razoável.

Bem, lá estava eu empenhado em fazer algo contra meu próprio julgamento. Descobri, como temia, uma situação bastante difícil, em grande parte devido aos erros do próprio Prentiss enquanto ele manipulava as ações em nome do sindicato. Mas o principal fator negativo com que me deparei foi o tempo. Eu estava convencido de que estávamos nos aproximando rapidamente do fim de uma fase altista e, portanto, que a melhora do mercado, que tanto encorajara Prentiss, provaria ser apenas um repique de curta duração. Eu temia que o mercado caísse definitivamente antes que eu pudesse realizar muito com a Petroleum Products. No entanto, tinha dado minha palavra e decidi me esforçar ao máximo.

Comecei a aumentar o preço. Tive um sucesso moderado. Acho que aumentei para 107 dólares mais ou menos, o que foi bastante razoável, e até consegui vender um número pequeno de ações. Não foram muitas, mas fiquei feliz por não ter aumentado a posição do sindicato. Havia muitas pessoas que não faziam parte do sindicato que estavam esperando apenas uma pequena elevação para se livrar de suas ações, e eu fui uma dádiva dos céus para elas. Se as condições gerais fossem melhores, eu também teria obtido um desempenho melhor. Foi uma pena não ter sido chamado antes. Tudo o que podia fazer agora, eu sentia, era sair com o menor prejuízo possível para o sindicato.

Mandei chamar Prentiss e dei-lhe minha opinião. Mas ele começou a levantar objeções. Então expliquei por que havia assumido a posição que assumi. Eu disse:

— Prentiss, consigo sentir muito claramente o pulso do mercado. Não existe apoio para a sua ação. Não é difícil ver qual é a reação do público à minha manipulação. Ouça: quando a Petroleum Products se torna muito atraente para os operadores, você lhe dá todo o apoio necessário em todos os momentos e, apesar de tudo isso, o público nem liga para ela, você pode ter certeza de que há algo errado, não com a ação, mas com o mercado. Não adianta nada tentar forçar as coisas. Você está fadado a perder se o fizer. O gerente de um sindicato deve estar disposto a comprar suas próprias ações enquanto tiver companhia. Mas se ele é o único comprador no mercado, é um idiota se comprar. Para cada 5 mil ações que compro, o público deve estar disposto a comprar ou ser capaz de comprar 5 mil. Mas certamente não devo fazer todas as compras. Se fizesse, eu poderia acabar sendo soterrado por um monte de ações que não desejo. Só há uma coisa a fazer: vender. E a única maneira de vender é sair vendendo.

— Quer dizer, vender pelo preço que você pode conseguir? — perguntou Prentiss.

— Isso mesmo! — respondi. Eu via que ele estava se preparando para contestar. — Se eu quiser vender as ações do sindicato, pode ter certeza de que o preço vai cair abaixo do valor nominal e...

— Ah, não! Nunca! — ele gritou.

Era como se eu estivesse pedindo a ele para se juntar a um clube de suicidas.

— Prentiss — eu disse —, um princípio fundamental da manipulação de ações é fazer subir o preço de uma ação para então vendê-la. Mas não se pode vender grandes quantidades durante a subida. Não é possível. As grandes vendas são feitas de cima para baixo. Não tenho condições de aumentar sua ação para 125 ou 130 dólares. Eu gostaria, mas isso não pode ser feito. Portanto, você terá que começar a vender a partir do nível atual. Na minha opinião, todas as ações estão caindo, e a Petroleum Products não será a exceção. É melhor que caia agora com as vendas do sindicato do que despenque no mês seguinte com as vendas de outra pessoa. Vai cair de qualquer maneira.

Não acho que tenha dito algo horrível, mas os uivos de Prentiss poderiam ser ouvidos na China. Ele simplesmente se recusava a dar ouvidos a tal ideia. Isso nunca daria certo. Isso iria prejudicar o histórico da ação, para não falar de consequências inconvenientes nos bancos onde as ações eram mantidas como garantia de empréstimos, e assim por diante.

Disse-lhe novamente que, em minha opinião, nada no mundo poderia impedir a Petroleum Products de cair 15 ou 20 pontos, porque o mercado como um todo estava indo nessa direção, e mais uma vez expus o absurdo de esperar que a ação dele fosse uma exceção estupenda. Mas, de novo, minhas palavras foram em vão. Ele insistiu em pedir que eu desse apoio às ações.

Lá estava um homem de negócios astuto, um dos mais bem-sucedidos promotores da época, que ganhara milhões em negócios em Wall Street e sabia muito mais do que qualquer pessoa comum sobre o jogo da especulação, insistindo em apoiar uma ação em um mercado em baixa. A ação era dele, com certeza, mas mesmo assim era um péssimo negócio. Aquilo era tão contrário ao curso natural das coisas que novamente comecei a discutir com ele. Mas não adiantou. Ele insistiu em dar ordens de apoio.

É claro que, quando o mercado geral enfraqueceu e o declínio começou para valer, a Petroleum Products caiu com o restante. Em vez de vender, na verdade comprei ações para o sindicato de *insiders* — por ordem de Prentiss.

A única explicação para o comportamento de Prentiss é que ele não acreditava, naquele momento, na iminência do mercado baixista. Eu mesmo estava confiante de que o mercado altista havia acabado. Eu verifiquei minha primeira suposição testando não apenas a Petroleum Products como também outras ações. Não esperei que o mercado baixista anunciasse sua chegada certa antes de começar a vender. É claro que não vendi nenhuma ação da Petroleum Products, embora tivesse vendido outras ações a descoberto.

O sindicato da Petroleum Products, como eu esperava, se entupira com todas as ações que tinha no início e com todas as que precisou comprar em seus esforços inúteis para segurar o preço. No final, eles liquidaram; mas com valores muito mais baixos do que teriam conseguido se Prentiss tivesse me deixado vender quando e como eu desejasse. Não poderia ser de outra forma. Mas Prentiss ainda acha que estava certo — ou só diz que acha. Ouvi que, para ele, o motivo pelo qual lhe dei aquele conselho resumia-se ao fato de eu estar vendido em outras ações, e o mercado, como um todo, estar subindo. Isso implica, é claro, que a queda no preço da Petroleum Products, resultante da venda das participações do grupo a qualquer preço, teria ajudado minha posição vendida em outras ações.

Isso tudo é a mais pura bobagem. Eu não estava baixista porque tinha vendido ações a descoberto. Eu estava baixista porque foi assim que avaliei a situação, e vendi ações a descoberto somente depois de me tornar baixista. Nunca há muito lucro em fazer as coisas da maneira errada; não no mercado de ações. Meu plano para vender as ações do sindicato baseava-se no que a experiência de vinte anos me dizia ser viável e, portanto, sábio. Prentiss deveria ter sido um operador de verdade para ver isso tão claramente quanto eu. Era tarde demais para fazer qualquer outra coisa.

Suponho que Prentiss compartilhe a ilusão de milhares de pessoas de fora do mercado que acreditam que um manipulador é capaz de fazer qualquer coisa. Ele não tem esse poder. O máximo que Keene fez foi manipular as ordinárias e preferenciais da U. S. Steel na primavera de 1901. Ele teve sucesso não porque era inteligente e engenhoso e não porque havia um sindicato com as pessoas mais ricas do país por trás dele. Ele teve sucesso, em parte, por essas razões, mas sobretudo porque o mercado como um todo estava propício, e o estado de espírito do público mostrava-se favorável.

Não é um bom negócio para uma pessoa agir contra os ensinamentos da experiência e contra o bom senso. Mas nem todos os otários da Wall Street estão do lado de fora. A queixa de Prentiss contra mim é a que acabei de relatar. Ele ficou chateado porque fiz minha manipulação não do jeito que eu queria, mas do jeito que ele me pediu que a fizesse.

Não há nada de misterioso, dissimulado ou desonesto na manipulação destinada a vender ações em grandes quantidades, desde que tais operações não sejam acompanhadas de deturpações deliberadas. A manipulação consistente deve ser baseada em princípios de negociação consistentes. As pessoas dão grande ênfase às práticas antigas, como as vendas casadas, mas posso assegurar-lhe que a mera mecânica da trapaça conta muito pouco. A diferença entre a manipulação do mercado de ações e a venda livre de ações e títulos está na natureza da clientela e não na natureza da atração. A J.P. Morgan & Co. vende uma emissão de títulos ao público — isto é, aos investidores. Um manipulador vende um bloco de ações ao público — ou seja, para especuladores. O investidor busca a segurança, a estabilidade do retorno dos juros sobre o capital que investe. O especulador busca um lucro rápido.

O manipulador necessariamente encontra seu mercado primário entre os especuladores — que estão dispostos a correr um risco comercial maior do que o normal desde que tenham uma chance razoável de obter um retorno grande sobre seu capital. Eu mesmo nunca acreditei em fazer apostas às cegas. Posso vender ou comprar cem ações, mas, em qualquer caso, preciso ter uma razão para o que faço.

Lembro-me claramente de como entrei no jogo da manipulação — isto é, na comercialização de ações para terceiros. É um prazer relembrar disso porque mostra, de maneira muito elegante, a atitude profissional de Wall Street em relação às operações do mercado de ações. Aconteceu depois que eu "voltei" — isto é, depois que minha negociação com a Bethlehem Steel, em 1915, me colocou no caminho da recuperação financeira.

Negociei de forma constante e tive muita sorte. Nunca busquei publicidade nos jornais, mas também não fiz nada para me esconder. Ao mesmo tempo, os profissionais de Wall Street exageram tanto os sucessos quanto os fracassos de qualquer operador que esteja ativo; e, claro, os jornais ouvem notícias a seu respeito e publicam rumores. Já estive quebrado tantas vezes, de acordo com os boatos, ou ganhei tantos milhões, de acordo com as mesmas autoridades, que minha única reação a isso é me perguntar como e onde surgiram. E como eles crescem! Tive diversos amigos corretores que me contaram a mesma história, um pouco modificada a cada vez, aumentada, conforme a circunstância.

Toda essa introdução é para lhe contar sobre a primeira vez que realizei a manipulação de uma ação para outra pessoa. As histórias que os jornais publicaram de como eu paguei integralmente os milhões que devia foram determinantes. Minhas quedas e meus ganhos foram tão ampliados pelos jornais que virei tema de conversas em Wall Street. Já havia passado o tempo em que um operador que movimentava uma posição de 200 mil ações podia dominar o mercado. Mas o público sempre deseja encontrar sucessores para velhos líderes. Foi a reputação de Keene como um habilidoso operador de bolsa, ganhador de milhões por conta própria, que fez com que os promotores e as casas bancárias o convidassem a vender grandes lotes de ações. Em suma, seus serviços como manipulador foram solicitados por causa das histórias que se ouviram em Wall Street sobre seus sucessos anteriores como operador.

Mas Keene se foi — passou para aquele céu onde, uma vez ele me disse, não ficaria nem um minuto a não ser que encontrasse Sysonby[124] lá esperando por ele. Dois ou três outros sujeitos que fizeram história no mercado de ações por alguns meses tinham recaído na obscuridade da inatividade prolongada. Refiro-me, sobretudo, a alguns dos especuladores do Oeste dos Estados Unidos que chegaram a Wall Street em 1901 e, depois de ganhar muitos milhões com suas participações na Steel, permaneceram no mercado financeiro. Eles eram, na realidade, superpromotores, em vez de operadores do tipo de Keene. Mas tinham muita capacidade, eram muito ricos e muito bem-sucedidos com os papéis das empresas que eles e seus amigos controlavam. Não eram grandes manipuladores, como Keene ou o governador Flower. Mesmo assim, Wall Street encontrou neles muito material para fofoca, e, certamente, eles tinham seguidores entre os profissionais e as corretoras mais arrojadas. Depois que pararam de negociar ativamente, Wall Street ficou sem manipuladores; ou pelo menos não havia o que ler a seu respeito nos jornais.

Você deve se lembrar do grande mercado altista que começou quando a bolsa de valores retomou seus negócios em 1915. À medida que o mercado se ampliava e as compras dos Aliados neste país alcançavam bilhões de dólares, entramos em um *boom*. No que diz respeito à manipulação, não era necessário que ninguém levantasse um dedo para criar um mercado ilimitado para uma noiva de guerra.[125] Dezenas de pessoas ganharam milhões capitalizando contratos ou até mesmo promessas de contratos. Elas se tornaram promotoras de sucesso, seja com a ajuda de banqueiros amigáveis, seja lançando suas empresas na Bolsa Curb. O público comprava tudo o que era adequadamente promovido.

Quando o *boom* perdeu impulso, alguns desses promotores viram-se precisando da ajuda de especialistas em vender ações. Quando o público está entupido de todo tipo de título, alguns deles adquiridos a preços mais altos, vender ações pouco conhecidas não é uma tarefa fácil. Depois de um *boom*, o público tem certeza de que nada mais vai subir. Não porque os compradores se tornem mais exigentes, mas, sim, porque as compras às cegas se encerram.

---

124. Sysonby foi um célebre cavalo puro-sangue que pertencia a Keene. Venceu 14 das 15 corridas que disputou.

125. A implicação aqui é de que o material bélico encontraria compradores, até mesmo uma "noiva de guerra", ou seja, um matrimônio rápido, não muito pensando. (N.T.)

É o estado de espírito que muda. Os preços nem precisam cair para deixar as pessoas pessimistas. O fato de o mercado ficar lento e permanecer assim por um tempo já é suficiente.

Em cada *boom* são formadas empresas com o objetivo principal, senão exclusivo, de tirar proveito do apetite do público por todos os tipos de ações. Também há promoções atrasadas. A razão pela qual os promotores cometem esse erro é que, por serem humanos, não estão dispostos a ver o fim do *boom*. Além disso, é um bom negócio arriscar quando o lucro possível é grande o suficiente. O topo nunca está à vista quando a visão está deturpada pela esperança. O participante típico do mercado vê uma ação que ninguém queria a 12 ou 14 dólares avançar repentinamente para 30 — o que certamente é o ponto máximo — até subir para 50. Isso é absolutamente o fim da subida. Então vai para 60 dólares, para 70, para 75. Em seguida, tem-se certeza de que essa ação, que poucas semanas atrás vendia-se por menos de 15, não pode subir mais. Mas ela vai para 80 dólares, e para 85. Em seguida, a pessoa típica, que nunca pensa em valores, mas em preços, e cujas decisões não são determinadas pelas condições, mas por seus medos, toma o caminho mais fácil — ela para de pensar que deve haver um limite para as altas. É por isso que aqueles do lado de fora do mercado, que são sábios o suficiente para não comprar no auge, em compensação, falham por não realizar seus lucros. O público é sempre o primeiro a ganhar grandes quantias de dinheiro durante um *boom* — no papel. E ele fica no papel.

CAPÍTULO 22

Um dia, Jim Barnes, que não apenas era um de meus principais corretores como também um amigo íntimo, me fez uma visita. Disse-me que queria que eu lhe fizesse um grande favor. Ele nunca havia falado assim antes, então pedi para que me dissesse qual era o favor, esperando que fosse algo que eu pudesse fazer, pois certamente queria agradá-lo. Ele então me contou que sua corretora se interessara por determinada ação; na verdade, eles eram os principais promotores da empresa e haviam sido responsáveis por colocar a maior parte das ações no mercado. Haviam surgido circunstâncias que tornaram imperativo que eles comercializassem um bloco de ações bastante grande. Jim queria que eu fizesse a venda para ele. A ação era a Consolidated Stove.

Eu não queria me envolver com isso por várias razões. Mas Barnes, a quem eu devia muito, mas não dinheiro, insistiu no aspecto do favor pessoal do pedido, a única coisa que poderia derrubar minhas objeções. Ele era um bom sujeito, um amigo, e sua empresa, deduzi, se envolvera até o pescoço, então acabei concordando em fazer o que pudesse.

Sempre me pareceu que o ponto mais pitoresco de diferença entre o *boom* da guerra e outros *booms* foi o papel desempenhado por um tipo novo nos negócios do mercado de ações — o banqueiro jovem.

O *boom* foi estupendo, e suas origens e causas podiam ser compreendidas por todos. Mas, ao mesmo tempo, os maiores bancos e empresas fiduciárias do país certamente fizeram tudo o que podiam para ajudar a criar milionários da noite para o dia, de todo tipo, de promotor a fabricante de munições. Chegou-se a um ponto em que tudo que se precisava fazer era dizer que era amigo de um membro de uma das comissões de fornecimento aos Aliados para que lhe fosse oferecido todo o capital necessário para cumprir os contratos que ainda não havia assinado. Eu ouvia histórias incríveis de funcionários que se tornaram presidentes de empresas que faziam negócios de milhões de dólares usando dinheiro emprestado por empresas fiduciárias ingênuas, e também ouvia histórias de contratos que deixavam um rastro de lucros ao passar de uma pessoa para outra. Um dilúvio de ouro, vindo da Europa, estava inundando este país, e os bancos tiveram que encontrar maneiras de se abastecer dele.

A maneira como os negócios eram feitos pode ter sido vista com receio pelos mais velhos, mas não parecia haver tantos desses por perto. A moda de presidentes de bancos de cabelos grisalhos combinava muito bem com tempos tranquilos, mas a juventude era a principal qualificação nesses tempos mais difíceis. Os bancos certamente obtiveram lucros enormes.

Jim Barnes e seus sócios, gozando da amizade e da confiança do jovem presidente do Marshall National Bank,[126] decidiram consolidar três conhecidas empresas de fogões e vender as ações da nova empresa ao público que, havia meses, comprava qualquer coisa que aparecesse na forma de certificados de ações.

Um problema era a prosperidade do negócio de fogões; as três empresas estavam realmente pagando dividendos para suas ações ordinárias pela primeira vez em sua história. Seus principais acionistas não desejavam perder o controle. Havia um bom mercado para suas ações na Curb; e eles haviam vendido tanto quanto estavam dispostos a colocar no mercado. Estavam contentes com as coisas do jeito que estavam. Sua capitalização individual era muito pequena para justificar grandes movimentos de mercado, e foi aí que a firma de Jim Barnes entrou. Essa firma destacou que a empresa consolidada precisaria ser grande o suficiente para ser listada na bolsa de valores, onde as novas ações poderiam ser mais valiosas do que as antigas. É um ardil antigo em Wall Street — mudar a cor dos certificados para torná-los mais valiosos. Digamos que uma ação deixe de ser facilmente vendável ao valor nominal. Bem, às vezes, ao quadruplicar o número de ações, você pode fazer com que as novas ações sejam vendidas a 30 ou 35. Isso é equivalente a 120 ou 140 dólares para as ações antigas — um número que nunca poderia ter sido alcançado.

Parece que Barnes e seus associados conseguiram induzir alguns de seus amigos que haviam adquirido, para fins especulativos, alguns blocos de ações da Gray Stove Company — uma empresa grande — a entrar na consolidação em uma base de quatro ações da Consolidated para cada ação da Gray. Então a Midland e a Western seguiram o exemplo de sua irmã mais velha e entraram na base de uma ação da Consolidated por cada ação. As deles tinham sido

126. O Marshall National Bank and Trust Co. foi incorporado em 1912 na cidade de Marshall, no estado de Virginia. Em 2007 foi absorvido pelo PNC Bank. (N.T.)

cotadas na Curb em torno de 25 a 30; e a Gray, que era mais conhecida e pagava dividendos, pairava em torno de 125.

A fim de levantar o dinheiro para comprar as posições daqueles acionistas que insistiam em vender à vista, e também para fornecer capital de giro adicional para melhorias e despesas de promoção, foi necessário levantar alguns milhões. Então, Barnes encontrou o presidente de seu banco, que gentilmente emprestou 3,5 milhões de dólares ao seu sindicato. A garantia era de 100 mil ações da empresa recém-organizada. O sindicato garantiu ao presidente, ou pelo menos foi o que me disseram, que o preço não cairia abaixo de 50 dólares. Seria um negócio muito lucrativo porque havia um grande valor ali.

O primeiro erro dos promotores foi a questão do tempo. O mercado estava saturado de novas emissões de ações e eles deveriam ter percebido isso. Mas, mesmo assim, poderiam ter obtido um lucro razoável se não tivessem tentado duplicar os ganhos irracionais que outros promotores haviam conseguido no auge do *boom*.

Porém, não se deve tomar Jim Barnes e seus associados como tolos ou jovens inexperientes Eles tinham astúcia. Todos conheciam bem os métodos de Wall Street e alguns eram operadores de bolsa excepcionalmente bem-sucedidos. Mas fizeram muito mais do que simplesmente superestimar a capacidade de compra do público. Afinal, essa capacidade era algo que eles poderiam determinar apenas por meio de testes reais. Onde eles erraram mais, o que provocou uma perda financeira enorme foi esperar que o mercado altista durasse mais do que durou. Suponho que a motivação para isso tenha sido o grande e rápido sucesso de que haviam desfrutado, pois não duvidaram que encerrariam o negócio antes da queda no mercado altista. Todos eram bem conhecidos e contavam com um número considerável de seguidores entre os operadores profissionais e as casas que operavam por meio de telégrafos.

O negócio foi extremamente bem divulgado. Os jornais certamente alocaram espaços generosos ao empreendimento. As empresas antigas estavam identificadas com a indústria de fogões estadunidense e seus produtos eram conhecidos no mundo inteiro. Era uma fusão patriótica, e havia muita literatura nos jornais diários sobre as conquistas mundiais. Os mercados da Ásia, África e América do Sul estariam praticamente garantidos.

Os diretores da empresa eram todos homens cujos nomes eram familiares a todos os leitores das páginas financeiras. O trabalho de publicidade foi tão bem conduzido e as promessas de *insiders* não identificados sobre a evolução do preço eram tão definitivas e convincentes que foi criada uma grande demanda pela nova ação. O resultado foi que, quando os livros de oferta foram encerrados, descobriu-se que a demanda pelas ações que haviam sido oferecidas ao público a 50 dólares superava em 25% a disponibilidade.

Pense bem! O melhor que os promotores deveriam ter esperado era conseguir vender a nova ação a esse preço depois de semanas de trabalho e depois de aumentar o preço para 75 dólares ou mais para chegar à média de 50. Mesmo assim, isso significava uma subida de cerca de 100% em relação aos preços antigos das ações das empresas constituintes. Essa foi a crise, e eles não a enfrentaram como deveriam. Isso nos mostra que cada negócio tem suas próprias peculiaridades. A sabedoria geral é menos valiosa do que o conhecimento específico. Os promotores, encantados com o inesperado excesso da oferta inicial, concluíram que o público estaria disposto a pagar qualquer preço por qualquer quantidade daquela ação. E eles realmente foram estúpidos o bastante para colocar um número insuficiente de ações à venda. Depois que os promotores decidiram ser mesquinhos, deveriam ter tentado ser inteligentemente mesquinhos.

O que eles deveriam ter feito, é claro, era aceitar vender todas as ações solicitadas. Isso os teria deixado descobertos em 25% do volume total oferecido para subscrição pelo público, e isso, é claro, teria permitido que sustentassem as ações quando necessário e sem nenhum custo para si próprios. Sem nenhum esforço da parte deles, estariam na forte posição estratégica em que sempre tento me encontrar quando estou manipulando uma ação. Eles poderiam ter evitado que o preço caísse, inspirando assim confiança na estabilidade dos preços das ações recém-lançadas e no consórcio de subscrição por trás delas. Deveriam ter se lembrado de que seu trabalho ainda não havia terminado quando venderam as ações oferecidas ao público. Isso era apenas uma parte do que eles precisavam comercializar.

Pensaram que tinham sido muito bem-sucedidos, mas não demorou muito para que as consequências de seus dois erros graves se tornassem aparentes. O público não comprou mais ações novas, pois o mercado como um todo desenvolveu tendências baixistas. Os *insiders* ficaram com medo e não apoiaram a Consolidated Stove; e, se os *insiders* não compram suas próprias ações durante uma recessão, quem o fará? Em geral, a ausência de apoio interno é considerada uma boa indicação de baixa.

Não há necessidade de entrar em detalhes estatísticos. O preço da Consolidated Stove oscilou com o resto do mercado, mas nunca subiu acima das cotações iniciais de mercado, que se mantinham apenas um pouco acima dos 50 dólares. No final, Barnes e seus amigos tiveram que entrar como compradores para mantê-la acima dos 40 dólares. Não ter apoiado aquela ação no início de sua carreira no mercado foi lamentável, mas não ter vendido todas as ações que o público subscreveu foi muito pior.

De qualquer maneira, as ações foram devidamente listadas na Bolsa de Valores de Nova York, e o preço delas continuou caindo até que, nominalmente, chegou a 37 dólares. E estavam nesse nível pois Jim Barnes e seus associados tiveram que mantê-las lá, porque seu banco havia feito um empréstimo a eles com base em 35 dólares por ação em 100 mil ações. Se, alguma vez, o banco tentasse liquidar aquele empréstimo, não haveria como saber aonde o preço chegaria. O público que estivera ansioso para comprá-la a 50 dólares agora não ligava para ela a 37 e, provavelmente, não iria querer comprá-la a 27.

Com o passar do tempo, os excessos dos bancos em matéria da extensão de crédito fizeram as pessoas questionarem o que estava acontecendo. Os dias do jovem banqueiro acabaram. O setor bancário parecia estar à beira de, de repente, recair no conservadorismo. Amigos íntimos eram agora solicitados a pagar os empréstimos, como se nunca tivessem jogado golfe com o presidente.

Não houve, por parte dos credores, necessidade de ameaçar ou, por parte dos mutuários, de pleitear mais tempo. A situação era muito incômoda para ambos os lados. O banco, por exemplo, com o qual meu amigo Jim Barnes fazia negócios, ainda teve uma boa atitude. Mas foi um caso de "pelo amor de Deus, pague esse empréstimo ou todos ficaremos arruinados!".

A escala da derrocada e suas possibilidades explosivas foram suficientes para fazer Jim Barnes me procurar para me pedir para vender as 100 mil ações por um valor suficiente para pagar o empréstimo de 3,5 milhões de dólares ao banco. Jim não esperava ter lucro com aquelas ações. Se o sindicato tivesse apenas uma perda pequena, eles ficariam mais do que gratos.

Parecia uma tarefa impossível. O mercado geral não estava ativo nem forte, embora, às vezes, houvesse uma alta, e aí todos se animavam e tentavam acreditar que a tendência altista estava prestes a recomeçar.

A resposta que dei a Barnes foi que examinaria o assunto e o informaria em que condições realizaria o trabalho. Bem, eu investiguei. Não analisei o último relatório anual da empresa. Meus estudos limitaram-se às fases do problema referentes ao mercado de ações. Eu não iria divulgar a ação prometendo um aumento em seus lucros ou perspectivas, mas iria me desfazer desse bloco no mercado aberto. Tudo o que considerei foi o que deveria ou poderia me ajudar ou atrapalhar nessa tarefa.

Eu descobri, por um lado, que havia muitas ações mantidas por poucas pessoas — isto é, ações demais para me sentir seguro e em número tão elevado que me causou desconforto. A Clifton P. Kane & Co., banqueiros e corretores, membros da Bolsa de Valores de Nova York, carregava 70 mil ações. Os executivos da firma eram amigos íntimos de Barnes e desempenharam um papel importante na consolidação, uma vez que, havia anos, tinham se especializado nas ações de fabricantes de fogões. Seus clientes haviam sido incluídos nesse negócio promissor. O ex-senador Samuel Gordon, sócio especial da firma de seus sobrinhos, a Gordon Bros., era proprietário de um segundo bloco de 70 mil ações; e o famoso Joshua Wolff tinha 60 mil ações. Isso perfazia um total de 200 mil ações da Consolidated Stove detidas por um punhado de profissionais veteranos de Wall Street. Eles não precisavam que nenhuma pessoa bondosa lhes dissesse quando vender suas ações. Se eu fizesse qualquer tipo de manipulação calculada para incentivar compras por parte do público — isto é, se eu tornasse a ação forte e ativa —, poderia prever que Kane, Gordon e Wolff descarregariam suas posições, e em doses nada homeopáticas. A perspectiva de suas 200 mil ações inundando o mercado não era muito atraente. Não se esqueça de que o movimento altista perdera força e que nenhuma demanda enorme seria produzida por minhas operações, por mais habilmente conduzidas que pudessem ser. Jim Barnes não tinha ilusões quanto à dificuldade da tarefa da qual estava modestamente abrindo mão em meu benefício. Ele havia me entregado uma ação atolada para vender em um mercado altista que estava prestes a dar o último suspiro. É claro que não se falava nos jornais sobre o fim do mercado altista, mas eu sabia disso, e Jim Barnes também sabia, e sou capaz de apostar que o banco sabia.

Ainda assim, eu tinha dado minha palavra a Jim, então mandei chamar Kane, Gordon e Wolff. Suas 200 mil ações eram a espada de Dâmocles.[127] Achei melhor substituir o fio de cabelo por uma corrente de aço. A maneira mais fácil, parecia-me, seria por meio de algum tipo de acordo de reciprocidade. Se eles me ajudassem passivamente, segurando suas posições enquanto eu vendia as 100 mil ações do banco, eu os ajudaria ativamente ao tentar criar um mercado em que todos nós poderíamos descarregar nossas posições. Do jeito que as coisas estavam, eles não podiam vender um décimo de suas propriedades sem que a Consolidated Stove fosse jogada no fundo do poço; sabiam disso tão bem que nem haviam sonhado em tentar fazer esse tipo de jogada. Tudo o que pedi a eles foi bom senso no momento da venda e que fossem altruístas inteligentes, em vez de egoístas pouco inteligentes. Nunca vale a pena ser um estraga-prazeres em Wall Street ou em qualquer outro lugar. Eu queria convencê-los de que vendas prematuras ou mal planejadas impediriam o descarregamento completo das posições. O tempo urgia.

---

127. Conto que remete à insegurança dos poderosos com relação à ideia de ter seu poder usurpado; ou ao sentimento de uma desgraça iminente. (N.T.)

Esperava que minha proposta fosse atraente para eles, porque eram pessoas experientes de Wall Street e não tinham ilusões sobre a demanda real pela Consolidated Stove. Clifton P. Kane era o chefe de uma próspera corretora com filiais em onze cidades e centenas de clientes. Sua empresa havia atuado como administradora de mais de um sindicato no passado.

O senador Gordon, que detinha 70 mil ações, era um homem extremamente rico. Seu nome era tão conhecido pelos leitores da imprensa metropolitana quanto o de alguém que tivesse sido processado por romper uma promessa de matrimônio com uma manicure de 16 anos que tivesse um casaco de vison de 5 mil dólares e 132 cartas do réu. Ele iniciara seus sobrinhos no negócio como corretores e era um sócio especial da empresa deles. Participava em dezenas de sindicatos. Havia herdado uma grande participação na Midland Stove Company e ganhado 100 mil ações da Consolidated Stove como resultado. Estava carregando o suficiente para desconsiderar as dicas altistas absurdas de Jim Barnes e vendera com lucro 30 mil ações antes de o mercado perder vigor. Mais tarde, ele disse a um amigo que teria vendido mais, porém os outros grandes proprietários de ações, que eram velhos amigos íntimos, imploraram para que ele não vendesse, e ele parou por consideração a eles. Além disso, como eu disse, ele não tinha mercado para absorver suas vendas.

O terceiro homem era Joshua Wolff. Possivelmente era o mais conhecido de todos os operadores. Vinte anos antes, todo mundo o conhecia como um dos maiores especuladores do pregão. No jogo de aumentar ou diminuir o preço das ações ele tinha poucos concorrentes, pois 10 mil ou 20 mil ações não significavam para ele mais do que duzentas ou trezentas. Antes de vir para Nova York, eu ouvira falar de seus dons como especulador. Ele fazia parte de um círculo esportivo que jogava sem limites, fosse na pista de corrida ou no mercado de ações.

Costumavam acusá-lo de ser apenas um apostador, mas ele unia uma habilidade real a uma aptidão fortemente desenvolvida para o jogo especulativo. Ao mesmo tempo, sua suposta indiferença com relação às atividades intelectuais o tornava o herói de inúmeras anedotas. Uma das histórias mais amplamente divulgadas foi que Joshua era um convidado no que ele chamava de um jantar bacana e, por algum descuido da anfitriã, vários dos outros convidados começaram a discutir literatura antes que pudessem ser impedidos de fazê-lo. Uma garota que se sentou ao lado de Josh e não o viu mexer a boca exceto para fins de mastigação virou-se para ele e, parecendo ansiosa para ouvir a opinião do grande financista, perguntou-lhe:

— Ah, senhor Wolff, o que acha de Balzac?

Educadamente, Josh parou de mastigar, engoliu em seco e respondeu:

— Eu nunca negocio essas ações da Curb!

Esses eram os três maiores detentores individuais de ações da Consolidated Stove. Quando vieram me visitar, expus que, se formassem um sindicato para colocar algum dinheiro e me dessem uma opção de compra de suas ações a um preço um pouco acima do mercado, eu faria o que pudesse para desenvolver um mercado ativo. Eles prontamente me perguntaram quanto dinheiro seria necessário.

Respondi:

— Vocês têm essa ação há bastante tempo e não conseguem fazer nada com ela. Os três juntos têm 200 mil ações e sabem muito bem que não há a menor chance de se livrar delas, a menos que seja criado um mercado para isso. É preciso que exista algum mercado para absorver o que vocês têm a oferecer, e será sensato ter dinheiro suficiente para pagar pela quantidade de ações que seja necessário comprar no início. Não adianta começar e depois parar por falta de dinheiro. Sugiro que formem um sindicato e levantem 6 milhões em dinheiro. Em seguida, deem ao sindicato uma opção de compra de suas 200 mil ações a 40 dólares e coloquem todas as suas ações em custódia. Se tudo correr bem, rapazes, se livrarão do seu animal de estimação morto e o sindicato ganhará algum dinheiro.

Como dito anteriormente, havia rumores de todos os tipos sobre meus ganhos no mercado de ações. Acho que isso ajudou, pois nada gera sucesso como o sucesso. Em todo caso, não precisei explicar muito a esses sujeitos. Eles sabiam exatamente o quão longe iriam se tentassem atuar sozinhos. Acharam que meu plano era bom. Quando foram embora, disseram-me que formariam o sindicato imediatamente.

Não tiveram muita dificuldade em induzir muitos de seus amigos a se juntar a eles. Suponho que falaram com mais confiança do que eu sobre os lucros do sindicato. Pelo que entendo, eles realmente acreditaram naquilo, então não foram dicas descuidadas. Em todo caso, o sindicato foi formado em poucos dias. Kane, Gordon e Wolff me deram opções de compra por 200 mil ações a 40 dólares, e eu tomei providências para que as ações fossem colocadas sob custódia, de modo que nenhuma delas seria colocada no mercado se eu aumentasse o preço. Tive que me proteger. Mais de um acordo promissor não deu certo no passado porque os membros do grupo ou da camarilha não conseguiram manter a fé uns nos outros. Lobos não têm preconceitos tolos contra comer outros lobos em Wall Street. Na época em que a segunda American Steel and Wire Company foi lançada no mercado, os *insiders* acusaram-se uns aos outros de quebras de promessa e tentativas de descarregar ações. Houve um acordo de cavalheiros entre John W. Gates e seus amigos e os Seligmans[128] e seus associados bancários. Bem, eu ouvi alguém no escritório de um corretor recitando esta quadra, que dizem ter sido composta por John W. Gates:

> A tarântula pulou nas costas da centopeia
> e gargalhou com alegria macabra:
> "Vou envenenar esse assassino filho da mãe.
> Se não o fizer, ele me envenenará!".

Veja bem, não pretendo, nem por um momento, sugerir que algum de meus amigos em Wall Street sonharia em me trair em uma negociação no mercado de ações. Mas, como um princípio geral, convém se precaver contra toda e qualquer contingência. É uma questão de bom senso.

Depois que Wolff, Kane e Gordon me disseram que haviam formado seu sindicato para colocar 6 milhões em dinheiro, não havia nada a fazer a não ser esperar o dinheiro entrar. Eu havia afirmado que corríamos contra o tempo. Mesmo assim, o dinheiro chegou a conta-gotas. Acredito que foram quatro ou cinco prestações. Não sei qual foi o motivo, mas me lembro de ter enviado um pedido de socorro para Wolff, Kane e Gordon.

Naquela tarde, recebi alguns cheques grandes, elevando o dinheiro que eu administrava a cerca de 4 milhões de dólares, e a promessa de que o restante entraria em um ou dois dias. Por fim, começou a parecer que o sindicato conseguiria fazer algo antes que o mercado altista se esgotasse. Na melhor das hipóteses, não seria fácil, e, quanto mais cedo eu começasse a trabalhar, melhor. O público não estava muito interessado em novos movimentos de mercado por parte de ações inativas. Mas seria possível fazer muita coisa para despertar o interesse por qualquer ação com 4 milhões de dólares em dinheiro na mão. Era uma quantia suficiente para absorver todas as ofertas prováveis. Se o tempo era curto, como eu havia dito, não havia sentido em esperar pelos outros 2 milhões. Quanto mais cedo a ação subisse para 50 dólares, melhor para o sindicato. Isso era óbvio.

Na manhã seguinte, na abertura, fiquei surpreso ao ver que havia um volume de negócios excepcionalmente pesado na Consolidated Stove. Como disse antes, a ação estava atolada havia meses. O preço havia sido fixado em 37 dólares, com Jim Barnes tomando muito cuidado para não deixá-lo cair por

---

128. A J. & W. Seligman & Co. foi um banco de investimento ativo no mercado financeiro entre 1860 e 1920. (N.T.)

causa do grande empréstimo bancário a 35. Mas, quanto a subir ainda mais, ele tinha tanta esperança de observar o Rochedo de Gibraltar se deslocar para o outro lado do estreito quanto de ver a Consolidated Stove fazer subir na fita.

Bem, nessa manhã, houve uma grande demanda pelas ações, e o preço subiu para 39 dólares. Na primeira hora de negociação, as transações foram mais pesadas do que em todo o semestre anterior. Foi a sensação do dia e deu um tom otimista ao mercado como um todo. Soube depois que não se falava em outra coisa nas salas de clientes das corretoras.

Eu não sabia o que aquilo significava, mas não fiquei desanimado ao ver a Consolidated Stove se tornar mais ativa. Como regra, não preciso perguntar sobre movimentos inesperados em qualquer ação porque meus amigos no pregão — corretores que fazem negócios para mim, bem como amigos pessoais entre os corretores de pregão — me mantêm informado. Eles presumem que eu gostaria de saber e telefonam para me dar qualquer notícia ou contar qualquer fofoca que saibam. Nesse dia, tudo o que ouvi foi que havia sinais inconfundíveis de compras da Consolidated Stove por *insiders*. Não com operações casadas, era tudo genuíno. Os compradores pegaram todas as ofertas de 37 a 39 dólares e, quando questionados a respeito de seus motivos ou implorados a dar uma dica, recusaram-se terminantemente a dar qualquer explicação. Isso levou os operadores astutos e vigilantes a concluir que algo estava acontecendo; algo bem grande. Quando uma ação sobe ao ser comprada por *insiders* que se recusam a encorajar o mundo em geral a seguir o exemplo, os vigilantes do *ticker* começam a se perguntar em voz alta quando o anúncio oficial será divulgado.

Eu não fiz nada sozinho. Observei, ponderei e acompanhei as transações. Mas, no dia seguinte, as compras não foram apenas maiores em volume, elas foram também mais agressivas. As ordens de venda acima do preço estabelecido de 37 dólares que estavam nos livros dos especialistas havia meses foram absorvidas sem problemas, e não chegaram novas ordens de venda suficientes para conter a subida. Naturalmente, o preço aumentou. Passou dos 40 e, depois, chegou a 42.

No momento em que atingiu esse valor, senti que tinha justificativa para começar a vender as ações que o banco mantinha como garantia. É claro que imaginei que o preço cairia com minhas vendas, mas, se minha média em toda a posição fosse de 37 dólares, eu ficaria feliz. Eu sabia quanto valia a ação e formei uma ideia de sua possibilidade de venda a partir dos meses de inatividade. Bem, eu vendi com cautela até conseguir me livrar de 30 mil ações. E a subida não foi suavizada!

Naquela tarde fui informado sobre o motivo daquele aumento oportuno, porém misterioso. Parece que os operadores de pregão foram avisados, após o fechamento na noite anterior e também na manhã seguinte antes da abertura, de que eu estava muito otimista com a Consolidated Stove e faria o preço subir 15 ou 20 pontos sem uma correção, como era meu costume — isto é, meu costume de acordo com pessoas que nunca foram responsáveis por minha contabilidade. O informante-chefe era um personagem tão importante quanto Joshua Wolff. Foram as suas próprias compras de *insider* que haviam estimulado a subida no dia anterior. Seus colegas entre os corretores de pregão estavam muito dispostos a seguir sua dica, pois ele era esperto demais para dar dicas erradas aos companheiros.

Na verdade, não havia tanta pressão de ações no mercado quanto se temia. Considere que eu neutralizara 300 mil ações e você perceberá que os antigos temores tinham fundamento. Aquilo tinha sido menos trabalhoso do que eu antecipara para fazer subir o preço da ação. Afinal, o governador Flower estava certo. Sempre que era acusado de manipular as ações especiais de sua empresa, como a Chicago Gas, a Federal Steel ou a B. R. T., ele costumava dizer: "A única forma que conheço de fazer uma ação subir é comprando-a". Essa também era a única forma dos operadores de pregão, e o preço respondeu.

No dia seguinte, antes do café da manhã, li nos jornais matutinos aquilo que foi lido por milhares e que, sem dúvida, foi enviado por telegramas para centenas de filiais e escritórios fora da cidade: Larry Livingston estava prestes a começar a fazer operações altistas com a Consolidated Stove. Os detalhes adicionais diferiam entre as fontes. Uma versão dizia que eu havia formado um sindicato de *insiders* e puniria aqueles que estavam excessivamente estendidos com vendas a descoberto. Outra sugeria que dividendos seriam anunciados no futuro próximo. Outra lembrava ao mundo que o que eu normalmente fazia com uma ação com relação à qual eu me sentia otimista era algo memorável. Outra ainda acusava a empresa de ocultar seus ativos para permitir o acúmulo de ações por *insiders*. E todas elas concordavam que a subida mal havia começado.

No momento em que cheguei ao meu escritório e li minha correspondência antes da abertura do mercado, estava consciente de que a rua fora inundada com dicas "quentes" para comprar a Consolidated Stove imediatamente. Meu telefone tocava sem parar, e o funcionário que atendia às ligações ouvia a mesma pergunta feita de uma forma ou de outra uma centena de vezes naquela manhã: era verdade que a Consolidated Stove subiria? Devo dizer que Joshua Wolff, Kane e Gordon — e talvez Jim Barnes — fizeram aquele pequeno trabalho de fofoca muito bem.

Eu não tinha noção de que tinha tantos seguidores. Ora, naquela manhã chegaram ordens de compra de todo o país, ordens para comprar milhares de ações de uma ação que ninguém queria a qualquer preço três dias antes. E não se esqueça de que, na verdade, tudo o que o público tinha como base era minha reputação nos jornais como um especulador bem-sucedido; algo pelo qual tive de agradecer a um ou dois repórteres criativos.

Bem, naquele terceiro dia de alta, vendi a Consolidated Stove; assim como no quarto dia e no quinto; e a primeira coisa que soube foi que vendi para Jim Barnes as 100 mil ações que o Marshall National Bank mantinha como garantia pelo empréstimo de 3,5 milhões de dólares que precisava ser pago. Se a manipulação mais bem-sucedida consiste naquela em que o fim desejado é obtido com o menor custo possível para o manipulador, o negócio da Consolidated Stove é, sem dúvida, o mais bem-sucedido de minha carreira em Wall Street. Ora, em nenhum momento precisei comprar sequer uma ação. Não precisei comprar primeiro para vender mais facilmente depois. Não aumentei o preço até o ponto mais alto possível e então comecei minhas vendas reais. Eu nem mesmo fiz minhas vendas principais durante a queda, mas durante a subida. Era como um sonho encontrar um poder de compra adequado, criado para você, sem que fosse necessário mexer um dedo para realizá-lo, sobretudo quando se tinha pressa. Certa vez ouvi um amigo do governador Flower dizer que, em uma das operações do grande líder altista em nome de um sindicato da B.R.T., o sindicato vendeu 50 mil ações com lucro, mas a Flower & Co. recebeu comissões sobre mais de 250 mil ações, e W.P. Hamilton[129] diz que, para distribuir 220 mil ações da Amalgamated Copper, James R. Keene deve ter negociado, pelo menos, 700 mil ações durante a manipulação necessária. Uma senhora comissão! Pense nisso e, em seguida, considere que as únicas comissões que tive de pagar foram as comissões sobre as 100 mil ações que realmente vendi para Jim Barnes. É isso que eu chamo de economia.

Tendo vendido o que meu amigo Jim me contratara para vender sem que tivesse sido enviado todo o dinheiro que o sindicato concordou em levantar, e não sentindo nenhum desejo de recomprar nenhuma das ações que eu tinha vendido, acho que viajei para algum lugar a fim de tirar umas férias curtas. Não me lembro exatamente. Mas me recordo muito bem de que deixei a ação correr solta, e não demorou muito para que o preço começasse a cair. Um dia, quando todo o mercado estava fraco, algum altista desapontado quis se livrar de suas Consolidated Stove às pressas e, por causa de suas ofertas, a ação caiu abaixo do preço das opções de compra, que era de 40 dólares. Ninguém parecia querer aquela ação. Como disse antes, eu não estava otimista com a situação geral, e

---

129. O britânico William Peter Hamilton (1867-1929) foi o quarto editor do *Wall Street Journal* e um proponente da Teoria do Dow. (N.T.)

isso me deixou mais grato do que nunca pelo milagre que me permitiu vender as 100 mil ações sem precisar fazer subir o preço em vinte ou trinta pontos em uma semana, como os simpáticos informantes profetizaram.

Sem encontrar suporte, o preço desenvolveu o hábito de cair regularmente até que um dia despencou e atingiu 32 dólares. Esse foi o ponto mais baixo já registrado para a ação, pois, como você deve se lembrar, Jim Barnes e o sindicato original a haviam fixado em 37 dólares para não ter suas 100 mil ações despejadas no mercado pelo banco.

Eu estava em meu escritório naquele dia, estudando a fita tranquilamente, quando foi anunciada a chegada de Joshua Wolff. Eu disse que o receberia. Ele entrou correndo; não é um homem muito grande, mas certamente parecia todo inchado — de raiva, como descobri imediatamente.

Correu para onde eu estava, perto do *ticker*, e gritou:

— Ei! Qual é o problema?

— Sente-se, senhor Wolff — disse educadamente e sentei-me para encorajá-lo a falar com calma.

— Eu não quero cadeira nenhuma! Quero saber o que isso significa! — ele berrou.

— O que significa o quê?

— Que diabos você está fazendo com isso?

— O que estou fazendo com o quê?

— Essa ação! Essa ação!

— Qual ação? — perguntei a ele.

Mas isso só o fez ficar mais zangado, então, ele gritou:

— A Consolidated Stove! O que você está fazendo com ela?

— Nada! Absolutamente nada. O que está errado? — perguntei.

Ele me encarou por cinco segundos antes de explodir:

— Olhe o preço! Olhe só!

Ele certamente estava enfurecido. Então, me levantei e olhei a fita.

Calmamente, eu disse:

— O preço agora é 31,25.

— Sim! É 31,25, e eu tenho uma porção delas.

— Eu sei que você tem 60 mil ações. Você as tem há muito tempo, porque quando você comprou originalmente as suas Gray Stove...

No entanto, ele não me deixou terminar. Ele disse:

— Mas comprei muito mais. Algumas me custaram até quarenta! E ainda as tenho!

Ele estava me olhando de um jeito tão hostil, que eu disse:

— Eu não disse para você comprar.

— Você não fez o quê?

— Eu não disse para você se encher delas.

— Eu não disse que você fez isso. Mas você ia levantar o preço...

— Por que eu faria isso? — interrompi.

Ele olhou para mim, incapaz de falar de tanta raiva.

Quando ele recuperou a voz, disse:

— Você ia colocá-la no alto. Você tinha dinheiro para comprá-la.

— Sim. Mas eu não comprei uma ação — eu disse a ele.

Essa foi a gota d'água.

— Você não comprou uma ação e tinha mais de 4 milhões em dinheiro para comprar? Você não comprou nenhuma?

— Nenhuma! — repeti.

Ele estava tão raivoso agora que não conseguia falar de modo coerente. Finalmente, conseguiu dizer:

— De que tipo de jogo você chama isso?

Ele estava intimamente me acusando de todo tipo de crime indescritível. Com certeza, pude ver uma longa lista deles em seus olhos. Isso me fez dizer:

— O que você realmente quer me perguntar, Wolff, é por que eu não comprei de você acima de cinquenta dólares as ações que você comprou abaixo de quarenta. Não é isso?

— Não, não é. Você tinha opções de compra a quarenta dólares e 4 milhões em dinheiro para aumentar o preço.

— Sim, mas não toquei no dinheiro e o sindicato não perdeu um centavo com minhas operações.

— Olhe aqui, Livingston — ele começou. Mas não o deixei dizer mais nada.

— Veja bem, Wolff. Você sabia que as 200 mil ações que você e Gordon e Kane possuíam estavam neutralizadas e que não haveria uma quantidade enorme de ações em circulação no mercado se eu aumentasse o preço, como eu teria que fazer por duas razões: a primeira, para criar um mercado para as ações; e a segunda, para gerar um lucro para as opções de compra a quarenta dólares. Mas você não ficou satisfeito em obter quarenta dólares pelas 60 mil ações que vinha arrastando há meses ou com sua participação nos lucros do sindicato, se houvesse; então você decidiu adquirir um lote de ações abaixo de quarenta dólares para descarregar em mim quando eu fizesse subir o preço com o dinheiro do sindicato, como você tinha certeza que eu pretendia fazer. Você compraria antes de mim e venderia antes de mim; com toda a probabilidade, eu seria aquele que compraria suas vendas. Suspeito de que você imaginou que eu teria de aumentar o preço para sessenta dólares. Foi tão fácil que você, provavelmente, comprou 10 mil ações estritamente para fins de descarregar em cima de mim, e para ter certeza de que alguém acabaria comprando as ações se eu não o fizesse, você avisou a todos nos Estados Unidos, no Canadá e no México sem pensar nas minhas dificuldades adicionais. Todos os seus amigos sabiam o que eu deveria fazer. Entre as compras deles e as minhas, você ia ficar em uma situação maravilhosa. Bem, seus amigos íntimos a quem você deu a dica passaram para os amigos deles depois de comprar suas posições, e o terceiro estrato de recebedores de dicas planejava fornecer o quarto, o quinto e possivelmente o sexto estrato de otários, para que, quando eu finalmente estivesse pronto para fazer algumas vendas, me veria antecipado por alguns milhares de especuladores sábios. Foi uma ideia muito simpática, essa sua, Wolff. Você não pode imaginar como fiquei surpreso quando a Consolidated Stove começou a subir antes mesmo de eu pensar em comprar uma única ação; ou quão grato fiquei, também, quando o sindicato de subscrição vendeu 100 mil ações a cerca de quarenta dólares para as pessoas que iam vender essas mesmas ações para mim por cinquenta ou sessenta. Eu, com certeza, fui um idiota por não usar os 4 milhões de dólares para ganhar dinheiro para eles, não fui? O dinheiro foi fornecido para comprar ações, mas apenas se eu achasse necessário fazê-lo. Bem, eu não achei.

Joshua estava em Wall Street por tempo suficiente para não permitir que a raiva interferisse nos negócios. Ele se acalmou ao me ouvir e, quando terminei de falar, me disse em um tom de voz simpático:

— Olha aqui, Larry, meu velho, o que vamos fazer?

— Faça o que quiser.

— Ah, mostre seu espírito esportivo. O que você faria se estivesse em nosso lugar?

— Se eu estivesse no seu lugar — disse solenemente —, você sabe o que eu faria?

— O quê?

— Venderia minha posição! — eu disse a ele.

Ele olhou para mim por um momento e, sem dizer uma palavra, virou-se e saiu de meu escritório. Nunca mais voltou.

Pouco tempo depois, o senador Gordon também me ligou. Ele também estava bastante irritado e me culpou por seus problemas. Então Kane se juntou ao coro de insatisfeitos. Eles haviam se esquecido de que suas ações não podiam ser vendidas em grandes quantidades quando formaram o sindicato. Tudo de que eles conseguiam se lembrar era que eu não havia vendido suas ações quando tinha os milhões do sindicato e a Consolidated Stove estava sendo negociada ativamente a 44 dólares, e que agora ela estava sendo negociada a 30 e não havia o mínimo interesse nela. Na opinião deles, eu deveria ter vendido com um bom lucro.

É claro que eles também esfriaram os ânimos com o passar do tempo. O sindicato não perdera um centavo, e o principal problema permanecera inalterado: vender suas ações. Um ou dois dias depois, eles voltaram e me pediram ajuda. Gordon foi particularmente insistente e, no final, fiz com que eles colocassem suas ações combinadas a 25,5 dólares. A remuneração por meus serviços seria a metade do que eu ganhasse acima desse valor. A última venda havia sido por volta dos 30.

Lá estava eu com as ações deles para liquidar. Dadas as condições gerais do mercado e, especificamente, o comportamento da Consolidated Stove, só havia uma maneira de fazer isso, e essa era, é claro, vendendo na queda e sem primeiro tentar aumentar o preço, e eu certamente teria comprado grandes quantidades de ações se tivesse tentado levantar o preço. Contudo, na descida, conseguiria alcançar aqueles compradores que sempre argumentam que uma ação está barata quando é negociada a 15 ou 20 pontos abaixo do pico do movimento, sobretudo quando esse pico é um acontecimento recente. Um repique estava prestes a acontecer, na opinião deles. Depois de ver a Consolidated Stove ser negociada a cerca de 44 dólares, com certeza ela parecia uma compra boa abaixo de 30.

Funcionou como sempre. Os caçadores de pechinchas compraram em volume suficiente para permitir que eu liquidasse as posições do sindicato. Mas você acha que Gordon, Wolff ou Kane ficaram gratos? Nada disso. Eles ainda estão magoados comigo, ou, pelo menos, é o que seus amigos me dizem. Eles costumam dizer às pessoas como eu os prejudiquei e não conseguem me perdoar por não fazer subir o preço para mim mesmo, como eles esperavam.

Na verdade, eu nunca teria sido capaz de vender as 100 mil ações do banco se Wolff e os outros não tivessem divulgado aquelas fofocas altistas "quentes". Se eu tivesse trabalhado como costumo fazer — isto é, de uma maneira lógica e natural —, teria de aceitar qualquer preço que pudesse conseguir. Eu já disse que encontramos um mercado em baixa. A única maneira de vender nesse tipo de mercado é não necessariamente de forma imprudente, mas independentemente do preço. Nenhuma outra maneira era possível, mas acho que eles não acreditaram nisso. Eles ainda estão com raiva, eu não. Ficar com raiva não leva ninguém a lugar algum. Mais de uma vez me ocorreu que um especulador que perde a paciência é um caso perdido. Nessas circunstâncias, os resmungos não tiveram consequências posteriores. Mas vou contar uma coisa curiosa: um dia, a senhora Livingston foi a uma costureira que havia sido muito recomendada. A mulher era competente e prestativa e tinha uma personalidade muito agradável. Na terceira ou quarta visita, quando a costureira se sentiu mais íntima, ela disse à senhora Livingston:

— Espero que o senhor Livingston faça subir a Consolidated Stove em breve. Compramos algumas porque nos disseram que ele iria levantá-la, e sempre ouvimos dizer que ele tinha muito sucesso em todas as suas operações.

Não é nada agradável pensar que pessoas inocentes podem ter perdido dinheiro seguindo uma dica desse tipo. Talvez assim se entenda por que eu nunca dou dicas. Aquela costureira me fez sentir que, no quesito queixas, eu tinha uma muito legítima contra Wolff.

CAPÍTULO 23

A especulação com ações jamais desaparecerá. Não é desejável que isso aconteça. Não pode ser controlada por avisos sobre seus perigos. Não é possível evitar que as pessoas apostem errado, não importa o quão capazes ou experientes sejam. Planos cuidadosamente traçados falharão porque o inesperado e até mesmo o inesperável acontecerão. O desastre pode vir de uma convulsão da natureza ou do clima, de sua própria ganância ou da vaidade de alguém; do medo ou da esperança descontrolada. No entanto, além do que se poderia chamar de seus inimigos naturais, um especulador no mercado de ações precisa lutar contra certas práticas ou abusos que são moral e comercialmente indefensáveis.

Ao olhar para trás e considerar quais eram as práticas comuns há 25 anos, quando cheguei a Wall Street pela primeira vez, devo admitir que muita coisa mudou para melhor. As antiquadas *bucket shops* desapareceram, embora as casas de "corretagem" ainda prosperem à custa de homens e mulheres que insistem em jogar o jogo do enriquecimento rápido. A bolsa de valores está fazendo um excelente trabalho não apenas em perseguir esses vigaristas descarados, mas também em insistir no estrito cumprimento de suas regras pelos próprios membros. Muitos regulamentos e restrições saudáveis são agora rigidamente cumpridos, mas ainda há espaço para melhorias. O conservadorismo arraigado de Wall Street, em vez da insensibilidade ética, é responsável pela persistência de certos abusos.

Por mais difícil que sempre tenha sido a especulação lucrativa com ações, ela está se tornando ainda mais difícil a cada dia. Não faz muito tempo, um verdadeiro operador de bolsa era capaz de ter um bom conhecimento prático de quase todas as ações listadas. Em 1901, quando J. P. Morgan lançou a United States Steel Corporation, que era meramente uma consolidação de consolidações menores, a maioria das quais tinha menos de dois anos, a bolsa de valores tinha 275 ações em sua lista e cerca de cem em seu "departamento não listado": e isso incluía muitos papéis que um sujeito não precisava conhecer porque eram emissões pequenas, ou inativas por serem ações minoritárias ou garantidas, e, portanto, carentes de atrativos especulativos. Na verdade, a maioria esmagadora era de ações que não tinham sido negociadas durante anos. Hoje, há cerca de novecentas ações na lista regular, e cerca de seiscentas ações distintas foram negociadas em nossos mercados ativos recentemente. Além disso, os antigos grupos ou classes de ações eram mais fáceis de ser acompanhados. Eles não apenas compunham um menor número, mas sua capitalização era menor, e as notícias que um corretor precisava acompanhar não cobriam um campo tão amplo. Entretanto hoje as pessoas negociam tudo; quase todos os ramos industriais do mundo estão representados. Manter-se informado requer mais tempo e mais trabalho e, nessa medida, a especulação com ações se tornou muito mais difícil para aqueles que operam com inteligência.

Existem muitos milhares de pessoas que compram e vendem ações para fins especulativos, mas a parcela que lucra com a especulação é pequena. Como o público está sempre "dentro" do mercado até certo ponto, sofre perdas o tempo inteiro. Os inimigos mortais do especulador são: ignorância, ganância, medo e esperança. Nenhum livro de estatutos do mundo e nenhuma regra aplicada a qualquer bolsa da Terra podem livrá-los do animal humano. Acidentes que derrubam planos cuidadosamente concebidos também estão além da regulamentação por grupos de economistas friamente calculistas ou filantropos de coração caloroso. Ainda existe outra fonte de perda, ou seja, a desinformação deliberada, que é diferente das dicas comuns. E, uma vez capazes de chegar a um corretor da bolsa disfarçadas e camufladas, essas dicas são ainda mais insidiosas e perigosas.

O típico membro do grande público, é claro, negocia com base em dicas ou rumores, falados ou impressos, diretos ou implícitos. Não há como se proteger contra dicas comuns. Por exemplo, um amigo de longa data deseja sinceramente torná-lo rico contando-lhe o que ele fez, isto é, como comprou ou vendou certas ações. Suas intenções são boas. Se a dica der errado, o que você pode fazer? Além disso, contra o trapaceiro profissional ou desonesto, o público é protegido quase da mesma forma que se protegeria contra tijolos pintados com tinta dourada ou álcool destilado no quintal. Mas, contra os rumores típicos de Wall Street, o público especulativo não tem proteção nem reparação. Negociantes atacadistas de títulos, manipuladores, sindicatos e indivíduos recorrem a diversos dispositivos para ajudá-los a se desfazer de suas posições excedentes aos melhores preços possíveis. A circulação de notícias otimistas pelos jornais e *tickers* é a maneira mais perniciosa de todas.

Se você receber os comunicados das agências de notícias financeiras a qualquer dia, ficará surpreso ao ver quantos extratos implícitos de natureza semioficial eles imprimem. A autoridade é algum "*insider* destacado", ou um "diretor proeminente", ou um "alto funcionário", ou alguém "com autoridade" que presumivelmente sabe do que está falando. Aqui estão os comunicados de hoje. Eu escolho um item aleatoriamente. Ouça isto: "Um banqueiro importante diz que ainda é muito cedo para esperar uma baixa do mercado".

Um grande banqueiro realmente disse isso e, se disse, por que disse isso? Por que ele não permite que seu nome seja divulgado? Ele tem medo de que as pessoas acreditem nele?

Aqui está outra notícia, é sobre uma empresa cujas ações estiveram ativas nesta semana. Desta vez, o homem que faz a declaração é um "diretor proeminente". Agora, de qual — se houver — dos doze diretores da empresa se está falando? É claro que, ao permanecer anônimo, o diretor assegura-se de que ninguém poderá ser responsabilizado por qualquer dano causado pela declaração.

Além do estudo inteligente da especulação em todas as suas manifestações, o operador de bolsa deve considerar certos fatos relacionados ao jogo em Wall Street. Além de tentar determinar como ganhar dinheiro, deve-se também tentar não perder dinheiro. É quase tão importante saber o que não fazer quanto saber o que deve ser feito. Portanto, é bom lembrar que algum tipo de manipulação faz parte de praticamente todas as subidas de ações individuais e que essas subidas são planejadas por *insiders* com um, e apenas um, objetivo em vista, ou seja, vender com o melhor lucro possível. No entanto, o cliente típico de uma corretora deve acreditar que é um homem de negócios do Missouri se insiste em ser informado sobre o motivo de uma determinada ação subir. Naturalmente, os manipuladores "explicam" a subida de uma forma calculada para facilitar a distribuição. Estou firmemente convencido de que as perdas do público seriam bastante reduzidas se nenhuma declaração anônima de natureza otimista fosse publicada. Explico: me refiro a declarações calculadas para fazer o público comprar ou manter ações.

A imensa maioria dos artigos otimistas impressos com a autoridade de diretores ou *insiders* não identificados transmite ao público impressões duvidosas e enganosas. O público perde muitos milhões de dólares, todos os anos, ao aceitar essas declarações como semioficiais e, portanto, confiáveis.

Digamos, por exemplo, que uma empresa tenha passado por um período de depressão em seu ramo de negócios específico. A ação está inativa. Sua cotação representa a crença geral e, presumivelmente, exata de seu valor real. Se a ação estivesse barata demais naquele nível, alguém saberia e a compraria, e ela subiria. Se fosse cara demais, alguém saberia o suficiente para vendê-la, e o preço cairia. Enquanto nada acontece de uma forma ou de outra, ninguém fala sobre isso nem faz nada.

Aí acontece uma virada no ramo de negócios dessa empresa. Quem é o primeiro a saber, os *insiders* ou o público? Você pode apostar que não é o público. O que acontece depois? Porque, se a melhoria continuar, o lucro aumentará e a empresa estará em posição de retomar os dividendos sobre as ações; ou, se os dividendos não tiverem sido descontinuados, poderá pagar uma taxa maior. Em outras palavras, o valor da ação aumentará.

Digamos que a melhoria continue. A administração torna público esse fato positivo? O presidente conta aos acionistas? Um diretor filantrópico assina uma declaração em benefício do público que lê a página financeira dos jornais e os comunicados das agências de notícias? Algum *insider* modesto, que segue sua política usual de anonimato, emite uma declaração não assinada de que o futuro da empresa é muito promissor? Não nessa altura. Nem uma palavra é dita por ninguém e nenhuma declaração é impressa por jornais ou *tickers*.

As informações sobre a criação de valor são cuidadosamente ocultadas do público, enquanto os agora taciturnos "*insiders* destacados" vão ao mercado e compram tantas ações baratas quanto puderem. À medida que essas compras bem informadas, porém discretas, continuam, a ação sobe. Os repórteres financeiros, sabendo que os *insiders* deveriam saber o motivo do aumento, fazem perguntas. Os *insiders* unanimemente anônimos declaram também unanimemente que não têm notícias a dar. Eles ignoram a existência de qualquer justificativa para o aumento. Às vezes, até afirmam que não se preocupam muito com os caprichos do mercado de ações ou com os atos dos especuladores.

A alta continua e chega um dia feliz em que os *insiders* possuem todas as ações que querem ou podem carregar. Wall Street imediatamente começa a ouvir todo tipo de rumor altista. Os *tickers* dizem aos operadores "com autoridade confiável" que as perspectivas da empresa definitivamente viraram. O mesmo diretor modesto que não desejou que seu nome fosse divulgado quando disse que não conhecia nenhuma justificativa para o aumento das ações é, agora, citado — claro que não pelo nome — por causa de sua declaração otimista de que os acionistas têm todos os motivos para se sentir muito confiantes nas expectativas.

Encorajado pelo dilúvio de boas notícias, o público começa a comprar ações. Essas compras ajudam a elevar o preço ainda mais. No devido tempo, as previsões dos diretores uniformemente não identificados se concretizam, e a empresa retoma o pagamento de dividendos; ou aumenta a taxa deles, conforme o caso. Com isso, os comunicados altistas se multiplicam. Eles não são apenas mais numerosos do que nunca, mas muito mais entusiasmados.

Um "diretor proeminente", solicitado à queima-roupa a dar uma declaração sobre as condições da empresa, informa ao mundo que a melhoria continua a passos largos. Um "*insider* destacado", depois de muita persuasão, é finalmente induzido por uma agência de notícias a confessar que os lucros são nada menos do que fenomenais. Um "banqueiro renomado", que é afiliado comercialmente à empresa, é instado a dizer que a expansão do volume de vendas é simplesmente inédita na história do comércio. Se não chegasse mais um pedido de compra, a empresa mesmo assim funcionaria noite e dia por Deus sabe quantos meses. Um "membro do comitê de finanças", em um manifesto com título elaborado, expressa sua surpresa com o espanto do público com a alta das ações. A única coisa surpreendente é a moderação do ritmo de escalada da ação. Qualquer pessoa que analisar o próximo relatório anual poderá facilmente descobrir o quanto o valor contábil das ações continua acima do preço de mercado. No entanto, em nenhum dos casos é fornecido o nome do filantropo comunicativo.

Enquanto os lucros continuam bons e os *insiders* não percebem qualquer sinal de redução na prosperidade da empresa, eles mantêm em carteira as ações que compraram a preços baixos. Não há nenhuma razão para o preço cair, então por que eles deveriam vender? Mas, no momento em que o negócio da empresa piora, o que acontece? Eles retomam as declarações, os avisos ou a mais discreta das dicas? De jeito nenhum. A tendência agora é de queda. Assim como eles compraram sem qualquer floreio de trombeta enquanto os negócios da empresa melhoravam, agora vendem em silêncio. Por causa dessas vendas feitas pelos *insiders*, o preço da ação naturalmente arrefece. Em seguida, o público começa a receber as "explicações" familiares. Um "*insider* destacado" afirma que tudo está bem e que o declínio é meramente consequência de vendas dos baixistas que estão tentando afetar o mercado como um todo. Se, em um belo dia, depois que a ação estiver em queda por algum tempo, acontecer uma quebra brusca, a demanda por "motivos" ou "explicações" se tornará clamorosa. A menos que alguém diga algo, o público temerá o pior. Então, os *tickers* de notícias agora imprimem algo do tipo "Quando solicitamos a um diretor proeminente da empresa que explicasse a fraqueza das ações, ele respondeu que a única conclusão a que pôde chegar foi que a queda de hoje foi causada por uma tentativa de jogar os preços para baixo. As condições subjacentes permanecem inalteradas. Os negócios da empresa nunca foram melhores do que agora e as probabilidades são de que, a menos que algo totalmente imprevisto aconteça nesse ínterim, haverá um aumento na taxa na próxima reunião de dividendos. O contingente baixista no mercado tornou-se agressivo, e a baixa das ações foi claramente fruto de um ataque destinado a tirá-las de mãos fracas".

Os *tickers* de notícias, desejando dar uma cobertura completa, provavelmente afirmarão que foram "informados por uma fonte confiável" de que a maioria das ações negociadas durante a queda do dia foi comprada por *insiders*, e que os baixistas descobrirão que venderam tanto que caíram em uma armadilha. Haverá um dia de ajuste de contas.

Além das perdas sofridas pelo público por acreditar em declarações otimistas e comprar ações, existem as perdas que são causadas por terem sido dissuadidos de vender. Além de fazer as pessoas comprarem as ações que o "*insider* destacado" deseja vender, a segunda melhor coisa a ser feita é evitar que as pessoas vendam as mesmas ações quando ele não deseja sustentá-las ou acumulá-las. Em que acreditará o público após ler a declaração do "diretor proeminente"? O que o típico membro do público deveria pensar? Claro que a ação nunca deveria ter caído; que foi forçada para baixo pelas vendas de baixistas e que, assim que os baixistas pararem, os *insiders* causarão uma subida punitiva durante a qual os vendidos serão forçados a se cobrir a preços elevados. O público acredita nisso, com toda razão, porque é exatamente aquilo que aconteceria se o declínio tivesse sido causado por um ataque baixista.

A ação em questão, apesar de todas as ameaças ou promessas de um aperto forte nas posições vendidas a descoberto excessivamente estendidas, não sobe. Ela continua caindo e não para de cair. Um número grande demais de ações para ser digerido foi colocado no mercado pelos *insiders*.

E essas ações dos *insiders*, que foram vendidas pelos "diretores proeminentes" e "*insiders* destacados", se tornam uma bola de futebol, passada de pé em pé entre os operadores profissionais. Elas continuam caindo. Parece não haver fundo para isso. Os *insiders*, sabendo que as condições comerciais afetarão adversamente os lucros futuros da empresa, não se atrevem a apoiar essas ações até a próxima recuperação nos negócios da empresa. Nessa altura haverá compras pelos "de dentro" e silêncio interno.

Fiz minha parte na negociação e me mantive bastante bem informado sobre o mercado de ações por muitos anos, e posso dizer que não me lembro de nenhum caso em que um ataque baixista tenha causado um grande declínio no preço de uma ação. O que era chamado de ataque baixista nada mais era do que as vendas com base no conhecimento preciso das condições reais. Mas não seria oportuno dizer que a ação declinou por causa de vendas internas ou pela falta de compras internas. Todo mundo se apressaria em vender, e há o diabo a pagar quando todo mundo vende e ninguém compra.

O público deve compreender com clareza este único ponto: que a verdadeira razão para um declínio prolongado nunca é um ataque baixista. Quando uma ação continua caindo, você pode apostar que há algo errado, seja com o interesse do mercado por ela ou com a empresa em si. Se a queda fosse injustificada, a ação logo seria negociada abaixo de seu valor real, e isso geraria compras que estancariam a queda. Na verdade, o único momento em que um baixista pode ganhar muito dinheiro vendendo uma ação é quando a ação está alta demais. E você pode apostar seu último centavo na certeza de que os *insiders* não proclamarão esse fato ao mundo.

Claro, o exemplo clássico é a New Haven. Todo mundo sabe hoje o que poucos sabiam na época. As ações foram negociadas a 255 dólares em 1902 e eram o principal investimento ferroviário da Nova Inglaterra. Uma pessoa daquela parte do país media sua respeitabilidade e posição na comunidade pelo número de ações que tinha daquela empresa. Se alguém dissesse que a empresa caminhava para a insolvência, não seria condenado à prisão, mas trancado em um hospício com outros lunáticos. Mas quando um presidente novo e agressivo foi alçado ao comando pelo senhor Morgan, e a derrocada começou, não estava claro, desde o início, que as novas políticas levariam a ferrovia ao ponto em que chegou. Contudo, à medida que propriedade após propriedade começou a ser incorporada à ferrovia consolidada a preços inflacionados, alguns observadores perspicazes começaram a duvidar da sabedoria das políticas de Mellen. Um sistema de bonde foi comprado por 2 milhões e vendido para a New Haven por 10 milhões de dólares; momento em que um ou dois investidores imprudentes cometeram um crime de lesa-majestade ao dizer que a administração agia naquele momento de forma imprudente. Insinuar que nem mesmo a New Haven poderia suportar tamanha extravagância era como contestar a solidez do Rochedo de Gibraltar.

Obviamente, os primeiros a ver as ondas que quebravam nas rochas foram os *insiders*. Eles tomaram conhecimento da real condição da empresa e reduziram suas participações nas ações dela. Com as vendas deles e também com a falta de apoio, o preço das ações da ferrovia mais conceituada da Nova Inglaterra começou a cair. Como costuma acontecer, perguntas foram feitas, e explicações, exigidas; as explicações usuais prontamente surgiram. "*Insiders* destacados" declararam que não havia nada de errado que eles soubessem e que o declínio era devido a vendas imprudentes por parte dos baixistas. Portanto, os "investidores" da Nova Inglaterra mantiveram suas participações nas ações da New York, New Haven & Hartford. Por que não deveriam? Os *insiders* não haviam dito que não tinha nada de errado e reclamaram das vendas dos baixistas? Os dividendos não continuavam a ser declarados e pagos?

Nesse ínterim, o aperto esperado dos baixistas não ocorreu, mas, sim, novos preços mínimos. As vendas pelos *insiders* tornaram-se mais urgentes e menos disfarçadas. Mesmo assim, em Boston, pessoas de espírito solidário foram denunciadas como fraudulentas e demagogas porque exigiram uma explicação genuína para o declínio deplorável das ações — que significava perdas terríveis para todos na Nova Inglaterra interessados em um investimento seguro e uma fonte estável de pagamentos de dividendos.

Essa queda histórica, de 255 dólares para 12 dólares por ação, nunca foi e nunca poderia ter sido um ataque baixista. Não foi iniciada nem mantida por operações de baixistas. Os *insiders* venderam o tempo inteiro e sempre a preços mais altos do que poderiam ter atingido se contassem a verdade ou permitissem que ela fosse contada. Não importava se o preço era 250 ou 200 ou 150 ou 100 ou 50 ou 25 dólares, ainda era alto demais para aquela ação, e os *insiders* estavam cientes disso; o público não. O público pode considerar, para seu próprio proveito, as desvantagens sob as quais trabalha quando tenta ganhar dinheiro comprando e vendendo ações de uma empresa cuja verdadeira situação comercial é de conhecimento de apenas algumas pessoas.

As ações que tiveram as piores quebras nos últimos vinte anos não caíram por causa de ataques baixistas, mas a fácil aceitação dessa forma de explicação foi responsável por perdas de milhões e milhões de dólares por parte do público. Impediu vendas por parte de pessoas que não gostavam da forma como suas ações estavam agindo e que teriam liquidado suas posições se não esperassem que o preço revertesse logo depois que os baixistas parassem de atacar. Nos velhos tempos, costumavam jogar a culpa em Keene. Antes dele, costumavam acusar Charley Woerishoffer[130] ou Addison Cammack. Mais tarde, tornei-me o culpado da vez.

Lembro-me do caso da Intervale Oil. Havia um sindicato nessa empresa que conseguiu aumentar o preço da ação e encontrou alguns compradores durante a subida. Os manipuladores elevaram o preço para 50 dólares. Nessa altura, o sindicato começou a vender e houve uma queda rápida. Seguiu-se a demanda usual por explicações. Por que a Intervale estava tão fraca? Um número suficiente de pessoas fez essa pergunta para tornar a resposta uma notícia importante. Um dos noticiários financeiros chamou os corretores que mais sabiam sobre a subida da Intervale Oil e que deveriam estar igualmente bem informados sobre sua queda. O que esses corretores, membros do sindicato altista, disseram quando a agência de notícias lhes questionou acerca do motivo que poderia ser publicado e transmitido para todo o país? Ora, aquele tal de Larry Livingston estava atacando o mercado! E não bastou isso.

130. Nascido na Alemanha, Charles Frederick (Karl Friedrich) Woerishoffer (1843-1886) foi um banqueiro e financista destacado e fundador da corretora Woerishoffer & Company. (N.T.)

Eles acrescentaram que iriam "pegá-lo". Mas, claro, o sindicato da Intervale continuou a vender. A ação estava então em cerca de 12 dólares, e eles poderiam vendê-la a 10 dólares ou menos, e seu preço médio de venda ainda estaria acima do custo.

Foi sensato e adequado para os *insiders* vender na baixa. Mas, para o público em geral, que pagou 35 ou 40 dólares, era uma questão diferente. Lendo o que os *tickers* imprimiam na época, os membros do público mantiveram suas posições e esperaram que Larry Livingston recebesse o castigo que merecia das mãos do sindicato de *insiders* indignados.

Em um mercado altista e, sobretudo, em tempos de *boom*, o público começa ganhando dinheiro, o qual depois perde simplesmente por permanecer no mercado altista por tempo demais. Essa conversa de "ataques baixistas" os estimula a manter suas posições por tempo demais. O público deve tomar cuidado com as explicações, porque elas explicam apenas o que *insiders* não identificados desejam que o público saiba.

CAPÍTULO 24

O público sempre deseja ser informado. É isso que torna universais as práticas de dar e receber dicas. É apropriado que os corretores deem aos seus clientes conselhos sobre transações por meio de seus boletins de mercado, bem como por boca a boca. Contudo, os corretores não devem insistir muito nas condições reais, uma vez que a evolução do mercado está sempre entre seis e nove meses à frente das condições reais. Os lucros de hoje não justificam que os corretores aconselhem seus clientes a comprar ações, a menos que haja alguma garantia de que, daqui a seis ou nove meses, as perspectivas comerciais justifiquem a crença na manutenção da mesma taxa de lucro. Se, ao olhar tão à frente, é possível enxergar, com razoável clareza, que estão se desenvolvendo condições que mudarão a rentabilidade real atual, o argumento sobre as ações estarem baratas hoje desaparecerá. O operador deve olhar muito à frente, mas o corretor está preocupado em receber comissões agora; daí a falácia inescapável do típico boletim de mercado. Os corretores ganham a vida com as comissões do público e, no entanto, tentam induzir o público, por meio de seus boletins de mercado ou do boca a boca, a comprar as mesmas ações que foram objeto de ordens de venda de *insiders* ou manipuladores.

Muitas vezes acontece de um *insider* chamar o gerente de uma corretora e dizer:

— Gostaria que você criasse um mercado no qual se pudesse vender 50 mil das minhas ações.

O corretor pede mais detalhes. Digamos que a cotação dessa ação seja 50 dólares.

O *insider* lhe diz:

— Eu lhe darei opções de compra de 5 mil ações a 45 dólares e de 5 mil ações a cada ponto acima disso para o total de 50 mil ações. Eu também darei a você uma opção de venda de 50 mil ações ao preço de mercado.

Bem, isso é dinheiro bastante fácil para o corretor se ele tiver muitos seguidores e, claro, esse é exatamente o tipo de corretor que o *insider* procura. Uma casa com linhas diretas para filiais e conexões em várias partes do país, em geral, consegue um grande número de seguidores em uma transação desse tipo. Lembre-se de que, em qualquer caso, a corretora está jogando com absoluta segurança por causa da opção de venda. Se ele conseguir que seus seguidores o acompanhem, poderá se desfazer de toda a sua posição com um lucro grande, além de suas comissões regulares.

Lembro-me das façanhas de um *insider* muito conhecido em Wall Street. Ele costuma ligar para o gerente de clientes de uma grande corretora. Às vezes vai além e chama um dos sócios minoritários da empresa. Ele costuma dizer algo como "Olha, meu velho, quero mostrar-lhe que aprecio o que você fez por mim em vários momentos. Vou lhe dar a chance de ganhar dinheiro de verdade. Estamos estabelecendo uma empresa nova para absorver os ativos de uma de nossas empresas, e assumiremos essa ação a um preço bastante superior às cotações atuais. Vou enviar-lhe quinhentas ações da Bantam Shops a 65 dólares. A ação está cotada agora a 72".

O *insider* agradecido divulga a transação para uma dúzia de gerentes de várias grandes corretoras. Agora, uma vez que esses recipientes da recompensa do *insider* estão em Wall Street, o que eles farão quando conseguirem as ações que já lhes conferem um lucro? Obviamente, aconselhar todos os homens e mulheres que eles possam influenciar a comprar essas ações. O amável doador sabia disso. Eles ajudarão a criar um mercado no qual o amável *insider* pode vender suas ações boas a preços elevados para o pobre público.

Existem outras artimanhas dos promotores de venda de ações que deveriam ser proibidas. As bolsas de valores não deveriam permitir a negociação de ações listadas oferecidas fora da bolsa ao público em planos de pagamentos parcelados. Ter um preço oficialmente cotado confere uma espécie de sanção a qualquer ação. Além disso, a evidência oficial de um mercado livre e, às vezes, a diferença de preços compõem todo o incentivo necessário.

Outro artifício comum de venda que custa ao público irrefletido muitos milhões de dólares e não manda ninguém para a cadeia, por ser perfeitamente legal, é o de aumentar o número de ações exclusivamente em razão das necessidades do mercado. O processo não significa muito mais do que trocar a cor dos certificados das ações.

O malabarismo pelo qual duas, quatro ou até dez ações novas são dadas em troca de uma das antigas é, em geral, motivado pelo desejo de tornar a mercadoria antiga mais facilmente vendável. O preço antigo era de um dólar por pacote de uma libra-peso e difícil de negociar. Uma caixa de um quarto de libra-peso a 25 centavos pode ser mais facilmente negociada, talvez até a 27 ou 30 centavos.

Por que o público não pergunta por que alguém torna as ações fáceis de serem compradas? É o caso do filantropo de Wall Street operando novamente, mas o operador sábio desconfia dos gregos que trazem presentes. E esse é todo o aviso necessário. O público o desconsidera e perde milhões de dólares todo ano.

A lei pune quem inventa ou divulga boatos calculados para afetar adversamente o crédito ou os negócios de pessoas físicas ou jurídicas, ou seja, os que tendem a deprimir os valores dos ativos ao influenciar o público a vendê-los. A princípio, a intenção pode ter sido reduzir o risco de um pânico ao punir qualquer pessoa que duvidasse em público da solvência dos bancos em tempos de crise. Mas, claro, serve também para proteger o público contra a venda de ações abaixo de seu valor real. Em outras palavras, a legislação nacional pune o disseminador de notícias baixistas desse tipo.

Como é que se protege o público contra o perigo de comprar ações com preços acima de seu valor real? Quem pune o distribuidor de notícias altistas injustificadas? Ninguém; e, no entanto, o público perde mais dinheiro comprando ações com base em conselhos internos anônimos quando o preço delas está alto demais do que vendendo ações abaixo de seu valor como consequência de conselhos pessimistas durante os chamados "ataques baixistas".

Se fosse aprovada uma lei que punisse os mentirosos da alta como a lei agora pune os mentirosos da baixa, acredito que o público economizaria milhões.

Naturalmente, promotores, manipuladores e outros beneficiários do otimismo anônimo dirão a você que qualquer pessoa que negocie com base em rumores e declarações não assinadas só pode culpar a si mesma por suas perdas. Pode-se também argumentar que qualquer um que seja tolo o suficiente para ser um viciado em jogos não tem direito à proteção.

A bolsa de valores deve ajudar, pois tem interesse vital em proteger o público contra práticas desleais. Se uma pessoa sábia e experiente deseja fazer com que o público aceite suas declarações de fato, ou mesmo suas opiniões, que assine seu nome. Assinar notícias otimistas não as tornaria necessariamente verdadeiras, mas tornaria mais cuidadosos os "*insiders*" e "diretores".

O público deve sempre se lembrar dos elementos básicos da negociação de ações. Quando uma ação está subindo, nenhuma explicação elaborada é necessária para explicar por que ela está subindo. Compras constantes são necessárias para que uma ação continue subindo. Contanto que isso aconteça, apenas com correções pequenas e naturais de vez em quando, acompanhá-la é uma proposta bastante prudente. Mas se, depois de uma longa e constante alta, uma ação muda de direção e começa a cair gradualmente, apenas com pequenos repiques ocasionais, é óbvio que a linha de menor resistência mudou de cima para baixo. Sendo esse o caso, por que alguém pediria explicações? Provavelmente, existem razões muito boas para que alguém caia, mas essas razões são conhecidas apenas por algumas pessoas que as guardam para si mesmas ou que dizem ao público que a ação está barata. A natureza do jogo, conforme ele é jogado, é tal que o público deve perceber que a verdade não pode ser dita pelas poucas pessoas que a conhecem.

Muitas das chamadas declarações atribuídas a *insiders* ou executivos não têm base fatual. Às vezes, os *insiders* nem mesmo são solicitados a fazer uma declaração, anônima ou assinada. Essas histórias são inventadas por uma pessoa ou outra que tem uma posição grande no mercado. Em um determinado estágio de uma subida no preço de mercado de um ativo, os grandes *insiders* não hesitam em obter a ajuda de um elemento profissional para negociar aquela ação. No entanto, embora o *insider* possa dizer ao grande especulador a hora certa de comprar, você pode apostar que ele nunca dirá quando será a hora de vender. Isso coloca o grande profissional na mesma posição do público, só que ele precisa ter um mercado grande o suficiente para descarregar sua posição. É nesse momento que se obtêm as "informações" mais enganosas. Claro, existem certos *insiders* em que não se pode confiar seja qual for a etapa do jogo. Como regra, as pessoas à frente de grandes empresas podem operar no mercado com base em seus conhecimentos privilegiados, mas elas realmente não contam mentiras. Apenas não dizem nada, pois descobriram que há momentos em que o silêncio vale ouro.

Já disse, muitas vezes, e não posso deixar de dizer com frequência demasiada, que minha experiência de anos como operador de bolsa me convenceu de que ninguém pode vencer o mercado de ações de forma consistente e contínua, embora possa ganhar dinheiro com ações individuais em certas ocasiões. Não importa o quão experiente seja um operador, a possibilidade de realizar transações que resultam em prejuízo está sempre presente, uma vez que não se pode tornar a especulação 100% segura. Os profissionais de Wall Street sabem que agir com base em dicas "internas" quebrará uma pessoa mais rapidamente do que a fome, a peste, as quebras de safra, as mudanças políticas ou o que podem ser chamados de acidentes normais. Não existe uma avenida asfaltada para o sucesso em Wall Street ou em qualquer outro lugar. E por que, então, ainda atravancar o trânsito?

Nota da Edição: todos os episódios narrados por Edwin Lefèvre nesta obra foram baseados nos relatos pessoais do investidor Jesse Livermore (1877-1940). Poucos anos depois da primeira publicação deste livro (1923), Livermore confirmou sua fama de mais bem-sucedido especulador de Wall Street. Com uma posição de venda a descoberto — quando se vende ações que não se possui em carteira —, fez fortuna com a grande quebra da Bolsa de Valores de Nova York, em 1929.

Este livro foi impresso pela BMF Gráfica e Editora
em fonte Minion Pro sobre papel Pólen Bold 70 g/m²
para a Edipro no verão de 2022.